四明·大俞山志

俞建文 著

ZHEJIANG UNIVERSITY PRESS
浙江大学出版社

图书在版编目(CIP)数据

四明·大俞山志 / 俞建文著. —杭州:浙江大学
出版社,2021.10
ISBN 978-7-308-21859-7

Ⅰ.①四… Ⅱ.①俞… Ⅲ.①山－地方志－宁波
Ⅳ.①K928.3

中国版本图书馆 CIP 数据核字(2021)第 211395 号

四明·大俞山志

俞建文　著

策 划 编 辑	吴伟伟	
责 任 编 辑	陈　翩	
责 任 校 对	丁沛岚	
封 面 设 计	雷建军	
出 版 发 行	浙江大学出版社	
	(杭州市天目山路 148 号　邮政编码 310007)	
	(网址:http://www.zjupress.com)	
排　　　版	浙江时代出版服务有限公司	
印　　　刷	浙江省邮电印刷股份有限公司	
开　　　本	710mm×1000mm　1/16	
印　　　张	22.25	
字　　　数	365 千	
版 印 次	2021 年 10 月第 1 版　2021 年 10 月第 1 次印刷	
书　　　号	ISBN 978-7-308-21859-7	
定　　　价	108.00 元	

自　序

　　大俞山，地处四明山脉中心地带，因山脚下有一个俞氏聚居地大俞村而得名。在明朝天顺年间的 1460 年前后，名著江南的"五峰俞氏"后人广东、广禄兄弟自剡东乌坑迁居于此，以烧炭营生，不久繁衍成族，方有大俞山、大俞村。

　　大俞山之名，最早见诸明代鄞人沈明臣（1518—1596）的《四明山游记》。明万历二年（1574）二月初十，沈明臣与其门生汪礼约从大雷入山，进杖锡，过大俞，登石窗，南入奉化，过北渡而还家，畅游四明山 10 余天，行程 270 余里。后在其长达近 5000 字的《四明山游记》中，记下了"大俞山"和"大俞村"。

　　在有"大俞山"之名前，四明山脉作为天台山脉的组成部分，据撰于战国中后期的《山海经》的说法，因其地处句章之北、余姚之南，故被称为"句（音 gōu）余山"。稍后的梅福（前 57—33）登上大俞山之巅——今华盖山，著《四明山记》，有"东为惊浪之山，西拒奔牛之垄，南则驱羊之势，北起走蛇之峭"之经典描述。显然，梅福所称之"四明山"即为今之"大俞山"。此后，仙道人物纷纷探源"四明山"，道藏典籍也常常以"四明"为话题源头。终于，因其山南有一胜迹叫"石窗"，相传通天地日月之光，故被称作"四明""四明洞天""四明之窗"；又因其"色如渥丹、灿若明霞"这一丹霞地貌特征，古时又被称为"丹山""丹山赤水"。如西晋木华（公元 290 年前后在世）撰《丹山图咏》云："天下洞天三十有六，四明第九，其号曰丹山赤水""于是四明山遂齿割二百八十峰，与台宕鼎峙为东南名山之冠"。孙绰（314—371）

撰《游天台山赋》，云"涉海则有方丈、蓬莱，登陆则有四明、天台"。自汉经魏晋南北朝到唐之前，四明山是仙道隐士寻仙探幽的洞天福地，他们以步履丈量了四明山的山山水水，完成了"以洞名山"；而入唐以后，四明山又被诗人骚客生生唱和出了一条"四明诗路"。至唐开元二十六年（738），因其境内有四明山而置"明州"，实现了"以山氏州"。

　　今大俞山全域面积 9.11 平方公里，其境内有大俞和华山两个行政村，生活着近千名村民。大俞山背西面东，西靠太平山，南傍梨洲山，北挽大岚山，东向杖锡山，五峰耸峙，状如芙蓉。宋人高似孙（1158—1231）在其所撰《剡录》中称："山中有五峰，形如芙蓉，号芙蓉峰，正是四明山之心。"整座大俞山，既有四窗岩和包裹岩的丹霞地貌、白玉坪头古夷平面的高山台地、罗汉谷和斗崖谷的峡谷深涧组成的自然地质景观，又有刘阮遇仙、韩吕对弈和蒋氏两次造访等人文遗迹，是 2009 年浙江省国土资源厅公布的"余姚四明山省级地质公园"的核心区域。大俞山自山脚而上一二公里，毛竹苍翠，半山腰以上则林木葱茏。如果以大俞村、屋尖山岗、白玉坪头、白莲庄和华盖山为轴，则整个大俞山形似一把展开的巨大折扇。而大俞溪在大俞山脚蜿蜒约 5 公里，33 省道沿大俞山之巅华盖山脚约 2 公里，从大俞山脚至华盖山顶行程约 5 公里。历史上，整座大俞山均属大俞村境，是绍兴府余姚县的最南端。如今，除了大俞山脚的大俞村，还分布着大元基、船底湾、坭坪岙、大岩下、白莲庄和杂柴坪、蜈蚣肚等自然村组成的华山村。1961 年到 1992 年，船底湾曾经是华山乡政府（人民公社）所在地。大俞山巅的华盖山，古时曾称"干山""覆船山""镆盖山"，海拔 882 米，是余姚境内四明山的最高峰之一。1962 年 6 月到 1981 年 1 月，余姚县人武部曾在华盖山建立对空瞭望哨，由华山公社民兵瞭望执勤，一时间，"华山民兵"名闻华东。至今在华盖山顶还留有当年华山民兵执勤的瞭望台。

　　在大俞山脚下，有大俞溪横贯大俞村，在大俞山、杖锡山之间形成了四明山大峡谷。大俞村舍傍溪而筑，村民沿岸而居。大俞溪古称潺广溪、簟溪，其源头有二：一是四明山镇的唐田村白肚肠岗，二是四明山镇的仰天湖。两条支流在今大横山水库的双溪口相汇。从双溪口到大俞山北端韩采岩下的榧树潭，全长约 5 公里。大俞溪段，是整个四明大峡谷中最为险要的部分。从双溪口始，经十八井孔、淡竹滩，至倒岩下进入双井龙潭，再过鱼仓和鳗仓，方才缓缓流经大俞村，出庙前潭、黄沙潭，到石条坑、榧树潭。随后，大俞溪经李家坑、周公宅水库、皎口水库，到樟村、鄞江，过它山堰，汇入奉化江、甬江而入东海。这条溪至今没有一个统一的名称。其实,从双溪口一直到它山堰,与整个四明山脉的北北东走向保持一致,是一条真正的四明山大峡谷,全长 30 公里左右。四明山大峡谷两岸群山巍峨,溪道百折千回,怪石深潭,形势十分凶险。自古以来,只有山民放竹排顺流而下求生计的,从未有人能逆流而上游四明山的。清人徐兆昺在《四明谈助》一书中,将四明山大峡谷两岸称作东四明正脉和西四明正脉,东四明正脉属鄞县(今属海曙区)境,而西四明正脉为余姚境。

大俞村恰好处于四明山大峡谷的起始段、东西四明正脉的挟峙之间,大俞溪也就成为古越州(绍兴府)和古明州(宁波府)的地理分界线,西四明正脉为古越州属地,东四明正脉为古明州属地。沈明臣在《四明山游记》中说:"由(仗锡)三峡西出,南折过一山,若井陉然。至大俞溪,溪东、西皆居人,西俞姓,东即寺庄。溪阔数寻,步石作渡。"大俞村俞氏初居溪西,广东公后人居上墙门,广禄公后人居下墙门。后因族人繁衍,就跨溪而居两岸。1933 年 4 月,担任《鄞县通志·舆地志》编纂兼地图调查的陆友驯曾到大俞村,其《四明山游记》就说道:"(由杖锡下)又西而南,曰大俞村,聚族而居者百余家,多为俞姓,中隔一溪,东鄞而西姚。"

"自来名山多有志。"大俞山既是一座风景名山,又是一座人文名山。大俞山南侧的四窗岩,是典型的丹霞地貌,历来为四明山之地标。四窗岩是四明山脉之名的源头,也是古明州之称的由来。作为四明山第一名胜,四窗岩是道教"第九洞天",传说汉时有刘晨、阮肇在此遇仙。肇始于唐代的"浙东唐诗之路",四窗岩是其中的一个闪亮节点,并在此后长达千余年的历史中,成为"四明诗路"的中心。大俞山上的白玉坪头,是形成于 1000万年前的四明山脉三大"夷平面"之一(南端的莲花岗夷平面,约 780 米高程;北部的上王岗夷平面,约 600 米高程;中部的白玉坪夷平面,达 752 米高程)。而大俞山巅华盖山,则是四明山脉最高峰之一,海拔 882 米。大俞山北端的韩采岩,相传仙人韩湘子、吕洞宾在棋盘岩上对弈,遗落天庭珍宝在包裹岩,由十八罗汉长留"罗汉谷"中守护至今。早在唐代始建的四明山上的三大古寺——雪窦寺、杖锡寺、梨洲寺之前,有资料记载,在韩采岩旁已有韩采古寺,且韩采寺与杖锡寺还有着说不清、道不明的某种关联。

大俞山是一座英雄的山,大俞村是一个"红色堡垒村"。在中共革命史上,浙东四明山是抗战时期中国共产党领导的 19 个革命根据地之一,也是解放战争时期南方七大游击区之一。自 1938 年在四明山建立中共党组织以后,大俞村的革命活动始终未曾中断。特别是"三五支队"北撤后的整个解放战争时期,留在四明山的游击队员在大俞山上就地取材,用树枝和茅草搭起"公馆",坚持革命斗争。许多革命前辈都在大俞山上留下了他们的足迹,浙东游击根据地的主要领导人刘清扬、陈布衣、朱之光、薛驹、黄连等,都曾经战斗和生活在大俞山上的"公馆"中。在全面抗战初期,仅50余户人家、200余人口的大俞村,到中华人民共和国成立时已先后有23人加入中国共产党、30多人参加了革命队伍,其中全面抗战期间入党的有16人,有3位烈士血洒人民解放战争战场,还有更多的村民同情革命,默默地支持革命。至今,在大俞村还流传着许多脍炙人口的革命故事,保存着诸如"青年救亡室""战时社会服务团""嵊新奉县交通站""大俞山公馆"等革命遗迹。

大俞村是我的故乡。在1978年考上大学之前,我几乎没有真正离开过大俞村,走出过大俞山。大俞山,那里长眠着我的父母双亲和祖祖辈辈,更留下了我童年和少年时代的所有喜怒哀乐、酸甜苦辣。由于自小就经常上山驮柴、割草、打猪草,我熟悉大俞山上的每一个山冈、每一条水流,就像我曾经熟悉大俞村内的每一条弄堂、每一个家门。上初中以后,我经常跟着生产队的大人们上山干农活,锄地削草、耕田插秧,直到19岁成为"正劳力"(10分工)。童年最早的记忆是关于村水电站的。后来才知道,那是在1964年1月28日,大俞村水电站正式建成发电,被称为"四明山上的第一盏灯"。当时,我和小伙伴们都围在已试车发电的水轮发电机旁,负责发电的世余叔对我们说:"电已经发出来了,你们跑快点回家,可能电到你们家里的速度还没有你们跑得快呢!"我们全都拔腿而跑,还真想跑得比电还快呢!那时的电是个稀罕物。邻县邻村的百步阶与大俞村之间隔了一个红岩头,只要爬上红岩头就能看到大俞村全境。百步阶人说:"大俞人只会空头巴脑,水这样冲一下就会发光?"那天下午就纷纷奔上红岩头,想看大俞人的笑话。在事实面前,百步阶人也不得不服。电他们是用不上了,所以后来轧谷轧粉,百步阶人就挑着驮着翻过红岩头,纷纷往大俞村赶。这称得上古老山村中的人们最早享受的现代生活了。还记得刚上小学后的一天,我和3个玩伴一起,每人带上自己的妹妹,去四窗岩附近的深山冷岙中挖落叶草和地蝴蝶。落叶草和地蝴蝶是大俞山上特有的两种草药材,当时区供销社在收购,晒干后都可卖一块钱左右一斤。我们一行8人边采边玩,不意竟到了四窗岩的崖顶。于是我们攀树援藤,下到洞口,在洞内跳跃攀爬,好不快活！不知是谁，发现了遍布于洞中的一个个有半个指甲大小的锥形小洞，那形状极为规整。我们用一根小树枝，小心翼翼地挖开淡红色的石粉，每一个锥形小洞都能挖出一只"石蟹"。这种石蟹既小且瘦，小者仅有米粒大小，大者也不到小指甲大小，形似螃蟹，色如石粉，放在手心会装死。洞内既无水又无食物，只是以噬食石粉为生。这石蟹的生命力如此顽强，真不愧是洞中精灵！我和小伙伴们一时兴致盎然，开始了看谁挖得多、挖得大的比赛。最后，我们不忍心丢弃石蟹，又一只只将其放回薄薄的石粉内。那天，许是凭着一片童真，我们居然在四窗岩洞内找到了当年仙女娘娘睡觉的地方，找到了蒋介石睡过的枕头、放火柴盒的地方……

有一座名山，叫大俞山，这是一个常常让人魂牵梦萦的地方。有诗曰：

冬夜思乡

寒夜有梦，惊醒不眠，遂依梦境成诵。

伴鸢争食枝头柿，

循豕竞拱啃笋尖。

高堂成眠扉已掩，

幺妹相迎话未阑。

目　录

一、四明缘起

黄宗羲在《四明山志》卷一"名胜"中说:"余姚南有山二百八十峰,西连上虞,东合慈溪,南接天台,北包翠崿。中峰最高,上有四穴,若开户牖以通日月之光,故号四明。司马紫微①曰:第九四明山洞,名曰丹山赤水洞天,真人刁道林治之。"

现代地质科学揭示了四明山脉地质、地貌形成的过程和原因。② 四明山位于东亚大陆边缘北东向火山带上,白垩纪的火山与盆地活动起于约1.4亿年前。白垩纪晚期的地质活动没有可靠的地层记录,但是发育于岩石中的多组断裂等构造表明其经历了挤压与抬升作用。抬升后的四明山地区遭受了长期的风化剥蚀,至少在古近纪末曾经夷平,保留了风化壳。在新近纪早期,地壳活动使古夷平面解体,伴随地壳活动,深部的玄武质岩浆沿着深断裂上升喷溢在夷平面上,成为嵊县组玄武岩。新生代的地壳活动,建立了四明山东靠宁波盆地,北抵余姚平原,西接上虞丘陵的地势格局,并在这一格局下遭受流水侵蚀等外力作用,逐渐形成今天的四明山镇、大岚镇等地为台地,周边环绕深切割山地的地形格局。造成这一地质、地貌形成与演化的因素主要有两方面:一是太平洋板块中生代以来向欧亚板块俯冲速度加剧,导致中国东南部进入活动大陆边缘演化阶段;二是西侧丽水—余姚深断裂的存在及其多期次的活动。

---

① 司马紫微(639—735),即司马承祯,唐代人,著有《洞天福地记》。

② 卢炳生、张环、林金波:《四明山夷平面特征及成因》,《现代矿业》2013 年第 3 期。

四明山名称之由来

横亘浙东大地的四明山和天台山,因其地相邻、水相接、山相连,故最初总名为"天台山"。四明山,《山海经》名其为"句余山",分别在今宁波市西部的余姚市、海曙区和奉化区境内,绍兴市东部的嵊州市、上虞区和新昌县境内,并向北北东延伸至宁波市的江北区和慈溪市境内。整个四明山脉的地形呈西南高、东北低走势,西南段平均海拔700～800米,东北段平均海拔100～300米。境内层峦绝壁,深溪广谷,高回幽异,云蒸霞蔚,给这座绵亘七个区县市的浙东名山笼罩上一层神秘的面纱。

徐兆昺《四明谈助》"四明山"条[①]节录了郡邑诸志的内容,曰:

> 四明旧称周围八百里,统天台而言之也。其山东属鄞,东南属奉化,东北属慈溪,西连绍之余姚、上虞、嵊三县,南接天台,北包翠碦,四面各有七十峰。东如惊浪,西如奔牛,南如驱羊,北如走蛇,总二百八十峰。东生梓,西生松,南生柏,北生桱及黄杨。自平麓至峰顶约一万三千丈。中为芙蓉峰,最高,有四穴,若开户牖以通日月之光,故号"四明"。道书载:天下洞天三十有六,其第九曰"丹山赤水洞天",即此。唐置州治,因山氏州,曰"明州"。其初,总名天台山,一名鬼藏山。李思聪《洞渊集》曰:"秦皇帝命臣王鄞驱山塞海,鬼神劳役,奔入四明不出,故名'鬼藏'。一名'句余山'。"《山海经》曰:"句余之山无草木,多金玉。"王伯厚《七观》曰:"东有山曰句余,实惟四明。"是也。

位于整个四明山脉中心地带的大俞山,因其主峰华盖山凌空矗起,古人认为是整座山脉的最高峰[②];又因其峰有个"四窗岩",史书均称日月星光可透过四个窗洞照射进去,故称"石穴""石窗""四明",后人称之为"四明之窗""四窗岩"。因此,在四明山与天台山相齿割前所指的"四明山"或"四明",即指今之大俞山。甚至直到清光绪二十五年(1899)印行的《余姚县志》,在其"县境全图"中,仍然将大俞山标识为"四明山"。

最早登上大俞山绝巅并将之命名为"四明山"、记载四明山水事迹的,是两千多年前汉代梅福的《四明山记》,虽然其原文内容早佚,但在后代文献中每每有所提及。而"书圣"王羲之(303—361,一说321—379),南渡后

---

① (清)徐兆昺:《四明谈助》,宁波出版社2003年版,第2页。

② 实际上,四明山脉的主峰是位于嵊州境内的金钟山(也称"四明山"),海拔1018米。

图 1-1　四明洞天

居会稽山阴(今浙江绍兴),晚年隐居四明山南麓的金庭。孙绰游四明山,以一曲《天台山赋》名播天下,他在今梨洲溪边得梨数枚而食,梨洲之名相传至今。太元十年(385)春,谢玄(343—388)归隐四明山西麓的古始宁县,至山水诗鼻祖谢灵运(385—433)则久居四明山西麓的始宁墅,迷恋于四明山水,所作《山居赋》对四明山景色多有精彩描述。魏晋南北朝时期,道教盛行,道教人士纷至沓来,走遍四明山的山山水水,其盛况可从成书于元代的《四明洞天丹山图咏集》中窥其大概。

最早唱响四窗岩的则是唐代刘长卿(709—789,一说 700—786)的《游四窗》:

> 四明山绝奇,自古说登陆。
> 苍崖倚天立,覆石如覆屋。
> 玲珑开户牖,落落明四目。
> 箕星分南野,有斗挂檐北。
> 日月居东西,朝昏互出没。
> 我来游其间,寄傲巾半幅。
> 白云本无心,悠然伴幽独。
> 对此脱尘鞅,顿忘荣与辱。
> 长笑天地宽,仙风吹佩玉。

陆龟蒙(？—881)在其《四明山九题诗并序》①中,对四窗岩的记载颇为详尽:

> 谢遗尘者,有道之士也。尝隐于四明之南雷,一旦访余来,语不及世务,且曰:"吾得于玉泉生,知子性诞逸,乐神仙中书,探海岳遗事,以期方外之交,虽铜墙鬼炊,虎狱剑饵,无不窥也。子语吾山之奇者,有峰最高,四穴在峰上,每天地澄霁,望之如牖户,相传谓之石窗,即四明之目也。"

四明山之地形地貌

据《剡录·山水志》转引梅福《四明山记》:"四明山境四周八百余里……东为惊浪之山,西拒奔牛之垄,南则驱羊之势,北起走蛇之峭。"②明嘉靖《宁波府志》卷五"山川"载:"由天台山发脉,向东北一百三十里,涌为二百八十峰,中有三十六峰,周围八百余里,绵亘本府之奉化、慈溪、鄞县,绍兴之余姚、上虞、嵊县,台州之宁海诸境。"

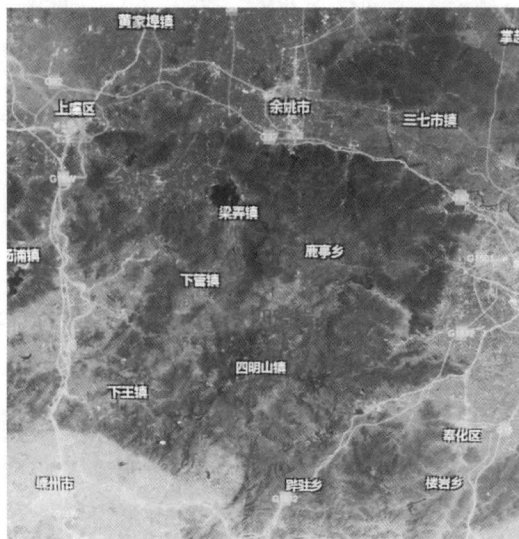

图 1-2　四明山脉地形

四明山位于浙东南火山喷发带宁波—仙居火山喷发亚带。现代地理

---

① 转引自(清)黄宗羲:《四明山志》卷四"九题考",李氏藏本。
② (宋)高似孙:《剡录》,嵊州市地方志办公室重印本。

科学揭开了四明山脉形成的神秘面纱。

四明山脉处在江南古陆北东端,在漫长的地质演变过程中,大致经历了三次大规模的地壳下降、上升运动,沧海桑田,海陆变迁,形成了现在的地貌特征。[①]

大约从 2.3 亿年前中生代起,地壳运动加剧。在距今 1.8 亿年至 1.3亿年的侏罗纪,因发生燕山褶皱运动,并伴随大面积强烈的火山活动,火山喷发而堆积起巨厚的火山碎屑,覆盖全境,并随地壳运动方向,出现北北东向天台山、四明山等褶皱山地,宁波、宁海、丁家畈盆地,以及东西向三北、余姚、长街等盆地,形成现代地貌雏形。

距今 1.3 亿年至 7000 万年白垩纪,一系列北东向断裂下陷,形成一向斜盘地,即现代东海前身,今宁波市境处其西部。在山脉剥蚀、盆地成湖、下降幅度较大的低洼地带,堆积起大量陆源物质,形成含膏盐矿层的沉积层。初期,岩浆仍在活动,沿断裂产生玄武岩喷溢及间歇性喷发,随火山运动逐渐减弱,大凹陷地带充填厚 4500 米左右河流、湖泊堆积地层,裸露地表的天台山、四明山四周多湖泊,始现山水辉映地貌环境。距今 5000 万年至4000 万年燕山运动晚期与喜马拉雅运动早期,境内地面整体大幅度间歇抬升,构成表面平坦多阶地形,经后期切割破坏,成平缓垄状或孤丘展布。原处四明山中部丁家畈盆地抬升至海拔 400 米以上,成为四明山的组成部分。早期盆地扩大,出现大碶、咸祥、梁弄、贤庠、南庄、鹤浦等盆地与东钱湖、四明湖等湖泊,形成东海和东部海岸线,以及象山港、岳井港、力洋港、白峤港、胡陈港、金塘港、梅山港等港湾水道雏形,奠定现今地貌格局。

距今 7000 万年至 100 万年,即新生代第三纪至第四纪初,多陆相沉积。后海进影响逐渐明显,发生数次大海进和海退。距今 10 万年第四纪冰期一次间冰期,全球气候转暖,冰川消融,海面上升,宁波遭海水浸没,海进范围不大,然最高海水面上升 30 余米,受海进的地方,下伏陆相地层多遭侵蚀破坏,最大切割深度 70 米。距今 7 万年至 1.2 万年大理冰期,受全球最后一次冰期影响,海面下降,出现历时较长、规模较大的海退,全境地表裸露受风化剥蚀,为河口三角洲冲积成黄色硬土层所覆盖,最低界地面下 14.6 米,海岸线遂离境内。

大理冰期过后,再遭大规模海进,今三北平原、宁波平原、姚江谷地复

---

① 俞福海:《宁波市志》,中华书局 1995 年版,第 128 页。

成汪洋,海水漫过平原直拍山麓,始现大海环山的自然风貌。至距今7500年前,地壳上升,海水渐退,形成低平海积平原。原展现雏形的盆地、港湾、水道继续下沉,在内地者淡化成湖,处沿海者进水为港;甬江则由镇海贵驷、俞范一带注入杭州湾,改道由招宝山入海;沟谷出口处,大量陆源物质顺水流外伸,成坡地平缓的冲积扇地形,覆盖海积平原。经钱塘江、甬江及其支流长期泛滥沉积,受海浪推顶作用,海积平原、湖泊低地渐被覆盖、淤塞,开始新陆地发育。晚近期,杭州湾南岸,甬江、象山港口外两侧部分岸段滩涂渐趋淤涨,滨海平原向海延伸数公里至10余公里,海岸线向外扩张。受大自然塑造与人类活动改造,几经演化,遂成现今地貌景观。

俞福海主编的《宁波市志》①是这样记述四明山脉的:

四明山系曹娥江、奉化江分水岭。山体主要由中生界流纹岩、碎屑岩构成,局部有粉砂岩、泥岩出露和玄武岩覆盖。自曹娥江支流黄泽江、剡江支流剡源源头间发脉,从境西南即奉化西部、余姚南部入境,向北北东蜿蜒,气势雄伟,峰峦峭拔。

山体含余姚全境,奉化、鄞县、镇海区西部,慈溪南部,江北区北部低山、丘陵。呈南北走向,有北北东向主脉,东西向、北西向支脉。山脉南部高,北部低;山势中心高,四周低。余姚、嵊县交界的青虎湾岗系全境之巅,次为奉化黄泥浆岗,皆位于北北东向主脉上。

北北东向主脉中心在嵊县许宅至余姚晓岭、新昌竹岸至鄞县樟水一线。山脉多海拔700米,山峰多海拔900米以上。西侧许宅至晓岭一线,自南而北主要山峰有青虎湾岗、长湾头、秀尖山、狗头岭岗、耗鼠尖岗、乌岩龙、大湾岗、沙流坪岗、杖锡山、东岗山,越梁弄至深溪,东西向山脉至石面桶。

东侧竹岸至樟水一线,分东西两小支,东支山峰有撞天岗、凤凰翼、奶部山、雪头岗、茶垮岗等;西支山峰有小铜盘山、黄泥浆岗、万井山等。东西向山脉处山脉北部、主脉东西两侧。北部东西向山脉,被余姚谷地分隔为南北两支。南支中心位梁弄至深溪一线,由海拔400米以上山脉构成,山峰有陈巴山、大岗山等。

北支中心位童吞至邱王一线,由海拔500米以下丘陵构成,统称翠屏山丘陵,自西向东主要山峰有朝前翁、蹋脑岗、栲栳山、大霖山、五磊

①　俞福海:《宁波市志》,中华书局1995年版,第146—147页。

山、大蓬山，至伏龙山尽于海。主脉两侧东西向支脉，东侧位梨洲至江口一线，自四明山中心东沿鄞县、奉化界绵延，有清明山、花尖山等，自西向东逐渐降低；西侧位棠溪至嵊县杨家村一线，西延向嵊县。

北西向山脉在主脉东西侧各一支。东侧支脉位陈巴岭至梅园乡一线，构成海拔 500 米左右山脉。西侧支脉自夏家岭沿余姚北西向界延至上虞鲇鱼山。

宁波人讲"四明山"，大多局限于宁波境内的部分，而整个四明山，现分属宁波市和绍兴市，东为宁波市，西属绍兴市。浙江人民出版社于 1996 年出版的《绍兴市志》第二卷第一章"地貌"①中，对绍兴市境内的四明山山势地貌记述更详：

> 位于嵊县东部、新昌东北部、上虞东南部，为曹娥江和甬江的分水岭，山地亦作南西—北东走向，山体主要由火山熔岩和碎屑岩组成。据《嵊县志》（民国版）记载，山凡二百八十二峰。余姚之四窗岩，山顶岩高数十丈。悬崖四方形，有天然石室，中界三石，宛如四个明窗，故名四窗岩。唐代诗人刘长卿慕名来游，见此怪迹可稽，吟诗赞颂："苍崖依天立，覆石如覆屋。玲珑开窗牖，落落明四目。"从此通称四明山。主峰四明山位于嵊县四明乡东北部，海拔 1012 米，向北 2 公里为扑船山，海拔 1021 米；主脉山麓线边界清晰，即从嵊县四明乡赵家岩头村至明山乡渔溪村一线，自西南而东北绵延于嵊县、新昌、奉化、上虞、余姚、鄞县之间，山体主要高度为 600～800 米，山顶起伏和缓，四周边缘陡峻，犹如浙东的天然屏障，历来是军事要冲，为浙东老革命根据地之一。

> 四明山地受曹娥江东侧支流的切割，自南而北分五路，分别为沙溪、上东江、里东江、隐潭溪、下管溪的分水岭。

> 南路界于沙溪与上东江之间，自新昌、嵊县、奉化三县交界处入境，依新嵊县界西行，至嵊县兰洲台地，为新昌嵊县的界山。此路主要山峰有：撞天岗（914 米）、老庵基（791 米）、大湖山（898 米）、麻顶山（747 米）、白坞塘（668.2 米）、黄龙岩（562 米）、双尖山（617 米）、白岩山（523 米）。

---

① 转引自绍兴市地方志办公室官方网站。

中南路界于上东江与里东江之间,自嵊县、奉化、余姚三县交界处入境,向西延伸,经四明山主峰,尽于曹娥江东侧的画图山。此路主要山峰有:白石尖(698米)、龙王岩(727米)、扁担撬(818米)、四明山(1012米)、扑船山(1021米)、三尖山(1000米)、双尖岗(852米)、样山脑头(343.6米)、钓鱼尖(407米)、画图山(130米)。

中路界于里东江与隐潭溪之间,从嵊县、上虞、余姚三县交界处入境,依嵊县、上虞县界西行,尽于曹娥江东侧车骑山。此路主要山峰有:看牛场(767米,又名横路山)、覆卮山(861.3米)、五石头岗(679.8米)、天灯盏(504.7米)、车骑山(312米)。

中北路界于隐潭溪与下管溪之间,自上虞陈溪乡南部太平村入境,向西北延伸尽于章镇盆地东缘。此路主要山峰有:大笋岗(401米)、大山岗(657.4米)、朝基湾岗(671米)、捉麓山(708.3米)、杨树田岗(513米)。

北路在下管溪以北,自纱帽岩(566米)起,依上虞、余姚县界北行,尽于水网平原南缘。此路主要山峰有:西尖岗(652米)、大狼山(522.6米)、酱缸盖(648.1米)。

四明山,在古代文献中多有记载,或称"句余山",或称"鬼藏山",或称"四望山"等。

《山海经》和"句余之山"

最早记有今四明山事迹的,当数《山海经》。不过,那时的四明山不称"四明山",而称"句余山"。《山海经》卷一《南山经》载:"(南山经之首曰鹊山……)又东四百里,曰句余之山,无草木,多金玉。"《山海经》成书于先秦时期,迄今已有两千多年。这是一部包括山川、道里、民族、物产、药物、祭祀、巫医等内容的重要古籍,也是一部包含了诸如夸父逐日、女娲补天、精卫填海、大禹治水等脍炙人口的远古神话传说和寓言故事的最古老的奇书。该书作者不详,传世版本共计18卷,包括《山经》5卷、《海经》13卷,具有重要的文献价值。

那么,为什么《山海经》所说的"句余山"就是指四明山呢?晋代郭璞(276—324)对《山海经》进行了系统整理,并作了精细的注释。他在《山海经》"句余山"条下注曰:"今在会稽余姚县南,句章县北,二县因此为名。"由于《山海经》原作已佚,我们今天见到的《山海经》均为郭璞注本。

然而,今人但知"以山氏州"是因境内有四明山而称宁波为"明州",不知"以山氏州"的更古老版本是因"句余山"而将山南之境称"句章县"、山北之境称"余姚县"。对此,黄宗羲在《四明山志》中指出,"《晋地理志》曰余姚有句余山在南,至《唐书·地理志》则易以四明山",证明唐代"四明"的称谓,实源于晋时的"句余山"。

梅福和《四明山记》

最早较为系统记述四明山水的,当数梅福的《四明山记》。据《汉书·梅福传》记载:梅福字子真,九江郡寿春(今安徽寿县)人。永始元年(前16),梅福以一县尉之微上书朝廷,指陈政事,险遭杀身之祸,因此挂冠而去,隐钓于南昌城南。至汉平帝元始中(1—5),梅福知王莽篡权,乃隐名于今南昌西郊飞鸿山学道。此后,其足迹遍布江西、浙江、安徽、江苏、福建各地,成为中国道教史上著名的仙道人物。

梅福的《四明山记》虽已佚,但梅福与四明山的传说仍存。梁弄之西狮子山东北侧的东明山,地处进入四明山要口,因梅福曾隐居于此,炼丹修身,故旧称"大梅山"。大梅山多岩洞,洞前常有岚气飘浮,云雨晦暝。梅福就在山间建石库,内贮经籍,坐卧于此,日采草药,为山民施药治病。梅福隐居大梅山期间,余姚"四先贤"之一的严子陵拜其为师,钻研道学。梅福有两个女儿,他见严子陵勤勉有为,即将次女许配给了他。后来,当严子陵耕钓隐居于富春江时,梅氏夫人曾助筑建德县城池,而该城格局又呈五角梅花形,建德城故而有"梅城"之称。

梅福不仅久居今四明山北麓的梁弄一带,而且足迹遍及整个四明山,他多次深入四明山腹地,并登上大俞山之巅的华盖山。"四明山"之名最早见于梅福的《四明山记》,且后代文献对于四明山地势地形的描述——"东如惊浪、西如奔牛、南如驱羊、北如走蛇",均源自梅福的《四明山记》。由此,我们有充分的理由相信:"四明山""四明""石窗"之名,均源自梅福。较通常所说的"四明山"之名源于唐代刘长卿的《游四窗》诗之说,足足早了700多年!

葛洪和"四望山"

晋人葛洪(284—363)在所著《抱朴子·内篇·金丹》中说:"四望山、大小天台山、盖竹山、括苍山,悉在会稽。"葛洪为道家名流,人称葛仙公。四望山即为四明山,一因与天台山并列,二因"悉在会稽"。四明、天台最初被视为一山,本有许多洞天福地,"皆玄圣之所游化、显仙之所窟宅",而四明更是有"仙都"之美称。唐人张籍诗云"仙游多在四明山"并非信口开河,至少,葛洪早已有如下描述:"……天台山、四望山、盖竹山、括苍山,此皆正神在其山中,其中或有地仙之人。上皆生芝草,可以避大兵大难。"

木玄虚撰、贺知章注《丹山图咏》

西晋辞赋家木华①所撰《丹山图咏》,是已知最早较为系统记载四明山水的文献之一。后来,元代人曾坚、危素等据《正统道藏》洞玄部记传类所载《丹山图咏》,编为《四明洞天丹山图咏集》一卷,保留了木华撰、贺知章(约659—约744)注的《丹山图咏》大部分内容。《四明洞天丹山图咏集》为诗文集,原题曾坚编,实乃曾坚与危素共同编撰。曾坚,字子白,少与危素齐名,元末进士,累官翰林学士,自号沧海逸夫。二人所据材料,皆系元道士毛永贞提供,并由其弟子薛毅夫在元至正间(1341—1368)携入京师,交于危素、曾坚。故《四明洞天丹山图咏集》成于元末。

木华《丹山图咏》有描述四明山水的诗共24首,贺知章注。其中有诗曰②:

> 四明山名赤水天,灵踪圣迹自天然。
> 二百八十峰相接,其间窟宅多神仙。

(按:《记》③云此山四面各有七十峰,计二百八十峰,相连如屏也。)

> 其山东面如惊浪,七十高峰列烟嶂。
> 一条流水入句章,二仙圣德彰慈养。

(按:二仙者,是董黯、鲍全。全有圣德之行,黯有孝道之功。《记》云:此乃四明山地仙,俱出后汉时。)

> 其山西南如奔牛,岩峣次第相连钩。
> 大峰小峰计七十,山足两歧通越州。

---

① 木华,字玄虚,广川人,曾为太傅杨骏府主簿。
② (唐)木玄虚撰、贺知章注:《四明洞天丹山图咏》,上海涵芬楼影印本,民国十三年(1924)。
③ 即梅福《四明山记》。

（按：山脚下便是余姚、上虞两县，属越州，水陆皆通。）

其山南面如驱羊，七十峰峦形列张。

汉时刘阮迷七日，人间六代子孙亡。

（按：有刘、阮二人同行探药到仙家，七日却回，人间已过三百年矣。归家犹见第七代子孙也。）

其山北面如走蛇，危峦叠嶂无津涯。

七十之峰数亦足，八囊罾网相交加。

（按：北而有入灵山，其状如罾网，加有走蛇之势是也。）

东连句章西舜窟，南嗣天台通地骨。

北包翠竭爱其源，地圣天仙时现没。

（按：此是四明山之四至也。）

周回盘广八百里，古来灵瑞难遍纪。

梅福为仙居此山，刘纲作宰妻樊氏。

（按：周景时，义士益昌游此山，先得升仙。后有梅福又游此山，一宿室内，梦一人谓福曰：周时益昌化于此山室，其骨秘天井。及明早，果于天井中获得，其骨未朽，遂与埋之。后汉刘纲，字伯经，任上虞令，与夫人樊氏云翘居四明山，皆得仙道，一日至大兰阜丘山上，登巨木飞升。）

谢灵运与四明山

谢灵运，南北朝诗人、佛学家、旅行家。原名公义，字灵运，以字行于世，小名客儿，世称谢客。谢灵运祖籍为陈郡阳夏（今河南太康县），他出生于会稽始宁（今浙江绍兴上虞区），晋安帝元兴二年（403）承袭祖父爵位，被封为康乐公。义熙元年（405），出任大司马司马德文的行参军。此后任抚军将军记室参军、太尉参军等职。刘宋代晋后，降封康乐侯，历任永嘉太守、秘书监、临川内史。元嘉十年（433），被宋文帝刘义隆以"叛逆"罪名杀害，终年49岁。谢灵运少即好学，博览群书，工诗善文。其诗与颜延之齐名，并称"颜谢"。谢灵运是第一位全力创作山水诗的诗人，被后人称为中国山水诗鼻祖。他还兼通史学，擅书法，曾翻译外来佛经，并奉诏撰《晋书》。明人辑有《谢康乐集》。

谢灵运作于南朝宋景平元年(423)至元嘉二年(425)的巨赋名篇《山居赋》,包括自序和自注,虽洋洋万言却全文收录于正史《宋书》。所陈述的是其祖父谢玄所开拓、他所扩建的"始宁墅"山居庄园。始宁墅庄园总面积约30平方公里,其所处位置,正是四明山西端——北起今上虞上浦东山,南至嵊县崝浦、仙岩一带。

覆卮山,因谢灵运"登此山饮酒赋诗,饮罢覆卮"而得名。覆卮山属四明山支脉,地处浙江省上虞、嵊州、余姚三地交界处,在绍兴市上虞区的最南端,主峰海拔864米。覆卮山耸立在荫沄溪旁,兀立于群山之上,山峦起伏,云雾缭绕,更有数条石河,巨石滚滚,顺坡而下,堪称奇观。经国内专家实地考察,确定此处石河为第四纪冰川遗迹。

谢灵运回归会稽东山隐居,寄情于山水,同时在曹娥江上游剡溪一带求田问舍,其行踪大体上由北向南延伸。第二次回故隐居期间(428—431)有向四明、天姥进发的意向。据《剡录》卷一载:嵊县二十七乡,"康乐乡有游谢、宿剡、竹山、康乐、感化里。游谢乡有康乐、明登、宿星、暝投、吹台里"。康乐、游谢二乡相当今三界镇和仙岩镇地域,乡里地名均与谢灵运游踪有关。《剡录》卷四"古奇迹"载:"嵣山下有石床,康乐尝垂钓于此。""县北十五里有谢岩,灵运游此,四顾放弹丸,落处为祠,有大石如弹丸。"王十朋《山赋》曰:"灵运弹飞岩嶂,慕此堪栖。"又有谢公宿处,李白诗:"谢公宿处今尚在,绿水荡漾青猿啼。"又有谢岩,亦谢所至。明成化《新昌县志》卷八"坊巷"载:"康乐坊,在县东三百余步,今名忠信坊。昔灵运尝寓于此,时人重之,为建此坊。郡志云:新昌之康乐,盖古迹尤著云。"成化《新昌县志》卷十六"寓贤"又载:"康乐公爱剡中山水,肆意遨游,尝至新昌,居游最久,时人重之,为建康乐坊。东山寺有谢灵运像……"

谢灵运《山居赋》[①]云:

> 远东则天台、桐柏,方石、太平、二韭、四明,五奥、三菁。表神异于纬牒,验感应于庆灵。凌石桥之莓苔,越楢溪之纤萦。

并自注曰:

> 天台、桐柏,七县余地,南带海。二韭、四明、五奥,皆相连接,奇地所无,高于五岳,便是海中三山之流。韭以菜为名。四明方石,四面自

---

① 转引自金午江、金向银:《谢灵运山居赋诗文考释》,中国文史出版社2009年版,第73页。

然开窗也。五奥者,昙济道人、蔡氏、郗氏、谢氏、陈氏各有一奥,皆相掎角,并是奇地。三菁,太平之北。太平,天台之始。方石,直上万丈,下有长溪,亦是缙云之流云。此诸山并见图纬,神仙所居。往来要径石桥,过楢溪,人迹之艰,不复过此也。

方石、太平、二韭、四明、三菁,均为四明山中之地名,谢灵运能信手拈来入赋,想是其游踪必已遍及整个四明山了。

谢遗尘与四明山

到了唐末,有高士谢遗尘隐于四明山中,有一次至吴中,对其好友陆龟蒙曰[①]:

> 吾山之奇者,有峰最高,四穴在峰上,每天地澄霁,望之如牖户,相传谓之石窗,即四明之目也。山中有云不绝者二十里,民皆家云之南北,每相从,谓之"过云"。有鹿亭,有樊榭,有漯湲洞,木实有青椵子,味极甘而坚不可卒破。有猿,山家谓之"鞠侯"。其他在图籍不足道也。凡此佳处,各为我赋诗。

陆龟蒙据此作《四明山九题诗并序》,皮日休和之,就此开启了"四明山九题诗"的千年唱和奇观。

高似孙与《剡录》

高似孙,字续古,号疏寮,祖籍宁波鄞县,淳熙年间进士,历官处州知州、中奉大夫、提举建康府崇禧观等。宋宁宗嘉定初年,史安之知嵊县,以其地未有志而欲修县志,访高似孙撰之。嘉定七年(1214)书成,次年刊行。《剡录》原十二卷,后卷七佚,《四库全书》复并卷十一、十二为一卷,今为十卷。

《剡录》叙述有法,简洁古雅,极为后世所推重,在方志发展史上占有重要地位。四库馆臣称赞它"征引极为该洽,唐以前佚事遗文颇赖以存",又说"其先贤传,每事必注其所据之书,可为地志纪人物之法。其山水记仿郦道元《水经注》例,脉络井然,而风景如觌,亦可为地志纪山水之法"。《剡录》体例严谨,亦多有创新,首立"县纪年",记载建置沿革方面的大事,创志

---

① 转引自(清)黄宗羲:《四明山志》,李氏藏本。

书"大事记"之先;又设"书"门,收录阮裕、王羲之、谢灵运等十四人的著述及三氏家谱等书四十二种,为方志记载地方书目之始。

《剡录》①载"四明山"曰:

> 四明山,千冈万崖,巍与天敌,阳岩阴嶂,怪迹可稽。有谢遗尘居。(在东一十里,高二百一十丈,周围二百一十里,又绵亘上虞、余姚间。《会稽地记》曰:四明山高峰轶日,云岫蔽天。梅福《四明山记》曰:四明山境四周围八百余里,内通八百余家居之。其山四面形势各有区分,东为惊浪之山,西拒奔牛之垄,南则驱羊之势,北起走蛇之峭,其中通一溪曰篁溪。东面七十峰号惊浪山,其境接句章,东为句章之地;西面山状如奔牛,山中有五峰,形如芙蓉,号芙蓉峰,正是四明山之心,其峰有岩及石壁二,峰生五种之芝,自然花药;南七十峰状如驱羊,号驱羊峰,其地宛转吐出清涧有七,峰甚奇,一涧出南,过一百二十里,其水归鄞江南源,是四明山南门也,其溪号为白溪;西南有八峰,如曾囊,号八囊山;向北有两山,如走蛇,山足洞深七十余里,是四明之北门。梅福《四明山记》:四明山四面二百八十峰,周回八百余里。山内生银兰、香草药、石乳、梓、松、柏、柽、黄杨、茗树、石燕、毛竹、银笋、不死之盐。孙绰《天台赋》曰:涉海则有方丈、蓬莱,登陆则有四明、天台。皮日休诗:窗间有真宰,四远见苍崖。山中有九题者,谢遗尘所居也。张士逊《送高学士如越诗》:山影四明接,溪声万壑流。彭汝砺《送越帅程公辟诗》:一水北邻千里海,万峰南揖四明山。)

李思聪和"鬼藏山"

四明山曾称"鬼藏山"。北宋英宗皇祐年间(1049—1054),著名道士、江西赣州人李思聪在其所撰《洞渊集》②中说:

> 秦皇帝命臣王鄞驱山塞海,鬼神劳役,奔入四明不出,因名鬼藏山。

李思聪此说或源于假托木华所撰《丹山图咏》中的说法:"秦皇神将有王鄞,驱山塞海溺其身。葬于水底不填筑,号作鄞江今见存。"

---

① （宋)高似孙:《剡录》卷二"山水志",文渊阁本。
② 转引自(清)黄宗羲:《四明山志》,李氏藏本。

《洞渊集》为道教类书,共九卷,阐释了道教的"三清""三界""洞天福地"及天王、星宿、神灵等,但均不详出处。

黄宗羲和《四明山志》

明朝崇祯十五年(1642)十一月,黄宗羲(1610—1695)在京应试失利后,便与二弟黄宗炎(1616—1686)、三弟黄宗会(1618—1663)相约游四明洞天。十一月戊申(十二日),兄弟仨由陆埠蓝溪而进,过中村,走蜜岩,宿雪窦,观三隐潭。大雪中登芙蓉峰,历徐凫岩,至过云,访杖锡延胜寺,游韩采岩,到西岭,经九雷岭、石潭,重过三菁,甲寅抵家。这次游四明洞天,惜因大雪封山而未能造访作为四明山标志的四窗岩。作为四明山游的成果,黄宗炎为《四明山赋并注》,黄宗会为《四明山游录》,黄宗羲则为《四明山志》,且一直流传至今。这是黄宗羲第一次上四明山。

清顺治三年(1646)六月初一,钱塘江上的浙东抗清义师全线溃败,清兵渡钱塘江,进军浙东,先后占领浙东各府县。黄宗羲遣散余众,率领亲兵500多人退入四明山,在杖锡寺安下营寨,结寨自固。这是黄宗羲第二次进四明山。直至兵败,他才不得已离开梨洲山,回家隐居著述、授徒读书。驻军四明山期间,黄宗羲曾讲学于梨洲山麓的上庠庙中,论学于镇东桥上。上庠庙和镇东桥两处遗址至今尚存。清康熙二年(1663),黄宗羲在完成重要的政治著作《明夷待访录》时,也没有忘记四明山道家三福地之一的"梨洲",自题"梨洲老人",并一直沿用,因此有了"黄梨洲"的称号。

《四明山志》始撰于崇祯十五年(1642),至康熙十二年(1673),黄宗羲再予修订,次年正式定稿,但当时并未刊行。康熙四十三年(1704),《四明山志》才由吴门黄氏刊行,次年由抑抑堂刻印;民国二十五年(1936)被收入《四明丛书》第四集;1980年被收入《黄宗羲全集》第二册。此外,该志又先后收入《续修四库全书》《四库全书存目丛书》《丛书集成续编》,1955年由台湾中华丛书编委会收入"中华丛书"中出版。

《四明山志》全书十一万字,共分名胜、伽蓝、灵迹、九题考、丹山图咏、石田山房诗、诗括、文括和撮残等九卷。在自序①中,黄宗羲概述了进山之路和所作《四明山志》的内容框架:

> 余家四明山,在北面七十峰之下,所谓翠崿也。顾入山中之路有

---

① (清)黄宗羲:《四明山志》,李氏藏本。

三：自横溪而入，逾高地岭，则为白水山；自三溪口而入，逾清贤岭，亦白水也；自蓝溪、三峰而入，经大、小皎，上大岚山，则为仗锡，度黄官、鹁鸠二岭，则为雪窦。盖少者五十里，多者亦不过八十里，穷日之力皆可至。而吾乡之人，闻谈四明之泉石，未尝不如嵩、华之不相及也。况于来游者，云烟过眼，曾能得其仿佛乎。余往来山中，尝有诗云："二百八十峰，峰峰有屐痕。"因以足之所历，与记传文集相勘，每抵牾失实。昔苏子瞻夜登黄楼，观王定国诸公登桓山，吹笛饮酒，乘月而归，以为太白死三百年无此乐矣。尝疑是言，及观为游者之草草，而后知子之言非孟浪也。壬午岁，余作《四明山志》，亡友陆文虎欲刻之而未果，藏于牛箧，鼠啮尘封。癸丑岁尽，逢太夫人寿日，应酬辍业，偶展此卷，而文虎评校之朱墨，如初脱手。然其间凡例不齐，词不雅驯，重为改窜，始得成书，犹幸向者之未刻也。念广友作土中人且三十年矣，相知云亡，谁定吾文，阁笔为之三叹。其序曰：第九洞天，丹山赤水，其中福地，重书叠纪，荻湖北蠡，梨洲南峙，大隐东面，姚江之砥，峰峰瀑布，代代游履，峭壁题名，狐狸不哟，志"名胜"第一。洛阳伽蓝，建康僧寺，一一记之，泉石鼓吹，奈何后来，梵刹有志，机缘偈颂，何与吾事？鄙秽连疆，山容减翠，是用汰去，但存名字，志"伽蓝"第二。玄圣游化，灵仙窟宅，兴公之言，不容弹射，所以刘樊，纷然载籍，石髓未凝，灵草可摘，仙宫神治，迟汝朝夕，尘土活埋，岂不可惜，志"灵迹"第三。唐之皮陆，发为九题，明山故事，亦云在兹，推寻诗迹，常致参差，彼作诗者，未历嵚崎，因人之言，仿佛填词，吾明其故，遗尘宛而，志"九题考"第四。四明山图，传自祠宇，图亡咏存，四面裂土，各七十峰，五峰中主，掩霭风云，玲珑门户，牵连之下，不少粗卤，吾图历然，峰峰可数，志"丹山图咏"第五。元有道士，名居石田，折骨穷山，垂四十年，文人皆曰，地胜人贤，清词妙句，贲其林泉，一时文士，亦赖以传，志"石田山房诗"第六。四明之诗，始孔稚圭，唐宋以后，数不可枚，猿鸟奔命，泉石告哀，无使陈言，山灵见猜，志"诗括"第七。败刹残碑，逸人坠简，捃拾无人，亡者何限？忽然遇之，可证讹舛，乃知奇地，即在经眼，志"文括"第八。单词碎事，四明千涉，错出简编，如扫落叶，随得随收，次序不接，志"撮残"第九。

甲寅岁花朝荻湖鱼澄洞主黄宗羲书。

署名"受业弟宗裔"的《四明山志序》①曰：

> 崇祯壬午年，吾遗献伯兄与晦木二兄、泽望三兄，偕游四明山，阅月始返。伯兄成《四明山志》九卷，藏于家。自来名山多有志，独四明阙如，遂使名迹消沉，清言漏夺。伯兄此志所以补前阙也，顾诸志多出凡手，而伯兄以起衰之笔为之；诸志多因袭故纸，未尝身历，承误踵讹，而伯兄青藜芒屦，无深不探。凡志中所考，正前讹者不可胜数，即如皮陆以四明为四面开窗，若非伯兄亲览改定，则千载以来之谬传何从使人知四窗之在一面乎？是四明为东南诸山之冠，而此志又为天下诸志之冠也。

黄宗羲游遍四明山的山山水水，与"山君木客争道于二百八十峰"之间，采集记叙，考订辨讹，写景状物，不人云亦云，不仅为后世的方志编纂提供了宝贵的范例，而且使《四明山志》成为研究四明山风土历史的一部信史。诚如宋定业在《四明山志序》中所说：黄宗羲"既躬自遍经，遂以目击所得考正前讹，而又博采闻人骚士之题咏，残碑断刻之遗文，表名迹于销沉，扬清言于漏夺，而成《四明山志》九卷，诚为斯山补自来之阙如也"。

从"句余山"到"四明山"

从"句余山"到"以洞命山"为"四明山"，经历了一个较长的历史时期，这主要得益于道教的盛行和北方士族的南迁。约在两晋时期，"四明山"之称从最初的天台山分离出来，成为与天台山、会稽山鼎峙于浙东的三大名山。而"以山氏州"，则完成于唐开元二十六年（738），史载："采访使齐瀚始复奏请为州，以境内有四明山，故号州为明。"②曾坚在为《四明洞天丹山图咏集》所撰序中，对"以洞命山"和"以山氏州"做了高度概括③：

> 四明山在东海上，山有四穴，通光晷，天宇澄霁，望之一如户牖。土人名之曰石窗，故山以名。唐置州治今余姚，又因以明名郡。宋改庆元旧治，更置县。本朝升州，而山属余姚，在州南百里。图则山麓祠宇观所刻也。其一曰元建观之图，其二曰唐迁观之图。慎言之，则曰四明山也。木玄虚云"天下洞天三十有六，四明第九，其号曰丹山赤

---

① （清）黄宗羲：《四明山志》，李氏藏本。
② （宋）张津：《乾道四明图经》，宁波出版社 2011 年版。
③ （元）曾坚、危素：《四明洞天丹山图咏集》，《正统道藏》洞玄部纪传类。

水",是也。

清唐若瀛、邵晋涵所修乾隆《余姚志》载"四明山"条后,有"案"云①:

句余改称四明,旧志未详其始。道藏有梅福《四明山记》,疑汉时已有此称。然道藏语多有传会,不可为据。惟乐史引晋《太康地记》作"县南有四明山",则晋初称为四明,确有明证矣。《丹山图咏》谓"秦将王鄜驱山塞海"于此,李思聪、危素遂谓"秦时百灵劳役,奔入此地,因名鬼藏山",此道家无稽之言,不足与辨也。《元和郡县志》作"山在县西一百五十里",《寰宇记》作"西南一百里",《嘉泰会稽志》作"县南一百一十里",《永乐绍兴府志》作"县南一百里",方位、里数互有出入,惟嘉泰志为得其审。

附录:万历《绍兴府志》②"四明山"条

四明山,在县南一百十里,高一万八千丈,周回二百十里,一云八百里。蟠跨数县,由鄞小溪而入者,称东四明;由余姚白水而入者,称西四明;由奉化雪窦而入者,直谓之四明。层峦绝壁,深溪广谷,高迥幽绝,与人径殊绝,方士家云"第九洞天"。晋孙绰《赋》:涉海则有方丈、蓬莱,登陆则有四明、天台,盖曰灵仙窟宅焉。山凡二百八十二峰,四面攒笋。梅福《四明山记》云:四明山,周围八百余里,内八百余家居之,其山四面形胜,各有区分,中通一溪,曰篁溪。东面七十峰,号惊浪山,其境接句章之地;西南山状如奔牛,山中有五峰,形如芙蓉,号芙蓉峰,正是四明山之心。其峰有岩及石壁二峰,生五种之芝,自然花药;南七十峰,状如驱羊,号驱羊峰,其地宛转吐出清涧,有七峰甚奇,一涧出,南过一百二十里,其水归鄞江南源,是四明山南门也,号白溪;西南有八峰,如晋囊,号八囊山;向北有两山,如走蛇,山足涧深七十余里,是四明之北门。山四面二百八十峰,山内生银兰、香草、药石、乳梓、松、柏、桱、黄杨、茗树、石莺、毛竹、银笋、不死之盐,此盖尽四明山形势而言。若举在余姚境者,则由梁弄至白水,又逶迤向东南行,斩荆棘,攀萝葛二十余里,其中为三孕峰,汉张平子家焉。少南则芙蓉峰,五峰

---

① (清)唐若瀛、邵晋涵:乾隆《余姚志》,乾隆二十五年(1760)刻本。
② (明)张元忭、孙鑛:万历《绍兴府志》,李能成点校,宁波出版社 2012 年版,第 107—109 页。

相望，各五六里，其中峰有汉隶深刻四大字，曰"四明山心"。其上为骞凤岩，东南十里为杀羊岩，神仙屠羊于此，有血渍焉。又南为分水岭，入鄞县界。骞凤岩之右为石窗，四面玲珑，每天地澄霁，望之如户牖，中通日月之光，亦名四窗，是称四明。唐谢遗尘云：是为"四明之目"。……右为韩采岩，左为下管岭，入上虞县界。石窗稍西北为樊榭，是汉樊夫人遗迹。……四明山心少北，有洞曰潺湲洞，喷瀑流沫，冬夏不息。……洞之下为过云岩，岩绝高，云雾乘之，有云不绝者二十里，民皆家云之南北，每相从，谓之过云。……其南为云南……北为云北……并与韩采诸岩相直。石窗西，过白莲庄，又西为箪溪，下为白溪，神蛇居之，祷雨辄应，皆通于白水。又南曰梨州山，与嵊界，山产青椒子，其味极甘，其坚不可猝破。……有猿，山家谓之鞠侯。……其大兰、乌胆、萝壁、茭湖、云顶、东明、双凤、白云、南雷诸山之胜，三井、白龙、水台之窟，凤鸣之涧，问道之石，真与天台、雁荡争奇，皆在余姚境。若夫杖锡，则在鄞；雪窦，则在奉化，皆胜迹，各有寺，而雪窦尤奇。又有大晦、小晦山，云是四明南之两峰，小晦峰望如楼阁，亦在奉化，以俱非余姚地，故不详著。大都四明本石窗得名，其余支陇甚多，总谓之四明，犹西北诸山皆谓之太行也。若入山问诸樵人，则隔里许即异名，殆难殚述。然萝壁、南雷等，今则别为著山，土人不复谓四明矣。永乐十三年，诏道士朱大方图画以上。

　　岑原道《县志》①云：按《松陵集》，谢遗尘者，有道之士也，尝隐于四明之南雷。一旦，访龟蒙陆子，语以山中之奇，品为九题，索诗，曰石窗、过云、云南、云北、鹿亭、樊榭、潺湲洞、青椒子、鞠侯。皮日休和之，诗各因题，附见。宋施宿乃云：谢遗尘所称及皮、陆诸诗，世虽竞传之，顾今四明山中居人，乃不知异境果安所在，盖与华山之华阳，武陵之桃源，皆神仙境，可闻而不可即者也。予颇贪奇嗜怪，未之信。后蹑足四明界，略观其胜，已大奇之，然求遗尘九题，止得所谓石窗者，诸皆无可索模，乃忆施君之言良是。及今作邑志，登载山川，四明诸荐绅先生家竞来言山中之奇，颇闻九题。有广济寺僧者，因处太白，往来四明间最久，予进而叩之，指点图画者连日夜。盖详哉，其言之也美哉。兹山溪乎，殆非人境，奚啻陆、皮之所咏者？然鹿亭、樊榭则墟矣。予乃眩悔

---

①　即嘉靖《余姚县志》。

昔所游览未有所见,便以为奇,今所闻者,大于昔所见矣。尚须裹足入山躬历之,僧试随予后,无予告,予今信足之所履,信目之所视,必尽有八百里之美、二百八十二峰之奇以归。僧向予顶立作礼,曰:"是直寻无上世界,弟子止见太白山西一方"云。然予又恨施君不可作,徒迷惑终其身,于是志四明山特详焉。施君又云:四明本属余姚,而今明州擅其名,犹嘉州之峨眉,反得名于眉州;华州不见华山,而同州乃见之!故语曰:世间多少不平事,却被同州看华山,真是枉屈!予谓四明诸山,皆天下大观,非一州里所得专,今造化已私于吾土,顾又与夫封域者争名哉?且实在吾姚,奚用名为?又其山鄞、奉并占之其称名也,亦宜。

二、诗路撷英

大俞山,以其境内的四窗岩(亦称"石窗""石穴""四明""丹山""四明洞天""四明之窗"等)为标志,位于四明山腹地大岚山、梨洲山和杖锡山所形成的三角地带的中心点。自汉代梅福及山水诗鼻祖谢灵运、名士谢遗尘发轫后,唐宋以来,曾吸引了一代代文人墨客探险寻幽,留下了一章章脍炙人口的瑰丽诗篇。

浙东唐诗之路

20 世纪 90 年代,痴心研究唐代文学的新昌文化学者竺岳兵提出的"唐诗之路",受到了在南京参加中国唐代文学学会年会的傅璇琮、郁贤皓、杨承祖、罗联添等 23 位著名学者的联名书面支持。1991 年 5 月,在南京师范大学与中华书局联合主办的"中国首届唐宋诗词国际学术研讨会"上,竺岳兵宣读了题为《剡溪是"唐诗之路"》的学术论文,引起与会者的强烈反响。1993 年 8 月 18 日,由中国唐代文学学会会长、副会长和理事参加的"唐诗之路"论证会召开,会后正式发文,确认把"浙东唐诗之路"作为中国文学史上的一个专用名词。

"唐诗之路"一词有两层含义。第一层指的是地理位置,即全长 200 多公里的一条道路,始钱塘江,沿浙东运河经绍兴、上虞和浙东运河中段的曹娥江,溯古代的剡溪(今曹娥江及其上游新昌江),经嵊州、新昌、天台、临海、椒江以及余姚、宁波、舟山;或从新昌沿剡溪经奉化溪口至宁波的具体的一条道路。这是表层含义。第二层指的是这条有形之路上的无形之路,即唐代文人墨客游历浙东地区,并创作留下的大量传世诗篇。

所谓"唐诗之路",就是一条从钱塘江出发,经萧山到绍兴鉴湖,沿浙东运河到曹娥江,然后南折入剡溪,经天姥山抵天台山和四明山的唐代诗人漫游热线。王勃、卢照邻、骆宾王、贺知章、崔宗之、王维、刘禹锡、李白、杜甫、元稹、李绅、李德裕、孟浩然、崔颢、白居易、杜牧、贾岛、罗隐、罗邺等 400 多位唐代诗人先后沿剡溪一路游走,咏出 1500 余首脍炙人口的诗篇。遥想这些才情横溢的诗家坐着轻舟,抚剡溪之清流,望天台之雄奇,叹四明之瑰丽,真乃美景与豪气并举,诗情同江水共舞,何等的潇洒浪漫! 如果说,史上的"丝绸之路""陶瓷之路"是经济繁荣、走向世界的象征,那么出现在浙东的这一条"唐诗之路",则是文化昌盛、诗意盎然的标志。

名之为"唐诗之路",实际上是指今浙江东部的浦阳江流域以东、括苍山脉以北至东海的区域,涉及绍兴、宁波、台州等地,面积达 2 万余平方公里。在这一区域内,有三条呈西南东北走向的山脉斜卧其中,分别是会稽山、四明山和天台山。这里有会稽古迹、魏晋遗风,有四明烟霞、仙风道骨,还有天台名刹古寺、华顶绝境,这些都深深吸引着无数诗人慕名前来。李白就曾四到浙江,三入四明,二上天台;孟浩然、杜甫、白居易、刘长卿、孟郊、贾岛、杜牧、皮日休、陆龟蒙等著名诗人,都无不以来此一游作为人生一大快事。

1000 多年前的唐代诗人之所以对浙东山水迷恋有加,与唐朝开国之初以声律取士,促使天下英杰皆事六义之学以作为进身之阶,有很大关系。浙东三山(即四明山、会稽山、天台山)以其独特的地理、人文优势,成为风流才子、落魄文人获取诗情灵感的神往之地。紧密相连的三山,宛若三个孪生兄妹,集唐诗意象之大成,而使为诗者取用不尽。海水、江水、湖水、溪水,石帆、归舟、钓矶、寺钟、山僧、浣女、牧童、樵翁,烟渚、翠竹、孤松、啼猿……无所不具。于是,"会稽—四明—天台"便成了唐时精神漂泊者心路历程的自然投影。

会稽山是唐代东游诗人的第一站。会稽越城真正吸引人的地方,正在于不可胜数的历史古迹、先贤流风、美女遗姝。大禹之公而忘私,勾践之卧薪尝胆,王谢之旧时风流,均深深地吸引着诗人们。绕稽山而入耶溪,或入曹娥,进而剡中,对诗人来说,是一条逐渐淡化现实冲突,并逐渐融入大自然的晋进之路,极容易把此中佳境认同为陶渊明《桃花源记》所描绘的"桃花源"景象。

四明山是唐代东游诗人的第二站。四明山为名胜之地,岩壑幽邃,奇洞飞瀑,逸人隐士辈出。唐代司马承祯,著有《洞天福地记》,所谓三十六洞天、七十二福地,即源于此书。司马曰:"第九四明山洞,名曰丹山赤水洞天,真人刁道林治之。"所指即为唐人所说的石窗,今人称四窗岩。四明东北大隐山,洞天福地中称六十三福地,东晋时即有虞喜隐居此山,三召不就,大隐由此得名。天下第一隐士、千古传颂不衰的严子陵,其终隐之地陈山(客星山),正是四明山余脉。拥有道教"第九洞天"之称的四窗岩,据《幽明录》《太平广记》记载,为东汉刘晨、阮肇遇仙之地,明人张瓒《石窗》诗中的"自从刘阮游仙后,溪上桃花几度红",指的正是此事。相距四窗岩不远的白水潨漈,相传为后汉刘纲、樊云翘夫妇向白道人学仙之处,而大岚山则为刘、樊成仙飞升之地。四明山的真正魅力在于与尘嚣繁华相对的幽寂静默,更在于那一脉代代相传的仙风道骨。地处四明山西麓、曹娥江畔的东山,以及四明山西南的剡东金庭,更是诗人们梦牵魂萦之所,谢安、谢康乐、王羲之们的遗踪,是唐代诗人们朝圣般的热切向往之地。由此,"四明诗路"成为浙东唐诗之路的一条重要支线。

天台山是唐代东游诗人的最后一站,一心向佛成了人间与自然之间的一种契合。天台山与会稽山、四明山一样,山胜非薄,水境犹好。天台山由赤城、瀑布、佛陇、香炉、华顶、桐柏诸山组成,几乎无山不寺。除最著名的国清寺外,现存的尚有直觉寺、华顶寺、高明寺、方广寺,故唐人诗题每涉及天台,大多与"僧""上人"有关。在天台山,诗人们可以止泊的不仅仅是肉身,更重要的是能让心魂得到栖息,获得聊胜于无的短暂安宁。

一个唐朝,在近 300 年的时间里,先后有 450 余位诗人"你方唱罢我登场",相继赶往浙东会稽山、四明山和天台山,留下了 2000 余首脍炙人口的瑰丽诗篇,这在中国文学史上,甚至在世界文学史上,恐怕都堪称蔚为大观!

游过这条"唐诗之路"的唐代诗人,据竺岳兵先生统计,占《全唐诗》收录的诗人中的 18%。如果说"丝绸之路""茶马古道"最终是以物易物的商贸之旅,那么"唐诗之路"就是充满诗情画意、文人雅集的寻梦之处。寻梦的队伍中,有"初唐四杰"中的卢照邻、骆宾王,也有"饮中八仙"中的李白、贺知章、崔宗之,浩浩荡荡的队伍里不乏孟浩然、杜甫、元稹、崔颢、王维、贾岛、杜牧等诗坛巨擘,他们漫谈风月,壮吟山水,踏歌而行。唐之后,宋代的王安石、苏东坡、陆游、李清照,明代的王阳明、徐青藤等名士,也都纷至沓来,行歌于四明山水之间。

　　较之绍兴市新昌县和台州市天台县对"浙东唐诗之路"的高热度研究、高频度亮相,素有"文献名邦"之称的宁波余姚市,则显得有一种漫不经心的低调,对四明山这一"唐诗之路"重要节点的深入、系统的研究,则是少人问津。

四明诗路

　　根据"唐诗之路"概念的首位提出者——绍兴新昌著名学者竺岳兵先生的研究,唐诗之路的叫法不是随便提出的,至少要具备四个条件:一是要有相对准确的地域性,这条古道主要在浙江区域,以水路为主;二是在这个范围内要有历史上知名的诗人学者出现的身影,也就是要有大家;三是要有一些名篇佳作对此有记载;四是要有深厚的文化积淀,前后一层一层地在不断丰富。

　　事实上,巍巍四明山,以其四明烟霞的自然景致和仙风道骨的人文情愫,深深地吸引着诗人们。他们且行且歌,生生踏出了这样一条发端于唐代的"四明诗路":或从东山攀登,过覆卮山,到梨洲山,访四窗岩;或从古剡中出发,沿剡溪向东,过金庭,上雪窦,由杖锡山到四窗岩。宋元以后,余姚、宁波的本土文人则纷纷加入行歌四明山的队伍中来,他们所走路线则不同,或从潺湲洞(今白水冲)经大岚山,到四窗岩;或从它山经杖锡山,到四窗岩。他们中的有些人即使遗憾未能亲临其境,也不忘隔空拟议,对四窗岩高歌一曲。

　　所谓"四明诗路",就是发端于唐朝,诗人们以四明山之中心四窗岩为主要目的地,或从会稽山经剡中、雪窦,或从宁波经蜜岩、杖锡,或从余姚经白水、大岚,且行且歌的漫游热线。千余年来,众多文人墨客不远万里来到四明山,为沿途千岩竞秀、万壑争流、村野牧歌、清流舟筏的美景所陶醉。唐代诗人似乎特别钟爱四明烟霞。骆宾王、李白、杜甫、刘禹锡、元稹……从初唐到晚唐,有160多位诗人写过以四明山为主题的宁波大地。四明山因此成为"浙东唐诗之路"的重要组成部分。李白在游历四明山后,写下了壮丽的《早望海霞边》:"四明三千里,朝起赤城霞。"孟郊在《送萧炼师入四明山》中,也有描绘四明山美景:"千寻直裂峰,百尺倒泻泉。绛雪为我饭,白云为我田。"

　　在这些唱诵四明山的诗人中,最让人称奇的是陆龟蒙、皮日休,两人虽未到过四明山,却像模像样地作起了《四明九题》诗,唱出了四明赞歌的最强音,也深刻地影响了此后一代又一代的文人骚客。

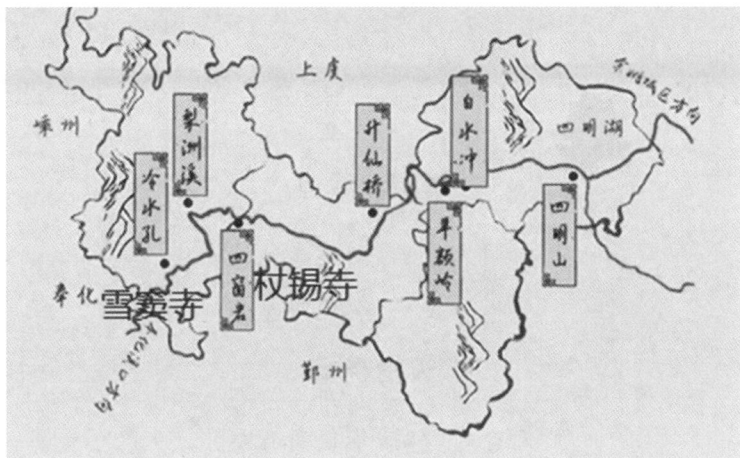

图 2-1 四明诗路示意

飘荡于四明山的仙风道骨,是诗人们竞相寻幽觅仙以逃避现实的一种内心冲动。施肩吾的《四明山》诗,所传达的即这样一种境界:"半夜寻幽上四明,手攀松桂触云行。相呼已到无人境,何处玉箫吹一声。"与之相比,刘长卿的《游四窗》诗,则明显留有"人间"的痕迹:"白云本无心,悠然伴幽独。对此脱尘鞅,顿忘荣与辱。能笑天地宽,仙风吹佩玉。"曹唐的内心世界,则带着一种失落的愤懑,更有一层强烈的反人间色彩:"洞里有天春寂寂,人间无路月茫茫""花当洞口应长在,水到人间定不回"。曹唐也曾发出凄美的疑问:"晓露风蹬零落尽,此生无处访刘郎。"并感叹:"烟霞不是生前事,水木空疑梦后身。"然而,不管愿望如何,仙境一如桃花源,充其量不过是人类精神的美好虚构,甚至前者更加虚无缥缈。

后人行歌四明山,基本有这样三条线路:第一条线路,从余姚县城出发,向南越过高地岭到潺湲洞,上羊额岭,拜谒刘樊升仙处,过大岚山、韩采岩,到达大俞山的四窗岩,最后或原道返回余姚,或继续往南经雪窦寺、经奉化返余姚。第二条线路,从鄞县(宁波)出发,向西南过鄞江、樟村,上蜜岩,沿溪进周公宅,到杖锡山西下,到达大俞山的四窗岩,最后沿西四明正脉返回鄞县,或继续往南经雪窦寺返回鄞县。第三条线路,从奉化上雪窦寺,过杖锡山西下上大俞山,到达四窗岩,最后或出余姚,或出鄞县,或原路返回。上述三条线路,其最终目的地都是作为四明山地标的四窗岩。

据不完全统计,唐代有李白、杜甫、白居易、陆龟蒙、皮日休、韩愈、刘长卿、施肩吾、刘禹锡等吟唱过四明山,留下了许多脍炙人口的诗作。现录28首于后。

李白(701—762)二首:

早望海霞边

四明三千里,朝起赤城霞。

日出红光散,分辉照雪崖。

天台晓望

天台邻四明,华顶高百越。

门标赤城霞,楼栖沧岛月。

凭高登远览,直下见溟渤。

云垂大鹏翻,波动巨鳌没。

风潮争汹涌,神怪何翕忽。

观奇迹无倪,好道心不歇。

攀条摘朱实,服药炼金骨。

安得生羽毛,千春卧蓬阙。

寒山(约691—793)一首:

平野水宽阔

平野水宽阔,丹丘连四明。

仙都最高秀,群峰似翠屏。

远远望何极,矶矶势相迎。

独标海隅处,处处播嘉名。

刘长卿(709—789)二首:

游四窗岩

四明山绝奇,自古说登陆。

苍崖倚天立，覆石如覆屋。
玲珑开户牖，落落明四目。
箕星分南野，有斗挂檐北。
日月居东西，朝昏互出没。
我来游其间，寄傲巾半幅。
白云本无心，悠然伴幽独。
对此脱尘鞅，顿忘荣与辱。
长笑天地宽，仙风吹佩玉。

送灵澈上人还越中

禅客无心杖锡还，沃洲深处草堂闲。
身随敝屦经残雪，手绽寒衣入旧山。
独向青溪依树下，空留白日在人间。
那堪别后长相忆，云木苍苍但闭关。

杜甫（712—770）一首：

故著作郎贬台州司户荥阳郑公虔

鸂鶒至鲁门，不识钟鼓飨。
孔翠望赤霄，愁思雕笼养。
荥阳冠众儒，早闻名公赏。
地崇士大夫，况乃气精爽。
天然生知姿，学立游夏上。
神农极阙漏，黄石愧师长。
药纂西极名，兵流指诸掌。
贯穿无遗恨，荟蕞何技痒。
圭臬星经奥，虫篆丹青广。
子云窥未遍，方朔谐太枉。
神翰顾不一，体变钟兼两。
文传天下口，大字犹在榜。
昔献书画图，新诗亦俱往。
沧洲动玉陛，宣鹤误一响。

三绝自御题,四方尤所仰。

嗜酒益疏放,弹琴视天壤。

形骸实土木,亲近唯几杖。

未曾寄官曹,突兀倚书幌。

晚就芸香阁,胡尘昏坱莽。

反覆归圣朝,点染无涤荡。

老蒙台州掾,泛泛浙江桨。

履穿四明雪,饥拾楢溪橡。

空闻紫芝歌,不见杏坛丈。

天长眺东南,秋色余魍魉。

别离惨至今,斑白徒怀曩。

春深秦山秀,叶坠清渭朗。

剧谈王侯门,野税林下鞅。

操纸终夕酣,时物集遐想。

词场竟疏阔,平昔滥吹奖。

百年见存殁,牢落吾安放。

萧条阮咸在,出处同世网。

他日访江楼,含凄述飘荡。

皎然①(730—799)一首:

答俞校书冬夜

夜闲禅用精,空界亦清迴。

子真仙曹吏,好我如宗炳。

一宿觑幽胜,形清烦虑屏。

新声殊激楚,丽句同歌郢。

遗此感予怀,沉吟忘夕永。

月彩散瑶碧,示君禅中境。

真思在杳冥,浮念寄形影。

遥得四明心,何须蹈岑岭。

---

① 唐诗僧皎然,俗姓谢,名昼,又名清昼,谢灵运十世孙,居湖州杼山,视剡溪为故乡。

诗情聊作用，空性惟寂静。

若许林下期，看君辞簿领。

孟郊（751—814）一首：

送萧炼师归四明山

闲于独鹤心，大于高松年。

迥出万物表，高栖四明巅。

千寻直裂峰，百尺倒泻泉。

绛雪为我饭，白云为我田。

静言不语俗，灵踪时步天。

韩愈（768—824）一首：

送惠师

惠师浮屠者，乃是不羁人。

十五爱山水，超然谢朋亲。

脱冠剪头发，飞步遗踪尘。

发迹入四明，梯空上秋旻。

遂登天台望，众壑皆嶙峋。

夜宿最高顶，举头看星辰。

光芒相照烛，南北争罗陈。

兹地绝翔走，自然严且神。

微风吹木石，澎湃闻韶钧。

夜半起下视，溟波衔日轮。

鱼龙惊踊跃，叫啸成悲辛。

怪气或紫赤，敲磨共轮囷。

金鸦既腾翥，六合俄清新。

常闻禹穴奇，东去窥瓯闽。

越俗不好古，流传失其真。

幽踪邈难得，圣路嗟长堙。

回临浙江涛，屹起高峨岷。

壮志死不息，千年如隔晨。
是非竟何有，弃去非吾伦。
凌江诣庐岳，浩荡极游巡。
崔嵜没云表，陂陀浸湖沦。
是时雨初霁，悬瀑垂天绅。
前年往罗浮，步戛南海湄。
大哉阳德盛，荣茂恒留春。
鹏骞堕长翮，鲸戏侧修鳞。
自来连州寺，曾未造城闉。
日携青云客，探胜穷崖滨。
太守邀不去，群官请徒频。
囊无一金资，翻谓富者贫。
昨日忽不见，我今访其邻。
奔波自追及，把手问所因。
顾我却兴叹，君宁异于民。
离合自古然，辞别安足珍。
吾闻九疑好，夙志今欲伸。
斑竹啼舜妇，清湘沈楚臣。
衡山与洞庭，此固道所循。
寻嵩方抵洛，历华遂之秦。
浮游靡定处，偶往即通津。
吾言子当去，子道非吾遵。
江鱼不池活，野鸟难笼驯。
吾非西方教，怜子狂且醇。
吾嫉惰游者，怜子愚且谆。
去矣各异趣，何为浪沾巾。

施肩吾（780—861）五首：

同诸隐者夜登四明山

半夜寻幽上四明，手攀松桂触云行。
相呼已到无人境，何处玉箫吹一声。

遇越州贺仲宣

君在镜湖西畔住，四明山下莫经春。
门前几个采莲女，欲泊莲舟无主人。

宿四明山

梨洲老人命余宿，杳然高顶浮云平。
下视不知几千仞，欲晓不晓天鸡声。

忆四明山泉

爱彼山中石泉水，幽声夜落虚窗里。
至今忆得卧云时，犹自涓涓在人耳。

寄四明山子

高楼只在千峰里，尘世望君那得知。
长忆去年风雨夜，向君窗下听猿时。

张籍（约 767—约 830）一首：

送施肩吾东归

知君本是烟霞客，被荐因来城阙间。
世业偏临七里濑，仙游多在四明山。
早闻诗句传人遍，新得科名到处闲。
惆怅灞亭相送去，云中琪树不同攀。

白居易（772—846）一首：

和微之春日投简阳明洞天五十韵

青阳行已半，白日坐将徂。
越国强仍大，稽城高且孤。
利饶盐煮海，名胜水澄湖。
牛斗天垂象，台明①地展图。

瑰奇填市井，佳丽溢闉阇。
句践遗风霸，西施旧俗姝。
船头龙夭矫，桥脚兽睢盱。
乡味珍彭越，时鲜贵鹧鸪。
语言诸夏异，衣服一方殊。
捣练蛾眉婵，鸣榔蛙角奴。
江清敌伊洛，山翠胜荆巫。
华表双栖鹤，联樯几点乌。
烟波分渡口，云树接城隅。
涧远松如画，洲平水似铺。
绿科秧早稻，紫笋折新芦。
暖蹢泥中藕，香寻石上蒲。
雨来萌尽达，雷后蛰全苏。
柳眼黄丝缫，花房绛蜡珠。
林风新竹折，野烧老桑枯。
带箪长枝蕙，钱穿短贯榆。
暄和生野菜，卑湿长街芜。
女浣纱相伴，儿烹鲤一呼。
山魈啼稚子，林狄挂山都。
产业论蚕蚁，孳生计鸭雏。
泉岩雪飘洒，苔壁锦漫糊。
堰限舟航路，堤通车马途。
耶溪岸回合，禹庙径盘纡。
洞穴何因凿，星槎谁与刳。
石凹仙药臼，峰峭佛香炉。
去为投金简，来因挈玉壶。
贵仍招客宿，健未要人扶。
问望贤丞相，仪形美丈夫。
前驱驻旌斾，偏坐列笙竽。
刺史鸢翻隼，尚书履曳凫。
学禅超后有，观妙造虚无。
髻里传僧宝，环中得道枢。

登楼诗八咏，置砚赋三都。

捧拥罗将绮，趋跄紫与朱。

庙谋藏稷契，兵略贮孙吴。

令下三军整，风高四海趋。

千家得慈母，六郡事严姑。

重士过三哺，轻财抵一铢。

送觥歌宛转，嘲妓笑卢胡。

佐饮时炮鳖，蠲酲数鲙鲈。

醉乡虽咫尺，乐事亦须臾。

若不中贤圣，何由外智愚。

伊予一生志，我尔百年躯。

江上三千里，城中十二衢。

出多无伴侣，归只对妻孥。

白首青山约，抽身去得无？

注：①天台、四明二山。

刘禹锡（772—842）一首：

吐绶鸟词

越山有鸟翔寥廓，嗉中天绶光若若。

越人偶见而奇之，因名吐绶江南知。

四明天姥神仙地，朱鸟星精钟异气。

赤玉雕成彪炳毛，红绡翦出玲珑翅。

湖烟始开山日高，迎风吐绶盘花绦。

临波似染琅玕草，映叶疑开阿母桃。

花红草绿人间事，未若灵禽自然贵。

鹤吐明珠暂报恩，鹊衔金印空为瑞。

春和秋霁野花开，玩景寻芳处处来。

翠幕雕笼非所慕，珠丸柘弹莫相猜。

栖月啼烟凌缥缈，高林先见金霞晓。

三山仙路寄遥情，刷羽扬翘欲上征。

不学碧鸡依井络，愿随青鸟向层城。

太液池中有黄鹄,怜君长向高枝宿。
如何一借羊角风,来听箫韶九成曲。

贾岛(779—843)一首:

宿姚合宅寄张司业籍

闲宵因集会,柱史话先生。
身爱无一事,心期往四明。
松枝影摇动,石磬响寒清。
谁伴南斋宿,月高霜满城。

徐黄(生卒不详)一首:

山寺寓居

高卧东林最上方,水声山翠刜愁肠。
白云送雨笼僧阁,黄叶随风入客堂。
终去四明成大道,暂从双鬓许秋霜。
披缁学佛应无分,鹤氅谈空亦不妨。

陆龟蒙(?—881)一首:

和袭美腊后送内大德从勖游天台

应缘南国尽南宗,欲访灵溪路暗通。
归思不离双阙下,去程犹在四明东。
铜瓶净贮桃花雨,金策闲摇麦穗风。
若恋吾君先拜疏,为论台岳未封公。

胡幽贞(生卒不详)一首:

归四明

海色连四明,仙舟去容易。
天籁岂辄问,不是卑朝士。

贯休(832—912)二首：

寄四明闾丘道士

其一

淮海兵荒日,分飞直至今。
知担诸子出,却入四明深。
衣必编仙草,僧应共栗林。
秋风溪上路,应得一相寻。

寄四明闾丘道士

其二

三千功未了,大道本无程。
好共禅师好,常将药犬行。
石门红藓剥,柘坞白云生。
莫认无名是,无名已是名。

黄滔(840—911)一首：

赠明州霍员外

惠化如施雨,邻州亦可依。
正衙无吏近,高会觉人稀。
海日旗边出,沙禽角外归。
四明多隐客,闲约到岩扉。

杜荀鹤(846—904)一首：

别四明钟尚书

九华天际碧嵯峨,无奈春来入梦何。
难与英雄论教化,却思猿鸟共烟萝。
风前柳态闲时少,雨后花容淡处多。
都大人生有离别,且将诗句代离歌。

张钻（生卒不详）一首：

游天台山

崔嵬海西镇，灵迹传万古。

群峰日来朝，累累孙侍祖。

三茅即拳石，二室犹块土。

傍洞窟神仙，中岩宅龙虎。

名从乾取象，位与坤作辅。

鸾鹤自相群，前人空若瞽。

巉巉割秋碧，娲女徒巧补。

视听出尘埃，处高心渐苦。

才登招手石，肘底笑天姥。

仰看华盖尖，赤日云上午。

奔雷撼深谷，下见山脚雨。

回首望四明，蠡若城一堵。

昏晨邈千态，恐动非自主。

控鹄大梦中，坐觉身栩栩。

东溟子时月，却孕元化母。

彭蠡不盈杯，浙江微辨缕。

石梁屹横架，万仞青壁竖。

却瞰赤城颠，势来如刀弩。

盘松国清道，九里天莫睹。

穹崇上攒三，突兀傍耸五。

空崖绝凡路，痴立麋与麈。

邈峻极天门，觑深窥地户。

金庭路非远，徒步将欲举。

身乐道家流，惇儒若一矩。

行寻白云叟，礼象登峻宇。

佛窟绕杉岚，仙坛半榛莽。

悬崖与飞瀑，险喷难足俯。

海眼三井通，洞门双阙拄。

琼台下昏侧，手足前采乳。

但造不死乡，前劳何足数。

李频（生卒不详）一首：

游四明山刘樊二真人祠题山下孙氏居

久在仙坛下，全家是地仙。

池塘来乳洞，禾黍接芝田。

起看青山足，还倾白酒眠。

不知尘世事，双鬓逐流年。

周贺（约公元821年前后在世）一首：

四明兰若赠寂禅师

丛木开风径，过从白昼寒。

舍深原草合，茶疾竹枝干。

夕雨生眠兴，禅心少话端。

频来各无事，尽日坐相看。

宋元时期，有大量的本土诗人加持，他们有条件行得更加细致深入，因而吟唱得更加情真意切。要统计整个宋元时期有多少诗人上过四明山，写过四窗岩，已经十分勉为其难了。他们中有：范仲淹、苏轼、舒亶、史浩、陆游、陈著、孙应时、楼钥、戴表元等。现录54首于后。

范仲淹（989—1052）一首：

送湛公归四明讲席

满面南风指四明，山长水曲不胜情。

自言此去云林下，惟讲华严报太平。

谢景初（1020—1084）一首：

四明山瀑布

飞泉悬峭壁，斗绝千万丈。

奔流天上来，望若匹练广。

曲岭隔青林，未挹先闻响。

其旁有巨石，平润可俯仰。

俗士所不到，我辈固来赏。

须期秋色清，攀萝溯其上。

苏轼（1037—1101）一首：

四明狂客

毫端偶集一微尘，何处溪山非此身。

狂客思归便归去，更求敕赐枉天真。

舒亶（1041—1103）一首：

雨中游杖锡

何人杖锡过千峰，雨里风烟转不穷。

暗壑水声清泱泱，深岩花气湿蒙蒙。

遥知雪岭开亭近，旧说云乡有路通。

自恨青鞋踏城郭，仙游长在梦魂中。

晁说之（1059—1129）一首：

四明岁晚水仙花盛开今在鄜州辄思之此花清香

前年海角今天涯，有恨无愁闲叹嗟。

枉是凉州女端正，一生不识水仙花。

曾幾(1085—1166)一首:

得瑞香于四明

锦树团栾海角州,移春槛里见风流。

两三翠盖张前面,无数香囊缀上头。

绝代红梅相对好,妒人山麝莫来休。

衰翁若被儿童问,入眼还曾有此不?

史浩(1106—1194)二首:

水龙吟·翠空缥缈虚无

翠空缥缈虚无,算唯海上蓬瀛好。

琼瑶宫阙,蕊珠台榭,玲珑缭绕。

弱水沈冥,瑞云遮隔,几人曾到。

四明中,自有神仙洞府,烟霞里、知多少。

堪笑当年狂客,爱休官、何须入道。

婆娑绿发垂肩,著甚黄冠乌帽。

花底金船,月边玉局,尽能迟老。

待丹成九转,飘然驾鹤,却游三岛。

酬释法平

白鹭栖烟一点明,皎然压倒语全清。

莫言后代无人继,杖锡行将擅此名。

陆游(1125—1210)三首:

杂感十首以野旷沙岸净天高秋月明为韵

入东多名山,天台连四明。

路穷寺门出,林阙溪桥横。

岂无一月间,结束与子行。

会拣最幽处,煨芋听雪声。

送紫霄女道士四明谢君二首

其一

一别南充十四年,时时清梦到金泉。

山阴道上秋风早,却见神仙小自然。

其二

道骨仙风凛不群,清秋采药到江村。

自言家住云南北,知是遗尘几世孙?

楼钥(1137—1213)一首:

答杖锡平老

老我平生不愿余,归来但欲赋闲居。

灌园自足供朝膳,且奉夫人御版舆。

孙应时(1154—1206)三首:

杖锡山

万杉夹道磴千盘,岩水溪风彻骨寒。

坐久云烟过庭角,睡余星斗转阑干。

登临不尽山川险,景物无穷世界宽。

会得人生安乐法,不须禅板与蒲团。

游四明

平生抱退尚,抚剑远行游。　迹谢声利牵,心与岩壑谋。

东征泛苍海,南骛逾丹丘。　西登岷峨啸,北望关陇愁。

康庐挽归辔,巫峡纤行舟。　剑阁最险壮,龙门更奇幽。

历览虽未饱,胜概略已收。　尔来卧竹湖,清梦长夷犹。

家山维四明,名字横九州。　出门宛在眼,欲往辄不酬。

人事真好乖,山灵岂吾仇。　忽近益可笑,投老空自尤。

兹辰正芳春,会心得良俦。　赢粮幸易足,快策遂所求。

中宵雨声断,逗晓霁色浮。　天容极莹净,风气亦和柔。

瘦筇挟篮舆，野服兼轻裘。　　遥遥指林麓，欣欣听泉流。
试屧青烟岭，弭盖白水湫。　　飞湍响淙潺，怪松韵萧飕。
恨哉上羊额，喘若料虎头。　　蔂石防岁基，负樵歌道周。
百折快一眺，千里森双眸。　　峰峦何绵联，脉络相缠缪。
化钧妙融结，神功巧雕搜。　　长风动溟渤，洪涛簸瀛洲。
巨鳌出赑屃，游龙绕蝌蟉。　　鲸鹏恣摩荡，虫鱼纷叠稠。
万怪各起伏，千帆递行留。　　或坦若几席，或峨若冠旒。
或排若剑戟，或剌若戈矛。　　或舞若鸾凤，或骤若骅骝。
或戏若狻猊，或搏若貅貔。　　俨然开明堂，玉帛朝诸侯。
赫然会岐阳，长围方大搜。　　鏖战临长平，坚壁持鸿沟。
广野列车骑，中军严斾斿。　　开辟浩茫茫，变化久悠悠。
愕眙不得语，形容那可侔。　　仙树四十围，蟠根几千秋。
老干枯不死，新荣翠相樛。　　飙驭定来止，桑田行验不。
遗迹信所闻，轻举当何由。　　东南径崇冈，左右罗平畴。
人家散鸡犬，村坞来羊牛。　　官征毕薪炭，春事勤锄耰。
土腻少沙石，气寒无麦麰。　　荒蹊夹桃李，密荫开松楸。
是中可避世，何劳更乘桴。　　骈岩下峭壁，别岫争崒嵂。
孰云二刹胜，逝肯中道休。　　仗锡既巉绝，雪窦仍阻修。
停云朝漠漠，刚风昼飂飂。　　盘磴度方桥，广宇连飞楼。
珠玑错藻绣，金碧照丹髹。　　撞钟食千指，鸣板灯百簝。
真来天上居，不涉人间忧。　　周遭富佳致，徜徉得穷搜。
妙峰远色凑，锦镜波光浏。　　两滇赴活活，千丈落洒洒。
深瀑摽随兔，品潭隐灵虬。　　倒窥凛欲眩，俯掬清可漱。
涧草高下积，岩花零乱抽。　　挂壁见猱捷，食苓闻鹿呦。
日长噍睍睆，雾暗啼钩辀。　　修竹奏竽瑟，细溜鸣琳璆。
占大喜弄鹊，畏雨愁呼鸠。　　何方共斋钵，且复荐茶瓯。
老僧颇好事，名德肯见投。　　随意宿山房，无眠听更筹。
念昔身万里，及取天一陬。　　登临世界阔，俯仰岁月遒。
荣辱两蜗角，聚散一海鸥。　　尘鞅自束缚，名场相敌雠。
不念猿鹤怨，坐令泉石羞。　　心期晚乃惬，俗驾我尚优。
胜具学支许，奇踪非阮刘。　　时哉山梁雉，乐矣濠工鯈。
聊追兴公赋，不欲柳子囚。　　招招知音子，为我商声讴。

二月十十五同赵景孟胡晋远游四明山

乍晴天宇莹无尘,短策轻衫发兴新。
过鸟一声如劝客,青山万叠总迎人。
回头便与氛埃隔,入眼真于水石亲。
尽意登临休计日,此行端不负芳春。

释文珦(1210—?)二首:

杖锡山

高寒雪窦顶,杖锡更幽深。
瀑布几年雪,清猿终日吟。
四窗标郡目,片石表山心。
太白诛茅后,灵踪尚可寻。

杖锡山中

雨过春山薇蕨长,晓随樵子穿云上。
贪看岩头瀑布飞,坐来忘却青藜杖。

陈著(1214—1297)八首:

同黄东发提举游杖锡山

十八盘头翠碧函,参差檐栋倚岩巉。
桑根已换如来座,峰顶犹存太白岩。
地有粟泥堪当饭,山无松木独宜杉。
半天图画风尘外,我有新题居士衔。

杖锡山别前人

结约登临百里深,流连风雨一窗阴。
新寒灯火照清梦,绝静山林生古音。
此日与君相别处,有天知我不言心。
归途步步须回首,苍壁擎云几万寻。

踟蹰岭

石路崔嵬云上头，北云南雪此鸿沟。
谁人题作踟蹰岭，不到山心不当游。

杖锡入山亭

山上山根溪一湾，着亭管领此溪山。
云南更有青天际，步一步高从此攀。

与延庆长老若圭游雪窦杖锡二首

其一

坐断青莲七宝池，又携铁锡踏嵚崎。
一千丈雪与心照，二十里云随步飞。
崖壁遍留吟墨迹，樵刍争看袒红衣。
山林湖海本无二，处处风光属指挥。

其二

有意西游万玉峰，往来何事太匆匆。
知心能几片云外，回首应多明月中。
争供栗泥怀太白，终留梨实待兴公。
从今若枉诗相问，我住丹霞水竹丛。

甲申夏到仗锡忆戊寅秋同黄东发游

步袜青鞋共踏云，七年往来不堪论。
湖山宿草梦魂到，风雨秋镫诗卷存。
后死犹能传耆旧，平生相属老儿孙。
老禅携手经行处，薄采芷兰报楚原。

次韵张子开①教授游仗锡寺偶成

禅老慈悲下界愁，长诗招我到深幽。

---

① 张子开，陈著好友。陈著尚有《次韵张子开喜雨》《次韵答张子开教授》《次韵张子开次子试晬》等诗。

人知晚节陶元亮,谁识初心马少游。
星月天高空绕鹊,江湖风恶不容鸥。
苦无十亩田堪舍,借得僧房饭几秋。

胡仲弓（1266 年前后在世）四首：

四明月

其一

春月如处女,皎皎暮云间。
婵娟不自衒,欲见乃许难。
春云变态封,玉貌长端端。
九龙扫尘匣,略与幽人看。

其二

夏月如循吏,见乾皆欢颜。
当此列日余,和气一夜还。
龚黄久不作,元在青云间。
欲往从之游,天高恐难攀。

其三

秋月如翰林,标致清如许。
天上白玉堂,子独于中处。
夜直五云边,冰壶了无滓。
几度醉归来,安用金莲炬。

其四

冬月如御史,正色凝云端。
风霜何凛凛,一见应胆寒。
乌飞绕三匝,禁树相团栾。
心术晦昧人,不敢抬头看。

朱晞颜（1132—1200）一首：

游四明山杖锡寺

痴儿公事退还休,拄策仙岩最上头。

莫但驱车行偪仄,且须橐笔赋深幽。

百年古木缘云立,五月惊雷破峡流。

试扫苍崖看藓迹,昔人曾有记游不。

戴表元(1244—1310)十八首:

四明山中十绝诗

其一　枫树坑①

雁飞不断楚天长,云路霜林级级黄。

何处人烟有墟落,北风高垅散牛羊。

其二　茶焙②

山深不见焙茶人,霜日清妍树树春。

最有风情是岩水,味甘如乳色如银。

其三　北溪③

乱云穿尽得平芜,一段冰寒碧玉壶。

犹是春风未相弃,山前吹长万龙须。

其四　大小横山④

小横欲尽大横来,万壑千岩汹涌开。

闻道洞天深几许,紫云深处有楼台。

其五　韩采岩⑤

洞深烟树碧氤氲,只采灵苗不采薪。

闻着踪由多懒说,相逢莫有姓韩人。

其六　漭广溪⑥

怪石惊湍吼不休,时时岩客饮寒牛。

谁知此水明州去,浸作琉璃万顷秋。

---

①　在今奉化区岩头村附近。

②　即今余姚市四明山镇茶培村。

③　即今余姚市四明山镇北溪村。

④　大横山,即今余姚市大岚镇大俞村大横山自然村,与四窗岩隔大俞溪东西相对。小横山,在今海曙区章水镇百步阶自然村,与韩采岩隔大俞溪东西相对。

⑤　在今余姚市大岚镇大俞村北侧。

⑥　一称簟溪,即今大俞溪。

其七　木兰①

七里黄泥红树冈，西风果熟一村香。

居人只道山深好，三百年来是战场。

其八　仙山②

仙在人间不易寻，当时已道是山深。

可怜华表标题处，夜夜猿啼枫树林。

其九　羊额岭③

两颊棱棱额下分，更无坳处可藏云。

西风怕夺行人眼，荞麦满山铺锦云。

其十　白水④

刘郎一去杳无踪，水白山青只故宫。

欲问岩前老松树，人间禁得几秋风。

此外，戴表元还留有多首描写四明山的诗。

杖锡寺

仙草漫漫路不分，钟鱼那许外间闻。

凉天九月已飞雪，晴日四山犹带云。

火后客夸新屋样，兵前僧惜旧碑文。

藤湖只在招提顶，见说澝田可种耘。

杖锡虎

杖锡山中深，与世绝往还。

从来称是仙圣窟，虎暴不得奸其间。

今年山神大失职，虎来山前搏人食。

传闻此义我亦怪，历问更为居者惜。

杖锡山中民，犷健疏农耕。

老稚为樵壮为猎，朝朝暮暮山中行。

---

① 即今大岚。

② 在今余姚市大岚镇邱庄自然村内。

③ 在今余姚市大岚镇夏家岭村附近。

④ 即今余姚市梁弄镇白水冲。

山獐野雉收当粮,天寒果熟霜狸香。
腰弓度垅矢插房,黄茅覆溪机半张。
鸟号犬奔风箭急,机鸣未发且前立。
平生闻虎不识面,颠倒穷途忽相及。
惊呼顿迅声渐微,妻儿骇呀不即归。
循踪走至设机处,但有血渍斓斑衣。
呜呼哀哉乎,此民良足悲。
呜呼嗟哉乎,此事不足疑。
吾闻以毒殃物者,物亦以毒殃其身,我不敢以尔为仁。
以饵钩物者,物亦钩尔以为饵,我不敢以尔为智。
杖锡山,山绝深。
无虎不必古,有虎不必今。
天生此物居山林,有虎无虎视尔心。
但令尔心无干戈,虎居深山奈尔何。

四明山中逢晴

一冈一涧一萦隈,新岁新晴始此回。
莎坂南风寅蛤出,茅檐西日一禽来。
人迷白路羊群石,水卷青天雪裹雷。
犹是深山有寒食,梨花无数绕岩开。

游杖锡

疏林逗晚照,寒影薄柴关。
中有方丈室,翠纳千重山。
山路多白云,翛然隔尘寰。
倚笻望嵝崒,展席听潺湲。
愿邀巨然老,置我水石间。
忘归饱清晖,从此终日闲。

采藤行

君不见,四明山下寒无粮,九月种麦五月尝。
一春辛苦无别业,日日采藤行远冈。

山深无虎行不畏,老少分山若相避。
忽然遇藤随意斫,手触藤花落如猬。
藤多力困一颦呻,对面闻声不见人。
日昃将来各休息,妻儿懒拂龛中尘。
须臾叩门来海贾,大藤换粮论斛数。
小藤输市亦值钱,籴得官粳甜胜乳。
明朝满意作晨炊,饱饭入山须晚归。
南村种麦空早熟,逐日扃门忍饥哭。

梨洲寺(二首)

其一

不知何处起钟声,云作楼台雾作城。
洲上稻肥初起塍,山中梨居旧传名。
林疏野地惟多石,气湿炎天亦少晴。
东畔有潭闻险绝,岩前时现老龙精。

其二

一区鸡犬白云颠,乱后来看意惘然。
劫火尚余唐殿宇,土风宁是晋山川。
沿溪客散三州路,并寺僧耕百亩田。
欲访踪由题作句,矮碑只在近时镌。

梨洲山下有坡曰响地平,梨洲自孙兴公经始至今,有祠其上

苍茫一片莓苔地,随意触来还有声。
定是战坑余箭戟,不然琴屋贮瓶罂。
名真过客多能记,迹古居人不敢耕。
孙叟有灵应索笑,赋成留此试钹铮。

黄溍(1277—1357)一首:

送王炼师归四明山

飘飘采真侣,乃在四明山。

霞居朝帝所,琼管留人间。

忽闻双凫舃,却向东南还。

望之若流星,邈然不可攀。

海月照阶戺,天风飞佩环。

我何苦羁旅,冰雪生朱颜。

释梦真(生卒不详)一首:

四明山中书见

海觉秋深值乱离,胡兵万马竞交驰。

红烟不禁东西火,白骨难分贵贱尸。

风雨灯前新鬼哭,松楸枕上故乡悲。

寥寥一片中天月,北去长城欲照谁?

张翥(1287—1368)二首:

四明寓居即事

郡城重镇浙江东,徼道荒芜雉堞空。

于越山川星纪外,故王台榭水云中。

船来蛮贾衣裳怪,潮上海鲜鳞鬣红。

不向旗亭时一醉,行人愁杀柳花风。

虚斋赠四明王道士

高斋闻在荔枝林,曲几方床宴坐深。

大道无形元寓器,至人于物不容心。

三山云气通寥泬,一室天光入照临。

我欲壶中收药去,石田瑶草共相寻。

刘仁本(1308?—1367)一首:

四明行寄临海尹张惟彬

君不见,四明佳气长郁葱,层峦叠巘摩苍穹。

上有四窗凿灵窍，空蒙杳霭开玲珑。
丹山赤水洞天在，淋漓绀碧云霞重。
海上鲸鲵矗楼观，风烟有路蓬莱通。
刘樊夫妇上升处，至今绝顶丹台崇。
火轮东出扶桑谷，硌硪下走祥云封。
蜿蜿蜒蜒获福池，沧波浸碧环巘峰。
千秋琳馆知章宅，十洲岛屿真隐宫。
飙车鹤驭群仙下，珠珰玉佩声磨砻。
乘槎遂有张公子，丰标眉宇真乔松。
黄石素书非草草，霓旌绛节行幢幢。
大府雄藩重然诺，徘徊翠幕依芙蓉。
袖里如椽五色笔，文章焕烂流白虹。
紫电清霜补玄化，琼芝瑶草回春醲。
簸弄日月两湖水，珊瑚倒影摇青红。
我来逢人说斯善，尘谈亹亹生华风。
忆从束发共交结，遗编砚席朝暮同。
芸窗雪案久磨琢，蟾宫桂殿期相逢。
一朝寰海起黄雾，人间踪迹如飘蓬。
九年青山落君手，我亦独走闽峤东。
二十余年泛萍梗，新丰岁月何忽忽。
归来相看各老大，未许试剑夸英雄。
岂知四野急烽火，置身还自居兵戎。
玉帐分弓严虎旅，燃犀照海驱蛟龙。
丈夫遭时各有异，莫嗟文事趋武功。
君人作县在乡里，劝课犹得随桑农。
卖剑有人曾买犊，读书兴学如文翁。
嗟我去年忝郡守，逗留五马将游从。
池塘春草归未得，依然长剑倚崆峒。
怀人千里共明月，昨夜书来犹梦中。
赠遗使我颜色好，花帽细穿鱼子棕。
琼瑰乏报沉吟久，作诗聊附南征鸿。

硒贤（1309—1368）一首：

送陈炼师奉香归四明庆醮玉皇阁寄王致和真人

黄帕奁香出禁围，东南草木尽光辉。
真人拥节三天候，使者乘槎八月归。
碧海烟霞浮晓阁，瑶坛风露湿秋衣。
山中芝草还分得，赠我能令白发稀。

明朝以后，大量文人墨客依然钟情四明山水，云游不辍，吟诵不止，其中不乏王守仁、黄宗羲等大家。现录 49 首于下。

宋玄僖（生卒不详）一首：

寄杖锡寺僧安大愚长老

四明山中仙佛居，世界自与凡人疏。
藤萝诸天映微月，楼阁孤禅栖太虚。
金锡何年留宝地，石窗有客寄丹书。
生平欲往已衰老，路远安得乘篮舆。

古春兰（生卒不详）一首：

送僧元中之杖锡

杖锡千峰顶，高居绝世缘。
细泉甘胜蜜，香土美如馔。
鹿过花台雨，鸟啼萝径烟。
永明无别旨，万象自谈玄。

王守仁（1472—1529）三首：

书杖锡寺

杖锡青冥端，涧壁环天险。

垂岩下陡壑，涉水攀绝巘。

溪深听喧瀑，路绝骇危栈。

扪萝登峻极，披翳见平衍。

僧遁寄孤衲，守废遗荒殿。

伤兹穷僻墟，曾未诛求免。

探幽冀累息，愤时翻意惨。

拯援才已疏，栖迟心益眷。

哀猿啸春嶂，悬灯宿西崦。

诛茆竟何时，白云愧舒卷。

白　水

其一

邑南富岩壑，白水尤奇观。

兴来每思往，十年就兹观。

停骖指绝壁，涉涧缘危蟠。

百源旱方歇，云际犹飞湍。

霏霏洒林薄，漠漠凝风寒。

前闻若未惬，仰视终莫攀。

石阴暑气薄，流触溯回澜。

兹游讵盘乐，养静意所关。

逝者谅如斯，哀此岁月残。

探幽虽得所，避时时犹难。

刘樊古方外，感慨有余叹。

其二

千丈飞流舞白鸾，碧潭倒影镜中看。

藤萝半壁云烟湿，殿角长年风雨寒。

野性从来山水癖，直躬更觉世途艰。

卜居断拟如周叔，高卧无劳比谢安。

徐爱（1487—1518）一首：

夜宿杖锡

飞锡开山旧有名，林深草舍路今生。

岩溪万迭尽围寺,雷雨一番初放晴。
石榴冷冷侵夜枕,风蝉历历动秋声。
梦魂回与尘寰隔,煮茗焚香僧亦清。

杨珂(? —1578?)二首:

宿仗锡云岩上人房

日落半林晚,苔荒古殿秋。
断岩留药鼎,枯壁挂松球。
涧转泉依竹,天寒月近楼。
平生尚奇览,应爱此山幽。

之四明山居经南岭

遥遥四明居,幽路经南岭。
寒烟护远树,旭日穿林影。
茅屋四五间,石田两三顷。
山鸡啼竹罅,野鹿走峰顶。
霜浓柴叶白,涧曲泉声静。
清晖到处佳,幽趣何人领?
愿言长休哉,使吾发深省。

孙继先(生卒不详)一首:

四明山居

机息千山静,身闲一羽轻。
果垂园鼠走,稻获野鸡鸣。
地僻人无迹,林幽鸟有声。
自然成野趣,不必问升平。

范钦(1506—1585)二首:

四明山

昆仑南下万峰悬,赤水丹峦结洞天。

岩窦瞰空鸣夕籁,石门回日吐晴烟。
闭关合作山中相,跨鹤时过海上仙。
心赏知君应不负,乘槎遥拂女牛边。

杖锡寺

飞锡何年拂雨花,万峰回合法王家。
青莲暂结三省社,银汉初停八月槎。
风便夜传天竺梵,涧流晴带武陵霜。
寰中五岳堪乘兴,怅望浮生未有涯。

徐学诗(1517—1567)二首:

游仗锡寺·石桥

游兴年来不惮高,芒鞋踏树复攀条。
危梁架壑泉如瀑,古木号风秋未凋。
往处姓名惟尔汝,随身行李只箪瓢。
此行小试登山脚,欲向罗浮访铁桥。

游仗锡寺·龙池

白云深护万峰尖,涧壑阴森不受炎。
灵沼苔荒留古刹,清泉竹溜映疏帘。
千年神物归何地,此日僧家蛰近檐。
俯首渊然空怅望,固知能跃亦能潜。

沈明臣(1518—1596)六首:

四明山长句

李白梦天姥,烟涛茫茫走东鲁。
随风吹堕禹穴来,万里心魂挂瑶圃。
兴公赋天台,赤城霞气标蓬莱。
五采肝肠濯翠海,九天日月披银台。
四明之山谁所凿? 天公为我开楼阁。

双牖高看乌兔飞,四窗平见星辰落。
青云冥冥豁洞天,使我坐阅心茫然。
手扪白虹不到地,眼睹绿雪吹春烟。
九州点破黑子大,沧海东窥一衣带。
天上银河贴面流,神游八极吾将奈。
千秋闷迹人莫寻,万古灵踪此真快。
　　二百八十峰,天簇青芙蓉。
　　丹山穴紫凤,赤水蟠黄龙。
气雄五岳掩天柱,势夺十洲凌阆风。
不周山崩谁所触,祖龙沙丘不敢哭。
骑龙跨凤访仙曹,朝向昆仑暮王屋。
　　愿呼樊夫人,为我歌且舞。
　　手拍洪崖肩,醉枕赤松股。
璇房琼室七十二,恐是蓬壶世难睹。
双双帝子怨苍梧,穆王马蹄知有无。
金书玉简秘不得,越水至今流禹都。

度错愕岭

错愕复错愕,度之若升天。
居然蜀道险,落在吾眼前。
三上五回顾,十行九步颠。
扪云手不定,跻险脚到肩。
峰欲压面堕,石疑撑背穿。
景奇心颇快,路迫愁仍煎。
前得平者笑,后遭危者怜。
汗落不可掬,息阴坐茫然。

入杖锡山

蹑屐度青峦,千盘复万盘。
嶂回藏寺小,地迥见天宽。
水自云中落,峰常雪里看。
境于人境绝,六月陡曾寒。

四明山大水三发,漂庐舍,损人畜,不可计数
事在八九月间

匝月三惊潦,空山走大波。
楼台成沮洳,樵牧化鼋鼍。
鬼哭青天裂,沙沉白骨多。
至尊忧孔亟,其奈不闻何。

病起怀四明山

有雨便为雪,高深气自灵。
地蟠三越大,峰入五云青。
花自迷樊榭,泉空响鹿亭。
欲寻仙子去,其奈路冥冥。

杖锡寺

绀殿空山祇树晴,青天万壑走钟声。
潺湲古洞飞三峡,日月高窗挂四明。
长夏云阴俄见雪,深春花尽未闻莺。
千秋闭迹凭谁问,不敢逢人隐姓名。

余寅(1519—1595)一首:

游四明山二十四韵

泽国高寒气,秋旻廓落情。
山经标特胜,仙籍侈多旌。
凌厉眇三岛,遵循隘九瀛。
刚风鼓蓬勃,朗宿错经营。
窈窕溪初发,趔趄岭欲惊。
翠涛储万斛,紫雾幂千楹。
瀑迅昨宵雨,云乾此日晴。
牂羊愁蹾躄,俊鹘快纵横。
珞珬开屏势,琮琤引吹声。

八纮真汗漫，五岳浪铿铮。

自作担簦去，难论戴釜征。

葛洪原有约，禽庆独何名。

孤啸神霄半，双眸大海平。

华旛通太乙，藜杖倚长庚。

鸫鹊遥向劈，鹍鸡午乍鸣。

青菁炊作饷，白袜裹为程。

喜剧歊氛绝，骄多裕袂轻。

纤行蛇出谷，小坐雁分坪。

矫首徇灵塔，缘祛笋化城。

芝童纷出峒，毛女恍来迎。

许寂剑何往，刘纲榭已倾。

荒荒都信足，默默但盱衡。

犹隘寰中在，何时海外盟。

偓佺应咫尺，荐我以双琼。

戴润（生卒不详）一首：

再来石

见说三生夙有灵，再来太白尚留名。

往还自得阿罗果，安忍只凭般若经。

百劫屡更真不坏，一尘净洗绝无生。

年年独向岩中听，恍惚如闻礼诵声。

戴澳①（1578—1644）二首：

重游仗锡寺

其一

寺路交樵径，重寻记不真。

忽逢曾过处，始悟再来身。

---

① 戴澳，字有斐，浙江奉化人，万历四十一年（1613）进士，曾任应天府丞，著有《杜曲集》。

远翠还相识,高霞更觉亲。

廿年逋客意,原不堕风尘。

其二

晓上层巅望,周遭但见云。

渐看通海色,微得辨峰纹。

风劲立偏久,天低语定闻。

回寻石窗路,窈窕籜萝分。

沈一贯(1531—1615)三首:

四明山

余爱四明山,遂忘千金诚。

嫒貚与日往,巉绝甘行惫。

大兰辔可骋,箭广仆无赖。

梨洲与丹山,尚隔流焱外。

醉舞清冷天,啸歌白云界。

疑无后土承,独有皇天戴。

惊峰激俯沤,巨海萦近阶。

山院罢钟磬,时禽喧梵呗。

缅怀秋水人,耿袭清风介。

庡止亦忘归,归来思难再。

四明山歌

我昔长歌天姥吟,今来飞越江之深。

烟波浩荡都在眼,苍崖白鹿纷可寻。

游足未开意已窘,片云隐约前村尽。

适来纵入丹山赤水之洞天,果尔二百八十芙蓉之峰相钩连。

沸如巨浪排九渊,渴虬饥鳄崩奔前。

惊魂褫魄悸不定,乃知世间安得无神仙。

际天但有浅黛色,到顶犹穷羽人翼。

谢公万夫凿不得,支遁欲度空叹息。

黄熊近人白虎怒,杜鹃半染松花碧。

青鞋屡穿几悔来，眼前可即仍徘徊。

俄闻竹间响茶臼，寺门正对双眉开。

草根敲冰持涤釜，纤阴近送灵湫雨。

刘纲台榭收紫绡，玉交瀑布悬青组。

二韭三菁宛可拾，东乌西兔纷来舞。

篆烟雕雾无时休，一双白鹤飞何苦。

吁嗟乎！刘郎误入青山围，不是忘归不得归。

薜荔满墙皆可衣，胡麻满谷何愁饥。

赤云层层团白日，任他渡口桃花飞。

百年三万六千日，古今贤圣皆永毕。

何为容易别青山，空教青山笑不还？

诛茅结屋弄流水，溪云与我长潺潺。

杖锡寺作

须弥自西来，奔扬趋震旦。

蜿蟺驻此丘，遂超东海岸。

所以圣谛僧，结庐倚天半。

山月照雪槛，溪霞亘云栈。

岂无诸天色，浮游座中散。

凡骨不可仙，须藉名山炼。

举手谢驰辉，天第得同撰。

屠隆（1544—1605）二首：

山中吟

我家海上之青山，山头白云时往还。

藤捎细月行花里，水溅空岩洒竹间。

仙源有路春长入，石屋无门夜不关。

踏花只共野人语，荡桨真如沙鸟闲。

自从奔走江南道，马蹄半入红尘老。

生平耳目非我有，俯仰眉妩向人好。

岁月其如石火何，却逐浮名丧至宝。

　　　　　昨梦丘中人,题书寄深省。

　　　　　既报青山空,复言白云冷。

　　　　山空云冷胡不归,荒猿叫破秋天暝。

　　　　四明回合无风尘,八窗高敞开星辰。

　　　　洞箫泠泠响空碧,凌云一唤樊夫人。

　　樊夫人,偕云华。不知何年栖紫霞,十洲三岛俱为家。

　　　　粲然忽启玉齿笑,笑我不归寂寞羞桃花。

　　　　桃花烂漫红映天,垂杨婀娜春风前。

　　　　野麏乱饮幽涧水,仙鼠倒挂洞门烟。

　　　　偶因骑马冲泥去,忆得铺花扫石眠。

闻沈嘉则先生与汪长文游四明洞天作

　　　　　四明迴奇绝,独立东南州。

　　　　　上与元气合,下见沧海浮。

　　　　　烟霞日莽互,何人穷其幽。

　　　　　二君策高足,能为十日游。

　　　　　白云度千岭,青天开双眸。

　　　　　扪星帝座近,得句山灵愁。

　　　　　倦来卧萝月,海风吹萧飕。

　　　　　洞天闷瑶草,何时寻丹丘。

汪礼约(生卒不详)二首:

入仗锡寺

　　　　古寺高悬碧嶂余,清溪直走梵王居。

　　　　钟声晓落千林月,石色寒窥万古书。

　　　　小阁峰阴晴雪拥,乱山天外白云疏。

　　　　人传飞锡何年事,风送空花点客裾。

游三峡

　　　　　三峡名何胜,人疑到蜀中。

　　　　　千峰悬鸟道,万谷走松风。

响溅青天雨,寒飞紫涧虹。
都忘归路晚,霁色满遥空。

杨承鲲(1550—1589)二首:

入四明山

四明缅何处,宵渺望仙阁。
云溪路周遭,岭崿势奔错。
出城亘百里,入谷越万壑。
冰泉皓凝冱,飞栈屡错锷。
阴阴霜崖蔽,浩浩雪风作。
昼夜递光明,天翠色相薄。
访谢情自钟,怀张兴谁托。
徒瞻福地赏,未诣洞天乐。
日精谁能餐,虹丹安可获。
远游多慕思,仿佛蹑乘跷。

四明山游眺

千岩万壑郁芊芊,共道人间第九天。
晴雪带飞三峡水,秋云不散五峰烟。
山川欲遍樊刘迹,物色空吟皮陆篇。
日晚云南望云北,石窗星月正高悬。

朱之瑜(1600—1682)一首:

吴霞舟先生惠诗

孤生倚知己,漂泊谢浮名。
自接瑶华赠,能禁白发生。
八闽秋水阔,三楚晓云横。
漫作山中约,归耕向四明。

李先嘉（生卒不详）一首：

从雪窦入杖锡寺

进艇溪头百里遥，更扶藜杖上层霄。
飞花乱舞迷山径，老树横欹覆石桥。
寺圮尚留前代碣，山深不见一人樵。
到来似隔人间世，只有莺声破寂寥。

闻龙（生卒不详）二首：

登南城遥望四明山

遥天晴景豁，凯风来座隅。
披襟集良朋，颇惬清燕娱。
落日照碧林，余晖散晴湖。
飞甍连绣阆，灿若丹青图。
撰策临高城，游目穷九区。
石窗切层霄，邈与群峰殊。
黛色可揽撷，丹梯时有无。
云南富青楱，云北繁白榆。
至今过云客，恒驾苍麇车。
我欲称东邻，筑室云中居。
惜哉无羽翼，矫首以踌躇。
载吟皮陆篇，郁郁增烦吁。

潺湲洞

屈曲寒泉驶，谽谺古洞幽。
消来石窗雪，添作剡溪流。
严濑难方洁，桃源不用求。
何来真避世，于此寄冥搜。

释传慧(生卒不详)一首：

宿四明山心

寂历游仙处，尘寰隔断霞。

九溪流雪水，八月绽桃花。

茅栗圆于弹，霜梨大似瓜。

云南与云北，依旧作邻家。

王来(生卒不详)一首：

游四明山诗

翠草苍崖景最幽，闲来随伴共追游。

一坛花雨千峰暝，十里松风六月秋。

题石诗存人已远，烧丹仙去灶空留。

也知山水多佳趣，笑我朝簪今始抽。

黄宗羲(1610—1695)一首：

四明山古祠

　　四明山古祠，相传其神王翳。余按：秦皇命王翳驱山塞海，百灵劳役，奔入此地，因命鬼藏山，是由王翳而讹传也。告之耆旧，正其祝板。

乱溪老木锁遗祠，萧条门榜漏碑题。

巫觋迎神称王翳，肃然像设如熊罴。

吾闻秦皇观沧海，巨浸稽天填塞之。

翳也箠挞役鬼神，狡狯脱籍来藏兹。

砖埴偶人锁空山，至今尚足戢蛟螭。

按据姓名补神弦，事虽荒唐庶有稽。

斯民方苦阽危亡，深林涤地寡安居。

岂能托鬼与共藏，奉荐祠下胡胜悲。

（清）万斯同（1638—1702）三首：

鄮西竹枝词

其一

四明山在鄮城西，千古遥传皮陆题；
岂若二黄亲载笔，赋成直与此山齐。

其二

望去西山千万重，诸山个个欲称雄；
不知品目谁高下，还让宁城第一峰。

其三

种谷无如种药材，南村沙土尽堪栽；
近时东郭蛟关闭，土产还凭此地来。

徐梦飞（生卒不详）一首：

宿杖锡寺

鸟道纡回断复连，行行直拟上青天。
登山始觉身犹健，宿寺何妨榻半穿。
溪水渡难缘势急，岩花开遍识春妍。
过云廿里无人到，蹑屩归来我亦仙。

殷权（生卒不详）一首：

游杖锡

奔牛惊浪势蜿蜒，斜落山南别有天。
四字摩崖留汉隶，一僧飞锡记唐年。
鹤归巢静云生树，龙去潭空月照泉。
入寺且观诸佛相，好从瓶钵悟因缘。

张廷枚(生卒不详)一首:

四明山中

四明幽绝处,仿佛武陵源。
山尽都无路,溪回忽有村。
雪留年内迹,云挂屋边痕。
淳朴尤堪羡,桑麻欵客论。

姚燮(1805—1864)四首:

自百步街岭游过云岩、潺湲洞、小四窗、六龙泉、佛手岩、三峡、再来石诸胜二章

其一

众妙归一宗,始形佛力大。
食肉从屠门,有腹谁忍饿。
平等诸法相,百舌辨难破。
色界虽华鬘,空空与之化。
撒掌投祇林,随宜憩台榭。
选胜同辨材,形义确无借。
为石必赴高,是泉尽趋下。
容有穿凿存,固堪矫揉谢。
病僧不顾人,竹阴裹云卧。
彼且息彼筇,吾自啖吾蔗。

其二

生平揽山水,不遗纤琐端。
可惜于读书,未能如是观。
扳茑暗苦瘴,蹴磴流惊湍。
奔走百蹊径,搜括千檀栾。
力或委劬瘁,心将留疑团。
竟使未发奇,毕献无略瞒。
太息天地精,雕凿几无完。

宜抱浑朴资，适致人不欢。
疏风振复凉，远日堕将残。
泠然空钟声，一催万鸟还。

屏风岩观汉隶四明山心四大字磨崖刻

白云为门山扃开，巨笔力拄千峰颓。
万牛迸怒作一磔，提携天象何雄恢。
阴萝静月猿夜哀，虬松骨老生红苔。
谁欤跌荡纵奇想，静眠十夕搜神雷。
此书得羼金石志，韩梁张史皆可灰。
遐哉太始广封禅，翠华不得巡穷陔。
敕移丈八岳东石，裹烟缠雪投蓬莱。
文昌中极洞星牖，玉峦环拥莲花台。
猛箝虎爪入真定，特摛龙秀包元胎。
铜驼石马几陵替，牟尼出世无劫灾。
了然心目摄皇古，顿思焚楮逃讥唉。
房精怆恢天驷来，金刚不毁神毋猜。
题名几辈弄刀斧，碧落炯炯吾愁埃。

自横山至茶园冈

荒山人稀独路小，重云欲塞劲风扫。
脚跟败叶枯警秋，眉底微岚清揭晓。
谁知天色当暮时，疾鸟过天无一迟。
不深涧曲已如墨，最上峰头略有晖。
鸟尽天冥远钟响，我以孤心收万象。
暗疑海气束波涛，低见星河压草莽。
醉僧携烛岩缺行，顾我而笑还相惊。
世间万事那可道，风雨空山有甲兵。

三、九题唱和

黄宗羲《四明山志》卷四"九题考"中说:"唐陆鲁望、皮袭美有《四明山倡和》,分为九题。后之言四明名胜者,莫不渊源于是。顾四明非九题所得尽,而寻九题者,又往往不得其处。故宋施宿云:'谢遗尘所称及皮陆诸诗,世虽竞传之,顾今四明山中居人,乃不知异境果安所在? 盖与华山之华阳、武陵之桃源,皆神仙境,可闻而不可即者也。'"

万斯同(1638—1702)有《鄞西竹枝词》一首云:

> 四明山在鄞城西,千古遥传皮陆题。
> 岂若二黄亲载笔,赋成直与此山齐。

同一个诗题,引历朝历代无数文人骚客反复唱和千余年之久,这在古今中外文学史上,恐怕都是叹为观止的。仅据笔者所见,自唐以来,以"四明山九题"为题吟唱的,就有 15 位诗人、150 余首诗作。

而肇始这一文坛奇观的,是唐代一位名叫谢遗尘的隐士。对谢遗尘其人,史籍记载甚少。宋罗濬在《宝庆四明志》卷四"叙山"①中记云:

> 四明山……唐末有高士谢遗尘隐于此山之南雷。尝至吴中,谓陆龟蒙曰:"吾山有峰最高,四穴在峰上,每天宇晴霁,望之如户牖,相传谓之石窗,故兹山名曰'四明山'。中有云二十里不绝,民皆家云之南北,每往来谓之'过云';有鹿亭,有樊榭,有潺湲洞,木实有青桹子,味极甘而坚不可卒破,有猿谓之'鞠侯'。"于是陆龟蒙与友人皮日休各赋

---

① (宋)罗濬等:《宝庆四明志》,《宋元方志丛刊》(第 5 册),中华书局 1990 年版,第 5032 页。

诗九篇传于世。

清宋定业①《四明山志序》云：

> 四明山初总属于天台，自晋②谢遗尘启四明山九题之目，唐陆鲁望、皮袭美有依题倡和之诗，而《道藏》又称晋木玄虚撰《丹山图咏》，贺监注之，于是四明山龁割二百八十峰与台宕鼎峙，为东南名山之冠。顾四明之灵迹甚饶，而独所谓九题者，按诗寻之，往往多不得其处，所以宋施宿云：谢遗尘所称及皮陆诸诗，世虽竞传之，今问四明山中居人，乃不知异境果安在。盖疑与华山之华阳、武陵之桃源皆神仙境，可闻而不可即者也。逮后沈明臣、戴洵辈又误以他地实之，其失愈远。姚江梨洲黄先生，尝于昔时不惮茧足，极诣穷探，凡羽流衲子之隐栖，猿狖木客之穴窟，罔有隙地，不沾杖痕，始识所谓九题者。当时陆皮实未尝身至，亦如宋之瑞所云，孙兴公之赋天台，未经亲历，徒凭弛神想像，辞虽富而事不核也。先生于四明山，既躬自遍经，遂以目击所得考正前讹，而又博采闻人骚士之题咏，残碑断刻之遗文，表名迹于销沉，扬清言于漏夺，而成《四明山志》九卷，诚为斯山补自来之阙如也。久藏篋衍，未克播世，先生之族子仲简刻之，吴门嗣子主一乞余言为序。稽昔天台赤城山无志，南宋时尤公袤、唐公仲友、李公兼黄公雷四人，俱以硕德名儒，相继为郡守谋作《赤城志》，各廑其力，经二十年而不克成。至齐公硕为郡，延请陈筼窗耆卿始克成之，甚矣！创举之难也。先生以间世巨儒，海内仰其鸿文，天子征其著作，则此志更非筼窗之《赤城》可拟，而且所谓四明石窗者，又在属县余姚大俞地。余忝莅是郡，即从无是志，亦当如南宋尤、唐诸公思创所未有，况现前已有成书而又出自先生之手，使余得不劳而快读焉。固余之所甚乐者也，兹主一之请，宁可以不文辞故质意书之如此。
>
> 时康熙辛巳岁端午日，长洲宋定业书于兴龙山郡署文鉴堂。

陆龟蒙，字鲁望，长洲人，唐朝文学家、农学家、藏书家。陆龟蒙旷达豪放，任游江湖间。通六经大义，尤精《春秋》。其家多藏书，史称其"癖好藏书"，收藏多至3万卷。他与皮日休为友，世称"皮陆"。诗以写景咏物为多，

---

① 宋定业，字义存，长洲（今江苏苏州）人，曾任绍兴知府。

② 应为"唐"之误。

图 3-1　陆龟蒙(左)和皮日休(右)

是唐朝隐逸诗人的代表。陆龟蒙《四明山九题诗并序》抄录于下：

> 谢遗尘者,有道之士也。尝隐于四明之南雷,一旦访予来,语不及世务,且曰:"吾得于玉泉生,知子性诞逸,乐神仙中书,探海岳遗事,以期方外之交,虽铜墙鬼炊,虎狱剑饵,无不窥也。"

> 子语:"吾山之奇者,有峰最高,四穴在峰上,每天地澄霁,望之如牖户,相传谓之'石窗',即四明之目也。山中有云不绝者二十里,民皆家云之南北,每相从,谓之'过云'。有鹿亭,有樊榭,有潺湲洞。木实有青棂子,味极甘而坚不可卒破。有猿,山家谓之'鞠侯'。其他在图籍,不足道也。凡此佳处,各为我赋诗。"予因作九题,题四十字。谢省之曰:"玉泉生真不诬矣。"好事者为余传之,因呈袭美。

石　窗

石窗何处见,万仞倚晴虚。

积霭迷青琐,残霞动绮疏。

山应列圆峤,宫便接方诸。

只有三奔客,时来教隐书。

过　云

相访一程云,云深路仅分。

啸台随日辨,樵斧带风闻。

晓着衣全湿,寒冲酒不醺。

几回归思静,仿佛见苏君。

云 南

云南更有溪,丹砾尽无泥。
药有巴賨卖,枝多越鸟啼。
夜清先月午,秋近少岚迷。
若得山岩住,芝箓手自携。

云 北

云北是阳川,人家洞壑连。
坛当星斗下,楼捞翠微边。
一半遥峰雨,三条古井烟。
金庭如有路,应到左神天。

鹿 亭

鹿亭岩下坐,时领白麇过。
草细眠应久,泉香饮自多。
认声来月坞,寻迹到烟萝。
早晚吞金液,骑将上绛河。

樊 榭

樊榭何年筑,人应白日飞。
至今山客说,时驾玉麟归。
乳蒂悬松嫩,芝台出石微。
凭栏虚目断,不见羽华衣。

潺湲洞

石浅洞门深,潺潺万古音。
似吹双羽管,如奏落霞琴。
倒穴漂龙沫,穿松溅鹤襟。
何人乘月弄,应作上清吟。

青椒子

山实号青椒，环冈次第生。
外形坚绿壳，中味敌琼英。
堕石樵儿拾，敲林宿鸟惊。
亦应仙吏守，时取荐层城。

鞠　侯

何事鞠侯名，先封在四明。
但为连臂饮，不作断肠声。
野蔓垂缨细，寒泉佩玉清。
满林游宦子，谁为作君卿。

皮日休（约838—883），字袭美，一字逸少，尝居鹿门山，自号鹿门子，又号间气布衣、醉吟先生，复州竟陵（今湖北天门）人。晚唐文学家、散文家，与陆龟蒙齐名。咸通八年（867）进士及第，在唐时历任苏州军事判官（《吴越备史》）、著作佐郎、太常博士、毗陵副使。后参加黄巢起义，或言"陷巢贼中"（《唐才子传》），任翰林学士，起义失败后不知所终。诗文兼有奇朴二态，且多为同情民间疾苦之作。《新唐书·艺文志》录有《皮日休集》《皮子》《皮氏鹿门家钞》多部。皮日休《奉和鲁望四明山九题》抄录于下。

石　窗

窗开自真宰，四绕见苍崖。
苔染浑成绮，云漫便当纱。
棂中空吐月，扉际不扃霞。
未会通何处，应连玉女家。

过　云

粉洞二十里，当中幽客行。
片时迷鹿迹，寸步隔人声。
以杖探虚翠，将襟惹薄明。
经时未过得，恐是入层城。

云 南

云南背一川，无雁到峰前。
墟里生红药，人家发白泉。
儿童皆似古，婚嫁尽如仙。
共作真官户，无由税石田。

云 北

云北昼冥冥，空疑背寿星。
犬能谙药气，人解写芝形。
野歇遇松盖，醉书逢石屏。
焚香住此地，应得入金庭。

鹿 亭

鹿群多此住，因构白云楣。
待侣傍花久，引麛穿竹迟。
经时饮玉涧，尽日嗅金芝。
为在石窗下，成仙自不知。

樊 榭

主人成列仙，故榭独依然。
石洞哄人笑，松声惊鹿眠。
井香为大药，鹤语是灵篇。
欲买重栖隐，云峰不售钱。

潺湲洞

阴宫何处渊，到此洞潺湲。
敲碎一轮月，熔消半段天。
响高吹谷动，势急喷云旋。
料得深秋夜，临流尽古仙。

青棂子

山风熟异果，应是供真仙。

味似云腴美,形似玉瑠圆。

衔来多野鹤,落处半灵泉。

必共玄都柰,花开不记年。

鞠 侯

堪羡鞠侯国,碧岩千万重。

烟萝为印绶,云壑是提封。

泉遣狙公护,果教猵子供。

尔徒如不死,应得蹑玄踪。

据考证,陆龟蒙和皮日休虽然都未曾到过四明山,但凭着隐士谢遗尘对四明山的一番激情描述,一唱一和,作《四明山九题诗》,就此唱响了四明山。

然而,正如《四库全书总目提要》编者所言,"四明山旧称名胜,而岩壑幽邃,文士罕能周历,故记载多疏"[①],导致人们难以按图索骥地找到陆、皮所咏的九景实境,而只能通过他们的诗歌对其展开想象与体验。于是,充满神秘色彩的四明九题,就逐渐在人们的印象中成形。宋人施宿在叙述陆、皮之诗的创作来由之后,点出了这种印象:"然今虽山中居人,皆不知此异境果在何处,与华山之华阳、武陵之桃源无异。盖神仙所居,可闻名而不可即者也。"[②]将四明胜境与华阳、桃源相提并论,因为"可闻名而不可即",使其更富神秘色彩,反而更加激起了后人的神仙之思。

据现有资料,陆、皮之后,第一个深切关注家乡山水——四明洞天的,恐怕非史浩莫属。

史浩,南宋政治家、词人,字直翁。明州鄞县人。南宋绍兴十五年(1145)进士,由温州教授除太学正,升为国子博士。他向高宗建议立太子,以此受知于朝廷,绍兴三十二年(1162)孝宗即位,以中书舍人迁翰林学士,知制诰,除参知政事。隆兴元年(1163),拜尚书右仆射。后请辞,除少傅,终以太保致仕,封魏国公。光宗即位(1189)后,进官太师,绍熙五年(1194)

---

① (清)永瑢等:《四库全书总目》卷76《史部·地理类存目五·四明山志提要》,中华书局1990年版,第664页。

② (宋)施宿:《嘉泰会稽志》卷7《宫观寺院·余姚县》,《宋元方志丛刊》(第7册),中华书局1990年版,第6821页。

卒,封会稽郡王。宁宗即位后赠谥文惠。嘉定十四年(1221),追封为越王,配享孝宗庙庭。

因太过喜爱四明山,史浩终仕返乡后于月湖建"四明洞天"(即真隐观),作《真隐园铭》自道:"累石为山,引泉为池,取皮、陆《四明山九咏》,仿佛其亭榭、动植之形容而肖之。"全祖望《真隐观洞天古迹记》云:"忠定(史浩)尝登四明山,入雪窦,出杖锡,求所谓洞天故址,不可得。至是,因光宗之书,累石为山,引泉为池,取皮、陆《四明山九咏》,仿佛其亭榭、动植之形容而肖之,于是观中遂有四明诸胜。"①仿四明山而建园林,借园林"以小观大",卧游其间,其乐甚哉。建成后的月湖"四明洞天",不仅作为史浩起居之用,也成了月湖上的一景,如陆游访史浩时就曾游历"四明洞天",贤主嘉宾,良辰美景,赏心乐事。史浩亦曾寻访陆、皮所咏之境,在遍访不得之后,索性将传闻中的异境纳入自家园林的建造,名为"四明洞天"。史浩《建新第奉安四明山王并谢遗尘先生神像文》云:

> 某尝闻之孙绰曰:"涉海则有方丈、蓬莱,登陆则有四明、天台,皆尘外之窟宅、神仙之所憩息者也。"某生长四明,自谓方丈、蓬莱与夫天台难即到,四明在吾桑梓咫尺,不知其所,可乎? 是故游雪窦,登杖锡,访四明之真境,人莫之知也。意者堕于荒唐,其实无有。晚观《松陵集》,见皮、陆所纪谢先生之词,始知四明真有是境,第无仙风道骨,不能到也,然心常念之不忘。去岁秋八月,得请东归,今储皇赐以"四明洞天"四字,始有意于为圃,揭是扁榜,作为林泉,以仿佛四明之真境,日游息其间。四海名士、方外知识,时款吾居,与之共谭名理,且约不以腥秽浼吾胜地。今将落成,命工塑四明山王与先生之像以奉安焉,庶几英灵时一至止以寿我此山。视方丈、蓬莱、天台相与不磨灭也。②

四明洞天乃史浩退隐四明后于赐地月湖所建的别墅,其间依照皮、陆所咏之景而仿造,即将四明"不可得"的"洞天故址"置于别墅之内。这样,四明洞天实际上满足了史浩的多重心愿:第一,使长久以来的真隐理想得以实现,将四明幻境变成现实;第二,可仿神仙居止,与友朋"共谭名理";第三,通过祭祀山神及谢遗尘,求得其庇护。这三个心愿都渗透着史浩浓郁

---

① (清)全祖望著,朱铸禹汇校集注:《全祖望集汇校集注》(中册),上海古籍出版社 2000 年版,第 1084 页。

② 史浩:《鄮峰真隐漫录》,《宋集珍本丛刊》(第 43 册),线装书局 2004 年版。

的仙隐之思。① 四明洞天落成之后，史浩不仅极尽园林之亨，身心得以随物自适，而且友朋骈集，交游唱和之间，宛若神仙之游。其时的诗词创作，如全祖望《真隐观洞天古迹记》所言："其诗余中，为观作者，凡数十首。而陆放翁来访，为赋《四明洞天》诗，忠定和之。其和郑郎中辈赋'九题者再，皆观中之九题'，而非四明山中真境也。"

史浩曾两次以"四明山九题"为题作诗吟诵，一是《走笔次韵张以道》②，一是《次韵郑郎中作四明谢遗尘九题走笔不工》。

史浩《走笔次韵张以道》（七首）：

石　窗

尝闻皮陆句，未睹心先降。
于今烦鬼工，徒置排金钉。
蕙帐拥猿鹤，五磴来旌幢。
月明风亦静，篆烟浮四窗。

过　云

云埋路欲迷，独许幽人过。
时从客子来，更寻深处坐。
抵掌到幽眇，万事俱识破。
茫茫名利人，糠秕不足簸。

云　南

空洞远万里，佳景萃其南。
縠纹波似染，螺髻花群簪。
紫芝鲜最馥，青槟坚直甘。
解召美门侣，双鸾聊与骖。

---

① 夏令伟：《论史浩的退隐及其间的诗词创作》，《宁波大学学报（人文社科版）》2010 年第4 期。

② 在浙江古籍出版社 2016 年出版的史浩《集鄮峰真隐漫录》卷 2 中，未见《青槟子》和《鞠猴》二首。

云　北

幽岩列仙貌，阴雪如粉扑。

翙当摇落时，宛见沙漠北。

朔风吹不动，中有难凋木。

吾尝爱此景，小驻葛陂竹。

鹿　亭

双鹿处岩隈，似有人性灵。

山童自驯扰，俗客必心惊。

循除水潆潆，竹暗藏幽亭。

有时带露归，潆潆身有青。

樊　榭

何年樊仙翁，踞此作云榭。

境胜唯清凉，寒燠匪冬夏。

俯观尘世人，杳在万仞下。

渐次入真境，还如倒食蔗。

潺湲洞

万派漱寒玉，及此犹潺湲。

临流觑毛发，体粟生轻寒。

余波荡尘氛，一洗清尘寰。

观澜得妙理，用处心常闲。

史浩《次韵郑郎中作四明谢遗尘九题走笔不工》（九首）：

石　窗

峻极生从地势坤，擎天一柱四窗存。

有时空洞来龙驾，列岳灵祇尽骏奔。

过　云

苍苍廿里籍仙踪，出岫无心瑞霭浓。

南北往来蹊径熟,故应环珮日相从。

云　南

向阳一麓与天低,鸡犬遥闻只隔溪。
俗客未应容易到,是间唯许羽人栖。

云　北

云北人言是北溟,修鳞可驾上金庭。
高风已得扶摇便,聊向虚窗聚德星。

鹿　亭

谁将此物名危亭,漏泄知因甫里生。
渴饮云浆饥沆瀣,笑渠凡质食蒿萍。

樊　榭

从来此地隔凡尘,多是嬴秦避世人。
檐外饱闻丹凤味,阶前更看舞麒麟。

潺湲洞

金作栏干玉作塘,涟漪一派注仙乡。
涓涓波及人间世,雪窦山前白练长。

青棂子

羽幰新从帝所回,余欢未尽玳筵开。
醉抛青子香泥上,留与王家取次栽。

鞠　猴

乌鞠攀缘日往还,人间仰视在天端。
如今蕙帐休惊晓,林下衰翁已挂冠。

沈明臣于万历二年(1574)二月,同门生汪礼约(长文)畅游四明山十多
天后,创作了《四明山长句》,撰写了《四明山游记》,又作《四明山中追和皮
陆二公九诗作》九首。诗载《丰对楼诗选》卷十五。

石　窗

天窍石为窗,高张日月双。
锦笼三秀草,宝挂五霞幢。
帝座青霄近,仙軿白日降。
藏书吾欲借,未遣五丁扛。

过　云

缥缈路常封,时时春气浓。
看衣疑带雨,到寺只闻钟。
不见高秋月,难扪白日峰。
探虚吾欲老,来往藉孤筇。

云　南

山阳村户好,家枕万峰云。
共饮梅花水,耦耕麋鹿群。
土风周处记,日月帝尧君。
世路纷豺虎,区中那得闻。

云　北

只在白云北,重山别有家。
人烟散流水,墟井匝桃花。
卖药通秦市,分蜂识汉衙。
自矜吾道拙,不敢独餐霞。

鹿　亭

孔祐今何处,空山有鹿亭。
路生迷暮草,天远没寒星。
春雨茸茸绿,烟峰澹澹青。
放麛嗟往事,深竹语猩猩。

樊　榭

夫人仙去远,樊榭尚知名。

月落迷妆镜,花深断宝缨。
山川今喜托,天地故难凭。
倘是吹箫处,应闻有凤鸣。

潺湲洞

潺湲吹古雪,倒卷入银河。
月色兼秋动,山声入夜多。
云来湿不去,雷疾响难过。
枕石惊还起,天风摧大波。

青椇子

何物青椇子,山翁老不知。
香应同紫椹,味恐夺红梨。
仙宝难留核,灵根不借枝。
三珠曾有树,或许并称奇。

鞠　猴

汝本王孙种,封侯岂冠军。
坏应连鬼国,恩自出山君。
楚绣嗟新沐,狙鹝笑暮分。
饮须连臂出,声或断肠闻。

　　沈明臣之后,又一个以"四明山九题"为诗的邑人叫陆宝。陆宝(1581—1661),字敬身,一字青霞,学者称中条先生。其家在今宁波月湖西之桂井巷,宅名"辟尘居",藏书楼曰"南轩",藏书甚富,当时仅次于范氏天一阁和陈氏四香居(云在楼)。诗载《四明月湖陆氏宗谱》卷十。

石　窗

石窗本天成,虚中透四明。
无檽沾藓色,有隙漏风声。
启处金书灿,窥时玉女清。
微云终不掩,仿佛见层城。

过　云

壁裂横天栈，寻常云气封。
暗中喧众水，霁后失群峰。
赚鸟归他树，迷僧问远钟。
若驱仙犬去，应蹑羽人踪。

云　南

云南近日光，屋古半无霜。
酿橘先春熟，篓瓜隔岁长。
茶香霭鸟嘴，蜜色莹蜂房。
几世留丹诀，同居不死乡。

云　北

云北树如荠，峰岚变夕晖。
冰崖掩鼠迹，寒谷断莺飞。
晒药星坛迥，疏泉乳洞微。
时逢仙吏集，隔竹启重扉。

鹿　亭

孤亭深翠里，地僻野麇多。
滑想眠时石，腥闻舐后莎。
声长何暗溜，足逸戏危坡。
元白仙姿别，衔芝日几过。

樊　榭

仙成留故榭，延望白云中。
石露催妆月，松垂扫地风。
衔书逢野鹤，守药待山童。
羽节何年降，桃枝委棘丛。

潨湲洞

洑泉奔洞驶，流响作潨湲。

雨细沉松壑,涛清欹石关。

睡方龙劫去,仙梦鹤惊还。

为近丹台月,笙箫夜不闲。

青桹子

青青几树攒,绕嶂复临湍。

味酿丹成液,形标石作丸。

猿争抛地响,鸟恋啄枝残。

必待真官取,移根插古坛。

鞠　侯

鞠侯名最古,封近地仙居。

野果分公膳,山云列簿书。

泉香赐沐后,花绽衣绯余。

落月林间啸,惟应学步虚。

歌咏"四明山九题"者众,而对"四明山九题"进行全面、系统考辨的,迄今唯有明末清初的黄宗羲。黄宗羲率500余名亲兵结寨杖锡寺期间,"与山君木客争道于二百八十峰之间","二百八十峰,峰峰有屐痕",足迹遍布四明山,此后撰《四明山志》,作四明"九题考"。自此,传颂了千百年的"神仙窟宅",就这样被黄宗羲还原成了现实世界的自然风光。去了仙风道骨,换来了自然本真。

九题考①

唐陆鲁望、皮袭美有《四明山倡和》,分为九题。后之言四明名胜者,莫不渊源于是。顾四明非九题所得尽,而寻九题者,又往往不得其处。故宋施宿云:"谢遗尘所称及皮、陆诸诗,世虽竟传之,顾今四明山中居人,乃不知异境果安所在?盖与华山之华阳、武陵之桃源,皆神仙境,可闻而不可即者也。"嘉靖间,余姚岑原道求遗尘九题,止得所谓石窗者。鄞人沈明臣以大兰山为过云,奉化戴洵以仗锡为石窗,皆以意相卜度,宜乎其失之远也。余创《四明山志》,与山君木客争道于二百

---

① （清）黄宗羲：《四明山志》,李氏藏本。

图 3-2　黄宗羲

八十峰之间,而知所谓九题者,陆、皮未尝身至,止凭遗尘之言,凿空拟议。故在陆、皮已不得九题之实,后人凭陆、皮之诗以求九题,其不得遗尘之实,又何怪乎! 余既考其得失,每题系以一诗,岂能与鲁望、袭美争秀,然凭虚摭实,使好事者无迷山迟响之惑,则有间矣。

一曰石窗。在大俞村,自麓至颠十里,削成石室,高五尺,深倍之,广如深而六之,中界三石,分一室而为四。谢康乐《山居赋》注云"方石四面开窗",不知其总在一面也。其谓之窗者,凡石穴多在平地,故称之为洞为室,此独悬空上出,有似乎窗也。

二曰过云。奉化雪窦山有岭,名二十里云,故遗尘云"山中有云不绝者二十里",因此岭而言也。

三曰云南。在桃花坑山之下,奉化之云南里是也。陆诗之"巴宾""越鸟",皮诗之"无雁到峰前",岂可借滇、蜀事为点缀乎!

四曰云北。近雪窦境,陆诗"金庭如有路",皮诗"应得入金庭",不知金庭在四明之西南,言之于云南差近,言之于云北则悬隔矣。

五曰鹿亭。在大兰山,《南史》:孔祐至行通神,隐于四明山,有鹿中箭来投祐,祐为之养创,愈,然后去,故于祠宇观侧建鹿亭。陆、皮不原故事,泛稽物态,引麕穿竹,又何当也? 皮诗谓在石窗下,失其地矣。

六曰樊榭。元曾坚云:"刘樊从大兰飞升,建祠其所,祠侧为樊榭。"皮诗"石洞闻人笑",大兰未尝有石洞也。

七日漰溪洞。余姚之白水宫是也。天宝间,从大兰移祠宇观于此。始刘、樊居漰溪洞侧,师事白君,因其故居也。

八日青枨子。今亦无识之者。所谓"味极甘,而坚不可卒破"者,按以求之,更无一物相似,岂草木之种类亦有绝钦?陆诗"环冈次第生",徒虚语耳。

九日鞠侯。雪窦西十五里为徐凫,山有鞠侯岩,以其形似,凿字名之,攒峰割日,哀瀑崩云,诚奇地也。皮、陆以"连臂""断肠"当之,何山无猿,而以此私一四明哉! 有以知其不然矣。

是故文生于情,情生于身之所历,文章变衰,徒恃其声采,经纬恍惚,而江淹之杂体作矣。承虚接响,宁独此九题哉! 遗尘发之,而余考之,千年旦暮,同是南雷之人,相与言南雷之事而已。

黄宗羲《四明山九题》:

石　窗

高阁云中见,四窗一面连。
梯空寻地穴,炼石举危天。
宝镜开霜晓,朱帘卷暮烟。
自从刘阮后,康乐亦遥传。

过　云

不杂炊烟色,非关雨气飏。
神龙眠雪窖,山鬼乐幽篁。
曳杖兜罗重,沾衣瀑布狂。
相将过岭去,二十里云长。

云　南

南行云过尽,始见有人家。
名里今如古,遗风昔不差。
僧留人外偈,桃发自然花。
盘谷无嫌小,山将出路遮。

云　北

北行云过尽，篱落傍僧筵。
竹笕分猿饮，霜钟起象田。
磨崖留汉隶，锄石得唐年。
闻说岩栖者，终身昧市廛。

鹿　亭

鹿亭何自置，千古仰仁名。
久矣忘机械，蠢然托死生。
朝饥开药院，秋冷侍茶铛。
纵使归山去，长来月下鸣。

樊　榭

大兰有故榭，昔是夫人居。
石有藏云窍，溪游禁术鱼。
犹疑停绛节，时或得仙书。
此地逢樵猎，相亲且莫疏。

瀑渓洞

闻说瀑渓洞，当年隐白君。
守炉同弟子，洗药委红裙。
中积千年雪，平分万壑云。
自来声未绝，曾和步虚文。

青棍子

何物青棍子，空传上世名。
野人俱不识，山鸟或相争。
玉树空垂赋，琼花不别生。
环冈笑鲁望，诗句岂真诚。

鞠　侯

曾到徐凫境，岩形像鞠侯。

瀑飞声自苦,月影臂如勾。

不答山禽唤,空回过客眸。

前人工赋物,遗误在林丘。

黄宗羲《四明山志》卷四在作"九题考"并赋诗九首后,又录有陆龟蒙、皮日休、高士奇、靳治荆、李暾、李灼和金韵古等的"四明山九题诗"共七组。

高士奇(1645—1704),字澹人,号瓶庐,又号江村。浙江绍兴府余姚县樟树乡高家村(今慈溪匡堰镇高家村)人,后入籍钱塘(今浙江杭州)。清代官员、史学家。学识渊博,能诗文,擅书法,精考证,善鉴赏,所藏书画甚富。著有《左传纪事本末》53卷、《清吟堂集》等。

高士奇《和梨洲先生九题诗并序》:

九题始于陆鲁望,而皮袭美次之,二君当日实未至四明也。黄梨洲征君身履岩岫,考之书传,辨证详明,复为《九题诗》,正皮、陆之误。余未历嵚崎,杜门长夏,适征君寄《四明山志》,乃和此诗,以当卧游,虽境事无谬,安能如皮、陆之句,突奥幽秀,徒以自愧。后之好事者因此远求遗迹,广相倡酬,则名山之九题当益著矣。

石　窗

石岂仙人凿,窗疑玉女开。

疏棂云直入,高牖月斜来。

蜂蜜沾崖藿,蛇痕映碧苔。

欲寻刘阮迹,疑是有楼台。

过　云

迢迢二十里,一带泄云封。

远覆兰山麓,横连雪窦峰。

樵迷难觅路,寺隐但闻钟。

俄顷风雷歇,遥天挂白龙。

云　南

居然小盘谷,路已入金庭。

南岭云全白,阳峰雪伴青。

晴岚花灼灼,春涧水泠泠。

鸡犬桑麻外,渔舟向晚停。

云 北

峰多云乱起,幂雾满山阴。
曳竹烟中碧,笼花月下深。
当门眠老牸,隔坞语春禽。
活活闻泉响,分来自远林。

鹿 亭

孤亭祠孔祐,遗爱古谁齐。
南窟曾供鹿,秦巴亦放麑。
呦呦鸣浅草,濯濯饮清溪。
满目皆生意,春风好杖藜。

樊 榭

刘樊成道后,白日竟飞升。
故榭依然在,仙梯未可凌。
怪松擎雪岭,危石带云崩。
欲问栖真处,东峰第几层。

潺湲洞

此日潺湲洞,当年白水宫。
无云朝喷雨,不浪夜翻风。
洗药因流净,寻花取径通。
清香坐听久,群籁寂霜空。

青榑子

漫说戎王子,青榑亦自殊。
实坚疑绿玉,色美胜琼珠。
鸟啄风前斗,猿偷月下呼。
山家何处觅,空自想云腴。

鞠　侯

徐凫真异域，别是一重天。
猿臂如相接，山形似倒悬。
洞中留古雪，树杪落飞泉。
到此尘寰隔，清都有列仙。

靳治荆（生卒年不详），字熊封，号雁堂，别号黄山长，襄平人，隶汉军镶黄旗。

靳治荆《四明山九题诗次梨洲先生韵》：

自序：余凤慕浙东山水，于《松陵集》中见《四明九题诗》，恍惚神往，不知其真境若何也。今见先生（黄宗羲）《九题考》，刊订分明，宛随筇屐，诗更亲切入情，非同皮、陆悬拟。固陋，遂依韵奉和，请政焉。

石　窗

异境层巅辟，虚窗四室连。
高悬应碍日，上出欲通天。
融透深冬雪，栖牢万古烟。
不缘公好事，实录许谁传。

过　云

岭路何绵邈，烟峦任簸飏。
弥漫看雾树，浅近笑风篁。
境幻行忘困，峰奇叫欲狂。
飞泉何处落，遥指练光长。

云　南

云南旧里在，烟火动山家。
树豁看才见，峰岐路恐差。
寺钟生竹坞，涧户网桃花。
胜赏元尘外，层峦面面遮。

云　北

云北看云好,层层落几筵。
佛龛疑鹿苑,仙窟想芝田。
卧忆金庭旧,游思雪窦年。
行当相去近,不异市和廛。

鹿　亭

鹿去何年事,亭留此日名。
衔环宁望报,养创为全生。
客驻登山屐,僧依折脚铛。
斑龙千岁活,可更向人鸣。

樊　榭

故榭垂名久,曾因仙眷居。
去应骖白鹤,来合并丹鱼。
石有通灵窍,岩藏证道书。
欲吟步虚曲,只自愧才疏。

潺湲洞

洞府开青嶂,仙官溯白君。
芳溪曾洗药,春月可湔裙。
谷暗初斜日,冈停乍起云。
潺湲终古韵,好缀柳州文。

青楗子

木实号青楗,图经秘此名。
神龙尝未得,尔雅说徒争。
不可寻求见,谁云次第生。
如堪资服食,肯惜祷祈诚。

鞠　侯

不谓层岩耸,居然似阿侯。

躬弯伸讵直,臂弱引仍勾。
坐老披云性,凝余窃果眸。
支筇看不厌,浑欲揖浮丘。

注:①谓杭州风篁岭。

李噩(生卒不详),又作美噩,字寅伯,一字东门,鄞县人,李邺嗣之子。享年七十五,全祖望撰墓表。

石　窗

孤峰千仞立,一面四窗开。
天际云霞灿,都归石室来。

过　云

山头若非云,静中境不动。
往来二十里,岭上曾无空。

云　南

盘谷何妨小,桃花爱有坑。
南行云尽处,家室聚安康。

云　北

云北云无尽,家家伴几筵。
人随云不老,那识市和廛。

鹿　亭

鹿因祐而生,亭因鹿而名。
孔君还在否,鹿复向谁鸣。

樊　榭

故榭留风月,夫人尚往还。
大兰通窍石,谁复踏苔斑。

潺湲洞

洗药溪流静,何缘遇白君。

千年堆积雪,万壑散浮云。

青椟子

青椟味极美,不用美山家。
莫道采无子,何曾看有花。

鞠侯

像形洵不谬,唤作鞠侯岩。
坐老徐鼋上,凭他过客瞻。

李灼(生卒不详),字赉然,里籍、生平均不详。

石窗

人踪不到处,忽有石窗开。
谁凿乾坤窍,平邀日月来。
疏帘垂薜荔,古砌裹莓苔。
拟共闲云住,藏书待异才。

过云

不少云深处,无过此岭长。
东西二十里,烟雾浩茫茫。
折旋因风势,氤氲酿雨香。
从容觅去路,仙趣满衣裳。

云南

地名小盘谷,隐士旧为家。
田路冲山直,柴门逐水斜。
瞻云依北阙,测影制南车。
一片阳和气,何愁山四遮。

云北

北向依山坞,时时隐翠微。

日高松影暗，云重水泉肥。
揖客询幽胜，摩碑辨是非。
萧然出人世，一到已忘机。

鹿　亭

仙人曾养鹿，遗构依云根。
仿佛衔芝影，苍茫卧月痕。
生全或有报，意厚不言恩。
一事垂千古，空山久骏奔。

樊　榭

遗荣甘遁世，此意两心知。
自是怀丹药，非关悲素丝。
云阶如可待，鹤驭去无时。
叹息升仙木，于今尚守雌。

潨湲洞

混混来无尽，垂垂势绝殊。
长拖千软玉，横喷万寒珠。
力撼乾坤转，声敲钟磬俱。
四围沾润处，满布绿氍毹。

青棍子

无人知此味，合是列仙肴。
摘得珠三树，衔来凤九苞。
玲珑垂月牖，磊落压云梢。
凡骨何从觅，深山枉结茅。

鞠　侯

兀坐乾坤内，空山无伴寻。
四三绝巧智，朝暮不关心。
清冷环秋涧，苍茫带远林。

夷然看楚沐,枉自辱缨簪。

金韵古(生卒不详),字兰畹,乾隆二年(1737)恩科进士,里籍、生平均
不详。

石　窗

仙人窗不闭,知是为谁开。

满喷春云出,斜飘暮雨来。

影寒千岁草,痕蚀五丁苔。

倚湿吟诗袖,曹唐自有才。

过　云

过此向谁去,云衢廿里长。

天空任展布,世远隔苍茫。

雨惹龙身湿,晴分鹤羽香。

麻姑疑逐队,飘飔众衣裳。

云　南

岂是滇池远,山阳住数家。

路晴春日正,村雨北风斜。

合有红云朵,应扶紫帝车。

飘飘看不厌,鸟隼向前遮。

云　北

村在最幽处,阴阴冷翠微。

青松山背老,白石雪中肥。

北斗仰头是,南云转眼非。

夜风吹尽散,万象拱天机。

鹿　亭

养病亭中鹿,灵芝嚼到根。

晓行迟石路,秋卧老苔痕。

不朽成仙迹,难忘是感恩。

铜碑曾系否,此日向谁奔。

樊　榭

天台好邻女,每过缔相知。
宝药烘花瓣,仙裙冷藕丝。
山深留榭迹,人去少归时。
料得蓬莱路,骑龙合控雌。

潺湲洞

此地绝凡响,仙都耳目殊。
碎弹青女泪,寒撒白龙珠。
缥缈天绅落,琮琤古乐俱。
洞中趺坐好,冰雪作氍毹。

青㮤子

此种谁能荐,难占硕果爻。
东方见真色,窗下想仙苞。
入洞寻遗核,登山问古梢。
定应千岁熟,蕾蓓饷三茅。

鞠　侯

不见点头日,蟠桃何处寻。
深山猴有像,万古石无心。
厚重空仙侣,攀跻负远林。
雨浓春已沐,花发当新簪。

在"四明山九题诗"中,自称黄宗羲"私淑弟子"的全祖望所咏《赋谢遗尘南雷九题》,可谓别树一帜。

全祖望(1705—1755),字绍衣,号谢山,浙江鄞县人,清代浙东学派的重要代表人物,著名史学家、文学家,博学才俊。乾隆元年(1736)会试中进士,入翰林院庶吉士,因不附权贵,于次年辞官归里,不复出任,专心致力于学术,相继讲学,足迹遍布大江南北,曾主讲绍兴蕺山书院,从者云集,后又应邀主讲广东端溪书院,对南粤学风影响很大。在学术上,全祖望推崇黄宗羲,自称为梨洲私淑弟子,又深受万斯同影响,专研宋和南明史事,留意乡邦文献,尤好搜罗古典文献及金石旧拓,其著作颇丰,撰有《鲒埼亭集》38卷及《鲒埼亭集外编》50卷,《鲒埼亭诗集》10卷,还有《汉书地理志稽疑》《古今通史年表》《经书问答》《句余土音》等,又七校《水经注》,三笺南宋王应麟《困学纪闻》,续选《甬上耆旧诗》,辑补《宋元学案》100卷,《全校水经注》40卷并补附4卷,为我国文化宝库增添了许多珍贵遗产。

石　窗

登陆推四明,旧以窗得名。
二百八十峰,一气分户扃。
一万八千丈,百道通神灵。
朗然开四目,日月互盈亏。

过　云

山中何所有,有二十里云。
遥天时淡荡,元气长氤氲。
鸡犬都鯑鯑,草木亦醺醺。
晓行不知晓,昏行不知昏。

云　南

信步更前行,长坑表古聚。
石壁成天桃,苍苔杂红雨。
湖水碧于油,赤鲤纷盈渚。
有花尽南枝,有鸟尽南蕬。

云　北

拱北山更奇,折北水愈冽。
三潭清泠泠,二宝明瑟瑟。
我来相夕阳,岚影总漫灭。
拟鼓无弦琴,一笑自怡悦。

鹿　亭

吾爱孔高士,至行通神明。

古人夸放麑，未足比深仁。
应怜百年来，山寨惊崩云。
洞天遭劳攘，空亭委荆榛。

樊榭

夫人已仙去，好遂垂佳话。
犹传皂荚林，飞凫多凭藉。
蜀冈自东临，蓝溪向西泻。
时有三青鸟，来归访古榭。

潚㳌洞

夫人何所师，深洞礼白君。
至今白水岸，犹见洗药痕。
将无潚㳌中，或余石髓存。
刚肠吾所愧，何以养元神。

青榠子

曾闻真隐翁，竹洲摹洞府。
醉抛青榠子，离离不可数。
如何环冈生，空供山猿哺。
莫笑笠泽诬，应耻山翁瞀。

鞠侯

姚江黄氏所考九题俱核，唯鞠侯，则谢遗尘口中
明指山猿，不可但以山形之肖当之也。
何山无猿啸，巫峡偏有声。
何山无猿游，凫岩最有灵。
王孙既久住，并肖山之形。
三叹封侯臂，数奇老石城。

　　在清代，尚有众多乡邑诗人吟诵"四明山九题"的。现录范兆芝、童槐、陈劢等作"四明山九题诗"于后。
　　范兆芝（1624—1658），字香谷，镇海人。明亡后参与抗清活动。迁居

宁波月湖旁。曾参与西湖七子社,著有《复旦堂集》。

石 窗

闻道明山目,安窗天一涯。
放云全启牖,漏月不妆纱。
楼岂遥连蜃,阑堪俯掇霞。
如何犹望里,不许为我家。

过 云

何不从云去,犹穿云里行。
携将两袖白,并与一溪声。
山鬼时能出,幽磷昼敢明。
酣归不识路,步步踏疑城。

云 南

屋后看云出,虚徐半却前。
帮烟封古灶,蓊树裹玄泉。
红药输幽客,丹砂贡散仙。
北山余隙地,春半垦芝田。

云 北

空谷无藏历,春秋看斗星。
阳川迷去径,前岭出真形。
素蝠穿茅栋,苍猨坐纸屏。
山中多暇日,只解读黄庭。

鹿 亭

亭依鹿柴结,麝气袭云楣。
醒呓穿蕉蚤,鸣麂衔草迟。
听经眠石竹,饷客摘金芝。
颇说中原逐,此中人未知。

樊 榭

伊人不可即，台榭一苍然。
老石颓常倚，高云懒即眠。
咒桃凭道力，遣鹤护真篇。
孔祐犹存迹，纷纷砾视钱。

瀯潆洞

源从何处发，千古共瀯潆。
挐挐抟空雪，泠泠话碧天。
色连寒竹去，沫到曲涯旋。
安得沿流入，胡麻乞野仙。

青桹子

闻名不可见，亦是果中仙。
萍实难专美，木威无此圆。
地疑藏紫汞，根必漱红泉。
若共昌阳服，当能引大年。

鞠 侯

风流仙子国，岩翠拥千重。
剑有猨公术，侯先李广封。
市朝敲厂立，汤沐玉泉供。
千岁如成矍，应留处士踪。

童槐（1773—1857），字晋三，一字树眉，号萼君，鄞县人。嘉庆十年（1805）进士，嘉庆二十四年（1819）出任山东按察使，后任江西按察使，终通政司副使。工诗，擅书法，晚年在月湖北岸偃月堤边建有银台第。著有《今白华堂集》等。

石 窗

万峰列窗眼，一石镇山心。
石岂娲皇炼，窗应玉女临。

海天通咫尺，日月见升沉。
欲识四明胜，仙家户牖深。

过 云

廿里无昏晓，行云共往还。
泉喧知近濑，烟渺失群山。
元气氤氲里，吟情澹荡间。
碧城何处问，即此隔人寰。

云 南

云南开石壁，丹砾映晴湖。
芳草四时有，清霜九月无。
蛮花朵未识，越鸟自相呼，
古聚人家少，疑悬市上壶。

云 北

游客出云背，方知云北程。
三岩星下暗，二窦雪中明。
昼豁金庭路，秋凄石户晴。
携柑应笑我，终岁不闻莺。

鹿 亭

细草路茸茸，林深见鹿踪。
孤亭岩下出，高士史中逢。
意较放麑厚，情应骑鹤慵。
金芝衔不尽，采采此携筇。

樊 榭

神仙携眷属，冉冉去尘寰。
岩月留妆镜，溪流戛佩环。
灵篇终古在，羽节几时还。
故榭松萝翠，云英记共攀。

瀑湲洞

万古瀑湲响,阴风激浪花。
溅来松竹满,飞出薜萝斜。
白练飘晴雪,青琴鼓落霞。
夜来乘月弄,洞口几仙家。

青梫子

仙果石同坚,环冈颗颗圆。
枝垂猿喜拾,子落鸟惊眠。
细味成丹液,深攒想碧烟。
曾闻竹洲老,饷客散琼筵。

鞠　侯

自喜封侯贵,凭他笑楚人。
烟霞清俸薄,橡栗野餐珍。
升木临台迥,扳萝结绶新。
四明八百里,汤沐遍行春。

陈劢(1805—1893),字子相,号咏桥,又号甬上闲叟、二百八十峰樵者,鄞县西门社坛巷人。道光十七年(1837)拔贡,后官广西知县,不一载为养亲归。同治元年(1862)举孝廉方正,授江苏知县,不赴,教授门徒。能诗工书,精小学,熟乡邦掌故,助徐时栋校勘《宋元四明六志》甚多,与修《鄞县志》。其藏书楼名"运甓斋"。著有《四明七观补注》《运甓斋诗文集》等,民国《鄞县通志》有传。

石　窗

空山开石室,洞达私窗虚。
晓霁云归牖,宵澄月透疏。
元谈谁道此,仙笈或藏诸。
拟欲移家住,闲中好著书。

过 云

廿里云深处,苍茫景不分。
山光连树暗,人语隔烟闻。
积润笼遥霭,冲寒仗薄醺。
无心看出岫,此意会陶君。

云 南

云到南头尽,游踪印雪泥。
雾多容豹隐,树币听鸟啼。
浦近何劳送,车行孰指迷。
桃花坑畔路,农亩馐堪携。

云 北

家在北山北,云开屋舍连。
村成流水外,楼倚夕阳边。
星拱常瞻极,烽销不起烟。
樵风归路便,别有洞中天。

鹿 亭

昔有孔高士,亭前鹿偶过。
医创留养久,饲食受恩多。
场古余町疃,山深荫薜萝。
至今惟牧竖,牵犊饮前河。

樊 榭

暂与刘郎别,凌云自此飞。
吐鱼曾共戏,跨鹤竟先归。
胜药留丹灶,仙鬟相翠微。
瑶池应侍宴,玉女并披衣。

潺湲洞

洞口闻流水,潺湲弄好音。

回湍因激石，逸响似鸣琴。
珠沫奔双瀑，尘怀涤一襟。
白君祠宇畔，长听老龙吟。

青棯子

植物称嘉种，青棯岭上生。
山川钟秀异，果实见菁英。
拾得林猿喜，衔来野鹤惊。
甘芳难再觅，浪说荐层城。

鞠　猴

特地侯封拓，名山纪四明。
牵萝堪作绶，啸月每闻声。
赋谢狙公给，廉同鹤俸清。
沐猴休笑楚，岩隐亦公卿。

陈劢《四明九题（用皮日休韵）》：

石　窗

四窗开一面，石室辟悬崖。
积藓连青琐，分蕉沪碧纱。
珠帘飞暮雨，绮楹映朝霞。
寄傲谁频倚，应寻处士家。

过　云

一径随云去，迢迢廿里行。
林峦难辨影，鸡犬但闻声。
衣湿遥岚重，峰高薄霭明。
冲寒宜小饮，借此破愁城。

云　南

云深不知处，南去向峰前。
人送耕春饁，池流洗药泉。

桃坑名自古，槐国梦如仙。
豹隐真堪乐，山中自有田。

云　北

何处看云好，遥瞻北斗星。
瀑飞常作雪，芝茁别成形。
林木余丛荫，峰峦列画屏。
栖真多隐者，一卷诵黄庭。

鹿　亭

驯鹿传高士，山亭构栋楣。
养创医已愈，恋主别犹迟。
饮涧时穿竹，衔芳每采芝。
仁心千古仰，异类亦应知。

樊　榭

升仙传古榭，遐举竟翩然。
地僻无人迹，松高诱鹤眠。
遥天闻佩玉，秘笈少遗篇。
大药如堪买，何论百万钱。

潺湲洞

白君谈道处，洞口响潺湲。
喷玉泉归壑，鸣琴籁自天。
松涛声并吼，石濑韵俱传。
洗耳人来往，多疑是散仙。

青椆子

甘芳珍异果，应种自神仙。
味说青椆美，形传绿壳圆。
拾宜随野叟，洗待掬清泉。
所惜环冈产，无从问昔年。

鞠 猴

带砺狙公锡,周遭山几重。

四明开胜境,千户拓侯封。

衣想桃绯赐,园凭茅赋供。

谁云猿臂将,岩壑竟潜踪。

"四明山九题诗",唱和的是令唐代隐士谢遗尘引以为傲的四明山九景。然而,诚如黄宗羲所言:"后之言四明名胜者,莫不渊源于是。顾四明非九题所得尽,而寻九题者,又往往不得其处。"斗转星移,沧海桑田。如今,随着时代的发展,四明山已是烟尘数万家,交通四通八达,早就没有了令唐宋以来历代诗人痴迷的那一份至清至圣。

四明九题之考略

当年,谢遗尘向陆龟蒙激情叙说"吾山之奇者",引诗人"因作九题",诗人竟也不失遗尘所望,排空拟议,其诗兴着实恣意了一番。尽管"寻九题者,又往往不得其处",黄宗羲还是一一做了考辨,第一次让四明山之神仙境地回归客观现实。今天,寻"四明山九题"之奇已绝非难事,难的是旧时"四明山九题"景物已时去物非,有的被后人移花接木,或以讹传讹,搞得鱼目混珠,令人如坠云雾。故此,还是有必要做些考证,以正视听。

一曰石窗。即四窗岩、丹山赤水、四明第九洞天、四明之窗,在余姚市大岚镇大俞山南侧。山以洞名曰四明山,州以山名曰明州。四窗岩有三绝:一是幽,其崖危举山巅,下临深渊,但闻水声潺潺,惟见霞光烟岚。二是奇,火成岩山崖,赤壁珠缀,一二丈高处,忽见四洞一字排开,自下望去,真乃楼之开启户牖。三是仙,汉代剡人刘晨、阮肇采穀遇仙,仙话两千年;魏晋道人刁道林炼丹药求长生,肇起四明;蒋中正于1914年、1949年两进山洞,梦龙腾蛟,春去花落。

今人寻四窗岩之路有二:一是溯大俞溪而上,车可达淡竹滩,步行过小桥、沿山间旅游步道约半小时便达。二是从33省道过船底湾约二公里处、左转入大岩下自然村,在一水库边下车,往下步行二三十分钟可达。21世纪初,大岚镇出资在山脚到岩洞间,伐竹垦土,生生用块石筑起了168级台阶,直抵洞口。此举本意方便探险寻幽者,岂不知四窗岩固有的幽、奇、仙之气,已然折损了一大半。呜呼哀哉!后人将"石窗"和"四明山心"混为一谈,皆因四窗岩难寻。对此,徐兆昺在《四明谈助》中说:"石窗,去仗锡隔一大溪,其脉与大阑山相连,本不属仗锡。因石窗四无人居,游石窗者,必先寓仗锡寺。且屏风岩'四明山心'四大字在仗锡寺前,后人遂误以仗锡为四明山心,居中以运之矣。"

以杖锡为四明山之中心,盖因在杖锡山上有一巨石,上镌汉隶"四明山心"四字。其实,在今海曙区所属章水镇字岩下村的后山上,也有一摩崖石刻"四明山心"四字。

图 3-3　杖锡山上的汉隶"四明山心"

二曰过云。"过云"石,在今海曙区章水镇百步阶自然村村后的半山腰上。据蒋经国 1949 年 4 月 13 日的日记记载:"询其(指杖锡寺僧人)'过云石在何处',则茫然结舌,不知所答。问之附近李姓者,亦不知有'过云石',只知有'再来石'云。""过云石"之难寻,由此可见一斑。难怪黄宗羲也没有找到过"过云石",便以"奉化雪窦山有岭,名'二十里云',故遗尘云'山中有云不绝者二十里',因此岭而言也"而误判。沈嘉则在《四明山游记》中说:"僧云:云时,人到此,腰以上出云上,腰以下没云下耳。"站在"过云石"旁,每当山雨欲来、风起云涌之际,因大横山、小横山特殊的地形条件,便往往会有飞云扑面,出现人之上半身在云上、下半身在云下的奇观。

三曰云南。在今冷水孔、商量岗、雪窦山、桃花坑山一带,为四明山脉南东一线。

四曰云北。在今大岚山一带。从余姚入,沿 33 省道上羊额岭,在今大

图 3-4　字岩下村的摩崖石刻"四明山心"

岚镇夏家岭顶辟有观景台，每当风起云涌之时，便是观云之一大胜地；从今海曙区樟村入，沿细北线到翻身自然村一带，则是观云之另一胜地。

其实，四明山之云，非一句"山中有云不绝者二十里"所能囊括，所谓"过云"也好，"云南""云北"也罢，不过是在今宁波市境内的四明山脉东部而已，而绍兴市所属的四明山脉西部，诸如金钟山、太平山、覆卮山等，又何尝不是常常云气飞升、烟岚弥漫之处！

古人向以四明烟霞为绝胜，欣赏云，甚至把玩云。万历《绍兴府志》[1]对此有记述曰：

《齐东野语》陶通明诗云："山中何所有，岭上多白云。只可自怡悦，不堪持赠君。"云固非可持赠之物也。坡翁一日还自山中，见云气

————————
[1]　（明）孙鑛、张元忭纂：万历《绍兴府志》，李能成点校，宁波出版社 2012 年版，第 108 页。

图 3-5 四明山云海

如群马奔突,自山中来,遂以手掇开笼收于其中。及归,白云盈笼,开而放之,遂作《擦云篇》,云:"道逢南山云,欻吸如电过。竟谁使令之,袞袞从空下。""或飞入吾车,逼厕人肘胯。搏取置笥中,提携反茅舍。开缄试放之,掣去仍变化。"然则云真可以持赠矣。宣和中,艮岳初成,令近山多造油绢囊,以水湿之,晓张于绝巘危峦之间,既而云尽入,遂括囊以献,名曰"贡云",每车驾所临,则尽纵之,须臾,滃然充塞,如在千岩万壑间。然则不特可以持赠,又可以贡矣。其说甚奇,然攮云前未闻焉,要自苏公始。近日,杨山人珂亦时以罂贮四明云。山人,余姚人,能诗且好修,然特以工书名。为人甚有逸兴,尝游四明山,过云岩,见云气弥漫,讶之,爱其奇色,觉浓厚可掬,遂创新意,携三四巨罂于云深处,以双手捉云,扑之纳罂中,至涌出不容,则知罂满矣,乃以纸封其口,携归藏之。遇好事者过,小酌,辄云:"汝欲观四明云乎?昨携在此。"因呈云罂席间,刺针眼,其口则一缕如白线透出直上,须臾绕梁栋,已而蒸腾坐间,郁勃扑人面,无不引满大呼相矜夸,谓绝奇也。自后往四明,屡携云以归,亦间赠相知者云。

能将四明云霞如此把玩于股掌之间、"持以赠人",也算是前无古人、后无来者之举了!

五曰鹿亭。古籍记载"在大兰山"。大兰山系由"山有大兰"而得名,今人称"大兰山"为"大岚山",泛指丁家畈盆地周边的山岗。鹿亭在大岚山东侧,其名源于南北朝时期,隐士孔祐"隐于四明山,有鹿中箭来投祐,祐为之养创,愈,然后去,故于(樊榭)祠宇观侧建鹿亭"。

图 3-6 传说中的鹿亭

因年代久远,孔祐所建鹿亭又不知毁于何时,其具体位置已无从考证。今鹿亭乡之名,不过是沿用了古地名而已。

六曰樊榭。即樊夫人的居所,在大岚镇邱庄自然村。相传汉代上虞令刘纲弃官,偕夫人樊翘云到今白水冲,师从白公学道。道成,刘、樊在大兰山飞升,后人在此建祠宇观,祠侧则为樊榭。今升仙桥、皂荚坞、樊榭遗迹尚存。

图 3-7 大岚邱庄的刘樊升仙桥

另偶见称樊榭的地方有杖锡寺下、韩采岩、奉化升纲岩自然村等,但均为孤证,不足为据。

七曰潺湲洞。在余姚市梁弄镇的白水冲瀑布一带。刘纲、樊翘云学道之初居潺湲洞侧,在大岚山升仙飞举后,后人在樊榭旁建祠宇观。唐天宝三年(744),因"病大岚险远",祠宇观移于潺湲洞侧。宋政和六年(1116),徽宗书其门牖曰"丹山赤水洞天"。黄宗羲考证说:"自陈永定(557—559)至永乐(1403—1424),历八百五十余年而观未尝废,考之正、嘉间(1506—1566)之游记,观已不复存矣。"另在杖锡寺下小溪中,有一宋代摩崖石刻

"潺湲洞",黄宗羲在《四明山志》中指为"妄刻"。

图 3-8　白水冲瀑布

白水冲瀑布,在梁弄镇南约两公里的白水山上。白水山又名白山,因有白公在此修炼得道而名,山上有冶山、屏风、石屋、云根四峰。石屋峰怪石嶙峋,峭壁悬崖;云根峰苍翠夺目,流泉生辉。两峰之间,一帘飞瀑从 53 米的高处飞泻而下,形若白龙,声若沉雷,蔚为壮观,这就是白水飞瀑,俗称白水冲。瀑布的源头在道士山,山亦因白道人修炼成仙的传说而得名。道士山附近的 42 条涧水汇集到白水山顶,直泻龙湫。在瀑布的出水处,有一岩洞,叫潺湲洞,又叫白水宫,相传是白道人诵经修炼的地方。元代,道士毛永贞主持祠宇观,他在瀑布下开荒种地,扩建石田山房,还在观旁建清晖亭,作为观赏瀑布之所。

八曰青棂子。青棂子是曾生长于四明山脉的一种树木上的野生果实。陆龟蒙记述谢遗尘的描述为:"木实有青棂子,味极甘,而坚不可卒破。"黄宗羲考之曰:"今亦无识之者。""按以求之,更无一物相似,岂草木之种类亦有绝欤?"笔者遍搜四明山脉之果木,竟无一物相似。看来,青棂子已然在四明山绝迹。

九曰鞠侯。鞠侯是曾生活于四明山脉的一种猴类。陆龟蒙记述谢遗尘的描述为:"有猿,山家谓之鞠侯。"黄宗羲以"何山无猿,而以此私一四明哉"为由,认为"鞠侯"是指位于今奉化区的徐凫岩。全祖望在其"四明山九题诗"之《鞠侯》诗后注曰:"姚江黄氏所考九题俱核,唯鞠侯,则谢遗尘口中明指山猿,不可但以山形之肖当之也。"愚以为是也! 四明山上之有猿猴,犹如四明山中曾有木实青棂子、猛禽华南虎也。

图 3-9　徐凫岩瀑布

徐凫岩瀑布犹如一只猴子对天鞠躬,当地人称为"猴鞠岩"。以猴鞠岩为中心,向两侧绝壁延伸几百米,其形状如刀削斧凿,悬崖上方青松葱茏、杂树丛生,下面草木成簇、分外壮观。徐凫岩的水源来自"踌躇谷",汇聚于直岙村,水流穿桥洞、过沙溪谷,飞腾而来,直泻悬崖。当水从猴鞠岩上飘出后,声如雷鸣,震撼山谷,经阳光照射,形成彩虹倒挂,五颜六色,无比绚丽。石壁下部,水帘与岩壁相隔有几米宽绰的空间,游客进得水帘内,如入纱罗帐中,又似进入水帘洞穴。石壁底下有潭,潭深不见底,水清如碧,寒风吹拂,响声聒耳,令人望而生畏。石壁上镌刻着屈武[①]手书的"徐凫溅雪"四字。

关于徐凫岩,有则神话说:在很久以前,在"猴鞠岩"这个地方,有个鹤

---

① 屈武(1898—1992),中国人民政治协商会议第六、七届全国委员会副主席;中国国民党革命委员会第五、六届中央副主席,第六届代理主席、主席,第七届名誉主席。

图 3-10　徐凫岩上屈武手书的"徐凫溅雪"

发童颜的仙人走到陡险山崖边,仰脸朝天大喊:"快来吧,接我回去!"说完,一只形似野鸭、实为仙鹤的大鸟从空中飞来,降落在这个仙人身边,载着他缓慢地飞向天空。从此,就有了"徐凫岩"之称。

四、洞天寻幽

自汉代名士梅福登临四明绝巅、留下《四明山记》始,至魏晋后,名人雅士纷至沓来。他们或归隐,或云游,太康谢家再起东山,琅琊王氏卜居金庭;李太白歌咏四明,谢遗尘肇启九题。一时间,行歌四明,洞天寻幽,蔚为风尚。

大俞山上四窗岩

四窗岩,在古籍中称石窗、石室、丹山,又称四明洞天、四明之窗、丹山赤水洞天、第九四明山洞。黄宗羲在《四明山志》卷一"名胜"中开宗明义曰:

> 余姚南有山二百八十峰,西连上虞,东合慈溪,南接天台,北包翠蹋,中峰最高,上有四穴,若开户牖以通日月之光,故号四明。司马紫微曰:"第九四明山洞,名曰丹山赤水洞天,真人刁道林治之。"其初总名天台山,故孔灵符①《会稽记》曰:"天台山旧居五县之余地。"五县者,余姚、鄞、剡、台、宁也。梅福《记》曰:"四明山周围八百余里。"后割天台而别为四明,则天台与余姚悬隔,四明之周围亦止一百八十里矣。

大俞山处四明山脉中心位置,周围东有杖锡山,南有梨洲山,北有大岚山,西为绍兴市上虞区境。大俞山坐西面东,南北约十五里,东西十里余,

---

① 孔灵符(? —465),孔子的第二十七世孙。南朝宋官吏,山阴(今绍兴)人。会稽内史孔季恭子。

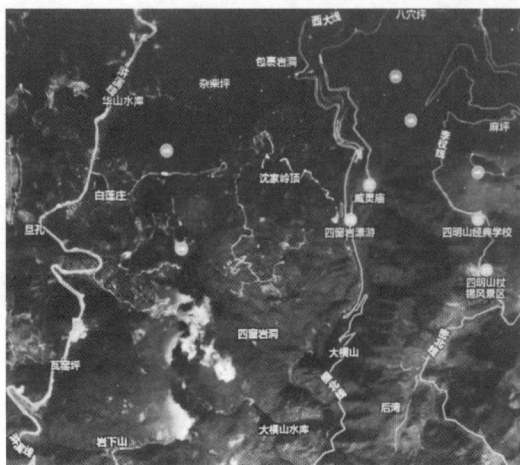

图 4-1　大俞山地形

全域面积 9.11 平方公里。大俞山主峰今称"华盖山",古时称"干山",因其形似镬盖,亦称"镬盖山";又因其形似一艘倒扣的船,也名"覆船山"。清姚燮撰《四明它山图经》曰:"干山如釜,故土人呼曰镬盖山,又曰覆船山。"①33省道沿山脚而过,其主峰脚下至今仍有船底湾、船头岙等地名。

　　大俞山脚下有一条大俞溪,梅福《四明山记》称"其中通一溪曰篁溪",戴表元诗称"潺广溪"。亿万年来,天工造化,汇聚起两岸千百条小溪水流得大溪,生生冲开千山万壑,形成了东、西两条四明正脉。东四明正脉以杖锡山为标志,今属海曙区;西四明正脉以大俞山、梨洲山和大岚山为标志,今属余姚市。古籍所载的四明山各种神仙故事,大多发生于此;也是"浙东唐诗之路"中"四明诗路"的耀眼节点。大俞溪源自金钟山北东麓的唐田和梨洲山上的仰天湖,起自双溪口(梨洲水和北溪水交汇处,今为大横山水库所淹),自南而北,蜿蜒经十八井孔、淡竹滩、倒岩下、双井龙潭而至大俞村,又经庙前潭、黄沙潭、石条坑,到椹树潭折而东去,过它山堰,注入滔滔东海。戴表元《四明山中十绝·潺广溪》:"怪石惊湍吼不休,时时岩客饮寒牛。谁知此水明州去,浸作琉璃万顷秋。"所咏正是大俞溪一带的危岩秀水。王阳明《杖锡道中》二首,亦有"归雾忽连千嶂暝,夕阳偏放一溪晴"的诗句,这"一溪"便是今大俞溪。

①　(清)姚燮:《四明它山图经》,宁波市鄞州区地方志编纂委员会:《鄞州山水志选辑》(第1册),宁波出版社 2009 年版,第 133 页。

图 4-2　大俞溪（旧称簟溪、潺广溪）

关于大俞溪之水,姚燮《四明它山图经》"今水源委上"[1]有极为详尽的记述:

> 天台之脉,自南而东而迤逦而北者,四百里有奇,为四明之干山,是惟它山水源之祖。(四明山由天台北面起,向东北一百三十里,涌为二百八十峰,中之突起而诡者,三十六峰。东面山有七峰,相去各六十里,云雾纠连,状如惊浪。山之峰五朵,其中峰高出三十里,周广十里者,即干山,可环视八百里。其去平地已三百余里,东出句章,西连舜窟,南包天台,北包翠碉,丹山赤水洞天之第九也。一曰鬼藏山,其南一岩,高一丈,深七丈,中有穴,通泉流于梨州。王氏应麟所云东有山曰句余,实惟四明,与所云出入。三光,窗豁牖弦,方石四面,天划神剜者,无溢美焉。昔郭璞言五百年后当立郡,至开元置明州,其言适合。至灵踪瑰迹,述于木元虚、陆龟蒙之题咏者,为更详。干山如釜,故土人呼曰镬盖山,又曰覆船山,复有小华顶石、太乙池之胜。)
>
> 山之水,自西而东北入于李坑者,南支大溪之中也。(干山之入李家坑大溪,其溪阔而深,蜿蜒而曲,四明全郡之水,当以此为正源。)
>
> 李坑之流,其接于南者自平坑始。(平坑在干山东之南奉化嵊县界,其源亦自天台出。)
>
> 平坑之水有二,其自梨洲而北至于北溪者为正支,自唐田而北而

---

①　宁波市鄞州区地方志编纂委员会:《鄞州山水志选辑》(第 1 册),宁波出版社 2009 年版,第 133 页。

西以入于北溪者为间支,惟南溪之水界其中。(北溪沙堤平旷,乔木森竦,有大桥作两洞,跨以屋,凭阑遐眺,夕阳在流,溪上百余家,掩映于烟霞花竹间,真物外佳景也。即戴表元所云"一段水云碧玉壶"者。木华《丹山图咏》注云:内有芙蓉峰,与梨洲洞相近,晋时孙兴公与兄承公游此山,见道边梨,含之不饥。再来,已失其所,故名之。其咏云:"数峰状似莲花叶,势与梨洲洞相接。一派清泉下小溪,数百余家安活业"。《延祐志》云:梨洲洞水东出句章。又考石窗之水出于梨洲,有坡曰响石坪,梨洲洞天,真人魏道微所治。大约平坑之水,自南而北至梨洲二十里,又北二十里至于北溪,其一流在正流之东,自南而北十二里至唐田。又北七里至茶培,又西北七里至鸽溪口。南溪界梨洲唐田之中,其水北行八里入鸽溪口[①],与平坑东支之水会,又西北三里与梨洲北来之水同会于北溪。)

　　北溪之水又北而十里为大俞,又折而东北十四里为李(家)坑,即干山来会之口也。(大俞村,余姚县属,居民皆缘坡陀之高下,择平坦者,倚参天之樟,结茅为屋。丹土如弃砂,奇草茸茸,不可名状。上为石窗,天极梯百级,疑有凤栖,洞达晶明,为上真群玉之府,水绕其东南麓行,自大俞北流至柴狗洞,洞泉下泻而纡复者九里,自柴狗洞至李家坑,其直趋而不可阻过者又五里,始由险入平。)

大俞山最南端有一绝壁陡崖,高30余米、宽60余米,因绝壁本在半山腰中,深涧幽谷,更觉高耸险奇。自绝壁底部而上二三米,赫然横列四洞,洞口均朝向西南,须攀援方可登临。所谓四穴,实则二穴。东首一穴独立且小,深约2米余,宽约3米,可容数人席地而坐。缘崖10米余而过西首三穴,穴前崖壁突兀,似平台可歇息,洞口分列为三,东洞口宽大,高约2米,宽近10米,四五人并肩进出自如,中、西洞口低小,仅容一人折腰或匍匐而进。入洞内则石室相通,东广西狭、前部高里壁低,顶有石乳倒悬,壁则乱石珠缀,深约6米许,宽近15米,容十余人散立。如此,形成高、广、深参差骈列,仰望犹楼之有窗户,历称"四窗""四明之目"。

四窗岩洞,是由火成岩构成的丹霞地貌。据余寅《四明山游籍记》载:中洞洞口悬石若磬,曾有题刻"垂磬"二字;洞中顶部有一石如鼓,石面题刻

---

　　① 即双溪口,梨洲之水经岩下山、唐田之水经北溪在此相汇,水势陡涨,其下即为大俞溪,形成了四明山大峡谷。

"悬鼓"二字;卧在两洞间的巨石题"片云"二字。此景至今已然漫漶无存。
置身四窗岩,唯觉下临深谷,四围峰峦奇秀,白云氤氲,山碧如洗,好一派丹
山赤水洞天风光!

图 4-3　四窗岩

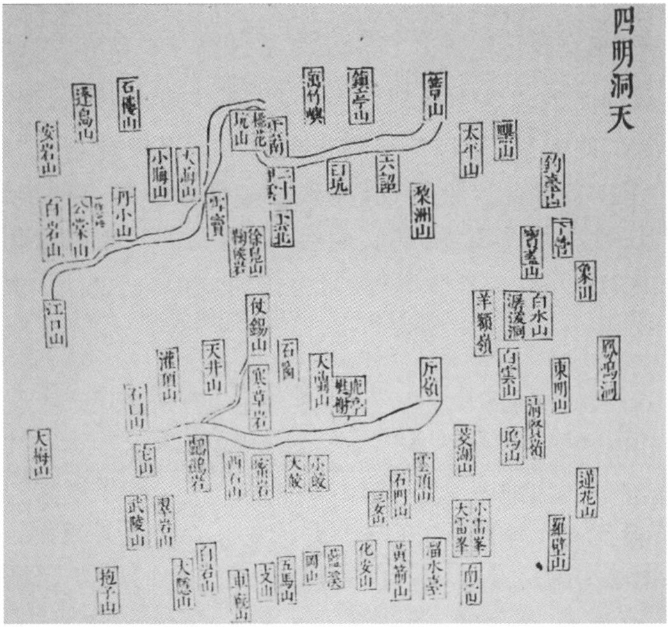

图 4-4　黄宗羲《四明山志》"四明洞天"

黄宗羲在《四明山志》卷一"名胜"中的《石窗》云：

> 石窗，土名大俞，从此而上，鸟道万丈，度索空行，山南有石室，高五尺，深倍之，广如深而六之，中界三石，分一室而为四。其谓之窗者，俯临无际，自下望之，犹楼之有窗也。谢遗尘云："有峰最高，四穴在峰上，每天地澄霁，望之如牖户，相传谓之石窗，即四明之目也。"危素云："中峰最高，上有四穴，若开户牖，以通日月之光。"皆是也。谢康乐《山居赋》注："四明方石，四面自然开窗，窗固有四，总在一面，以四窗为四面。"康乐亦据传闻，未尝亲见耳。明戴洵作《石窗辨》，一言其险远，名山灵岫，岂以险易分优劣乎！二言："余行天下，见此甚多，何足云奇？"然石室虽多，而无所附丽，穴壁以入，则石窗之奇也。三言："去仗锡半里，一峰绝高，四面群山环如城郭，中间更无遮隔可称。"四明，正以四望通彻如窗故也。夫大俞、仗锡皆当明山之中，东西南北各有七十峰，故二地山顶登之四望，而面面如城堞者，莫不皆然，何独仗锡一峰乎！就令如窗，又何取于石？原洵之意，以大俞分隶余姚，不欲使四明主山为他邑所有，移之入鄞，亦愚公之愿力也。昔刘晨、阮肇遇仙女于此，是时此山但名天台，故云"刘、阮入天台"。其后分之为四明，则以此事归之天台，而石窗之迹无有知之者矣。

与明人戴洵将四窗移至杖锡相仿的是，近人移花接木，集成宋徽宗瘦金体"丹山赤水"四大字，并将其镌刻在余姚市大岚镇柿林村"丹山赤水景区"的峭壁之上。但如此以讹传讹，显然是一件极不严肃的事情。笔者查阅各种古文献，欲找出其原委，还真的在《四明洞天丹山图咏集》曾坚所撰序中，找到了相关记述，危素所撰《四明山铭》也有类似说法。其中，曾坚是这样说的：

> 四明山在东海上，山有四穴，通光晷，天宇澄霁，望之一如户牖。土人名之曰石窗，故山以名。……木玄虚云：天下洞天三十有六，四明第九，其号曰丹山赤水是也。按，山接大兰山，形势蟠结，周回三百八十里，有二百八十峰，高二百一十丈。常有云气覆冒于中，凡二十里不绝。二十里间名曰过云，南曰云南，北曰云北。山陇行三十里，有峰曰三台山，曰屏风，曰石屋，曰云根。石屋、云根间有瀑布，如悬河，旁曰潈溪洞。三台之侧有龙漱，后汉下邳刘纲为上虞令，弃官，同妻樊氏云翘，居潈溪洞侧，从白君得仙术，其上有洗药溪。学成会交友，登大兰

山顶,攀巨杉升其上,举手别呼,夫人次之,俱仙去,遗履山下,化为卧虎。后人名其山曰升仙山,木曰升仙木,就其近立祠宇以奉其祀。有榭曰樊榭,梁隐者孔祐仍居之。尝视山谷中钱数百斛,樵者争取之,化为瓦砾。有鹿中矢来投祐,祐为牧养,愈而后去,故祠侧建鹿亭。陈永定(557—559)中,有敕建观,因其旧祠,故曰祠宇云。唐天宝三年(744),遣使祷祠,病其险远,敕道士崔御、处士李建移置潺湲洞外,一名白水宫。宋龙虎山三华院吴君真阳,号混朴子,从虚静张天师学,游历至此止焉。徽宗以凝神殿校籍召,不起。政和六年(1116),诏大其观,建玉皇殿,书其榜而门曰"丹山赤水洞天",封刘纲升玄明义真君,樊氏升真妙化元君,而混朴子授丹林郎。禁樵采,蠲租赋。高宗丞相张魏公知其徒孔容,因表混朴子为真人,许岁度道士一人,以甲乙传次。嘉熙初元(1237),理宗祷嗣于会稽之龙瑞官,竣事,分金龙玉简藏焉。今毛尊师永贞由三华嗣主之。山之木曰青桹树,其实味甘而不可倅破。山之兽曰鞠猴。唐咸通(860—874)中,谢遗尘隐此。陆龟蒙、皮日休时时往还,各赋诗九首,取以为题,宋陆游记之。余再以使事航海,出庆元洋,掠余姚,竟上者四,西望缥渺如轻云,插入天末。舟师指以相告曰:大兰山也。至京师,适薛君毅夫由毛尊师所来,示予二图,想见其山川奇秀,思欲得相羊上下,从一二潇洒士,坐鹿亭,酌潺湲,呼鞠猴,一洗其尘土之累,而吏役驱迫。昔者舟行,徒怅望咨嗟而已。近世士大夫汩于利达,上之不能效刘刚脱屣簪绂,次之不能如皮、陆忘形赋咏,宜乎!高世之士,揶揄哂唾而目其地曰洞天也。余故详其本末,使有志物外者,得以览观焉。

曾坚的《四明洞天丹山图咏集序》,危素的《四明山铭》,都说到了宋徽宗题额"丹山赤水"之事:陈永定中(557—559)有敕在樊榭建祠宇;唐天宝三年(744),嫌路途险远,敕移祠宇于潺湲洞外,名白水宫;政和六年(1116),诏大其观,建玉皇殿,书其榜而门曰"丹山赤水洞天"。其实,刘纲同妻樊云翘升仙处在今大岚镇的邱庄,那里至今留有升仙桥和升仙树遗迹[①]。对于古代传说故事的发生地,各有各的说法并不奇怪。将"丹山赤

---

① 根据民间传说,刘纲和樊云翘升仙处还有两处:一是在今四明山镇的梨洲,二是在奉化斑竹附近的升纲岩。刘樊升仙处的"梨洲说",黄宗羲在其《四明山志》中已做了考辨,"升纲岩说"见民国版《升纲岩俞氏宗谱》。

水"之名冠在刘樊升仙处本已张冠李戴,但近人为了发展旅游经济,非要说宋徽宗亲题瘦金体"丹山赤水"四字于柿林丹山赤水景区的绝壁之上,实在是谬之千里了!

其实,四窗岩的"丹山赤水"之名,与石窗边上的"杀羊岩"有关。成化《浙江省志》有曰:"杀羊岩,在石窗之右。"黄宗羲《四明山志》则解释说:"石壁数里,与溪流相映。相传仙人刲羊渍血,为此。然根于鸿致,是丹山赤水之证也。"[①]在今华山村大岩下自然村村口,有一条源于华盖山西侧一个叫丹孔的地方的小溪,顺流而下有数百米长的红色岩壁,在阳光照射与红岩的辉映下,溪水泛起了红光,似杀羊血溅岩壁而染红,山民俗称"杀羊岩",文人稚称"丹山赤水"。溪中的红色岩壁为红砂岩,属沉积岩。因长年劈山取石,今红岩与其"赤水"已几近消失。事实上,四窗岩之岩和杀羊岩之岩、华盖山之岩,属同一性质的丹霞地貌,"赤壁数里"其言不虚。

图 4-5　四明绝巅——华盖山顶裸露的赤砂岩

还有一点需要澄清的是,因四窗岩难寻,古代寻四窗岩者,大多需要借宿杖锡寺再到大俞四窗岩,给人一种误解,不少人就有意无意地将屏风岩的"四明山心"汉隶石刻当作四窗岩了。徐兆昺在其《四明谈助》中说:

> 石窗,去仗锡隔一大溪,其脉与大阑山相连,本不属仗锡。因石窗四无人居,游石窗者,必先寓仗锡寺。且屏风岩"四明山心"四大字在

---

① 　(清)周炳麟等:光绪《余姚县志》(一),上海图书馆藏本,第283页。

仗锡寺前,后人遂误以仗锡为四明山心,居中以运之矣。四明山以石窗名,顾不可得。奉化西南有蓬岛、安岩二山,宋《乾道图经》《宝庆志》皆云其源来自四明山。据此,则四明主山自应在奉、嵊之间。但未能远觅,姑就沈嘉则所称山之四石穴称之,后当考正。

《四明谈助》卷二收录的"王右仲《答汪时亿诗并序》"中说:

> 仗锡有"四明山心"磨崖四大字,故今误指之。盖四明山七十二峰,周遭四百里。仗锡亦四明支山也。至四明之得名,则以石窗玲珑,通日月星辰之光。故不见石窗,不为真四明。

黄宗羲"家四明山,在北面七十峰之下,所谓翠竭也",一生与四明山有着不解的情缘。明朝崇祯十五年(1642)十一月,黄宗羲与二弟黄宗炎、三弟黄宗会相约游四明洞天,这是黄宗羲第一次上四明山[1]。清顺治三年(1646)六月,黄宗羲自钱塘抗清失败,率领亲兵 500 多人退入四明山,在杖锡寺安下营寨,结寨自固,这是黄宗羲第二次进入四明山[2]。黄宗羲第一次上四明山,"癸丑,欲观四窗,以雪阻不果"[3]。因此,黄宗羲是在第二次上四明山、结寨杖锡寺时踏上四窗岩、一睹其真容的。目前,有研究者把《四明山志》当作黄宗羲第一次上四明山的成果,显然有所不妥。

四窗岩,地处大俞山南侧半山腰的绝壁之上。自今华山村大岩下自然村而下,深涧幽谷;从大俞溪淡竹滩沿四窗岩溪而上,峡谷危岩。条条寻幽之路,都充满了艰难险阻,不要说古人,就是现代人欲一睹四窗岩真容,一得有非凡的胆量和勇气,二还要有当地人做向导。况且,大俞山旧属余姚的最南端,大俞山南侧的梨洲山旧属奉化境,四窗岩溪也就成了越州和明州的分界线。这又平添了历代文人雅士洞天寻幽的难度。

在《四明洞天丹山图咏集》中,保留了许多游四明、咏石窗的诗作,现录 20 首于下。

刘长卿(约 726—约 786)一首:

游四窗

四明山绝奇,自古说登陆。

① (清)黄炳垕:《黄宗羲年谱》,中华书局 1993 年版,第 21 页。
② (清)黄炳垕:《黄宗羲年谱》,中华书局 1993 年版,第 25 页。
③ 见《缩斋诗文集》《四明山游录》,《藜照庐丛书》本。

苍崖倚天立，覆石如覆屋。

玲珑开户牖，落落明四目。

箕星分南野，有斗挂檐北。

日月居东西，朝昏互出没。

我来游其间，寄傲巾半幅。

白云本无心，悠然伴幽独。

对此脱尘鞅，顿忘荣与辱。

长笑天地宽，仙风吹佩玉。

唐震（生卒不详）一首：

游四明留题丹山

四明光照九霄寒，阆苑神仙日往还。

瀑布远从银汉落，洞门长锁白云闲。

深崖瑞木金文润，绝顶灵槎铁色斑。

无限遗踪人莫识，落花香泛水潺潺。

孙子秀（1212—1266）一首：

游丹山

四明洞天居第九，巨灵擘石开窗牖。

扪萝陟巘不惮劳，同行况遇忘年友。

老苔护石苍虎闲，飞瀑悬岩玉龙吼。

豁然人与境俱胜，醉歌拍缶忘升斗。

固知壶中别有天，未必醉翁真在酒。

徘徊步月澹忘归，世事浮云竟何有。

高伯元（生卒不详）一首：

题丹山

丹山赤水神仙宅，布襪青鞋作胜游。

百尺飞泉银汉雪，一声唳鹤洞天秋。

青榠子熟云坛静，琪树花开石室幽。

无限溪山留胜概，何时卜筑向林丘。

陈克履（生卒不详）二首：

其一

四明空阔石窗开，中有仙人白玉台。
一水远从天上落，三台高拱洞前来。
老槎瘦骨疑龙化，密竹清阴待凤回。
每向鄞江求胜迹，却于此地得蓬莱。

其二

铁衣骢马踏苍苔，忽扣仙门石洞开。
碧汉秋声悬白水，紫云春色下丹台。
刘仙久矣乘鸾去，韩令今仍跨鹤来。
樽酒相逢足清兴，新诗吟罢重徘徊。

王敬中（生卒不详）一首：

四窗山色秀可揽，云根石屋高崚峋。
林间遗乌曾化虎，洞裏鞠猴浑似人。
奔流直下几千尺，高蹈今逾四十春。
灵光夜夜照丹室，应有神仙来往频。

吉雅谟丁（生卒不详）一首：

东越名山世共闻，四窗仙境更超群。
青天半落银河水，白日长过翠岭云。
尘外凤歌来隐士，林间虎乌候元君。
知予不倦登山屐，长许相寻谢俗氛。

汪文璟（生卒不详）一首：

丹山自昔神仙宅，好是灵踪与世殊。
百尺悬泉飞蜿蜒，千年遗乌化於菟。
亭台尚忆吹箫侣，芝木长供辟谷徒。
欲驾柴车访真隐，不知容我俗尘无。

杨璲（生卒不详）一首：

仙子凌空驾玉龙，尚余灵迹在山中。

过云拾得青梿子,看瀑因寻白水宫。

未息干戈逢此日,忽闻钟鼓仰玄风。

也应脱屣非难事,曾识云间采药翁。

马乃贤(生卒不详)三首:

其一

城居久忆洞天名,春日登临杖屦轻。

山雨晴时崖瀑冷,岩花落尽石窗明。

黄冠白发情偏古,野水闲云意自清。

便欲去寻刘县令,愿携妻子学长生。

其二

一迳遥遥通白水宫,众山屹立青芙蓉。

飞流倒垂千尺练,高处更登三四峰。

或闻溪獭趁鱼走,只有仙人跨鹤从。

看我山中游十日,云南云北访灵踪。

其三

白水真人去不回,紫青宫殿倚云开。

崖悬一瀑银为带,山列三峰翠作堆。

采药仙童随鹤过,御花驯鹿倚人来。

方知异境非尘世,且共清吟坐石苔。

杨边梅(生卒不详)一首:

题丹山

四明山,二百八十青屏颜,

天空四牖,金乌玉兔两出没。

是为三十六洞天之九天,别有丹山赤水非人间。

我梦仙人贺狂客,去访云翘子,孤峰绝顶登大兰。

下见洪涛滚日车轮大,虹光蜃影、杂香翻弥漫。

上有桃花美人者,液凤髓,脯龙肝,令我食之生羽翰。

路逢毛先生,一笑今与古。

赤玉之乌,堕地化为石。

我亦闻之，刀厌虎潮飞大士，洞天水门风折祖。

飞桥石住，赤玉之乌何足追。

下穷地脉，上天维铁船径渡。

弱羽水火剑，欲斫扶桑枝。

毛先生毛仙后，千春曾醉庐山酒，

酒醒骑虎，却入终山，

笑呼彩鸾下招手，石田玉子大如斗。

于思缉（生卒不详）一首：

致问讯

昔年相送领殊庭，别语难忘梦亦清。

记得四窗同久住，借骑一虎问长生。

丹林已重前朝士，白水犹传上古名。

若蹑三台峰顶望，老人星近见君情。

韩彦信（生卒不详）一首：

题丹山

春风两度到蓬瀛，万斛羁愁一洗清。

雨榻卧听崖瀑响，晴窗坐看白云生。

映阶瑶草经年长，出火丹砂九转成。

安得诛茅傍樊榭，问君乞取石田耕。

起昂吉（生卒不详）一首：

昔人仙去大兰山，台殿空遗石壁间。

崖瀑四时飞白雪，溪云长日护玄关。

青榥露冷从猿采，仙木风生看虎还。

昨夜洞前新雨过，主人留客听潺湲。

韩稷（生卒不详）一首：

欲寻赤水丹山洞，好是瑶簪玉笋乡。

峰作翠屏分户映,水为罗带绕溪长。

乘云御气当炎汉,赏月吟风美晚唐。

人在石坛行禹步,空歌时送佩琳琅。

僧冷昱(生卒不详)一首:

白水丹山何处看,清晖亭上一凭阑。

半空积翠三台近,万丈飞流五月寒。

仙侣吹箫来洞口,山人采药出云端。

我身亦是邻峰鹤,来往相从总不还。

赵宜生(生卒不详)一首:

雄峰三十六,极造观明天。

上有神仙窟,丹霞覆其颠。

白鹿啮瑶草,玄猿饮灵泉。

山深日常静,花落春自迁。

高人不羁世,昕夕中盘旋。

石田艺嘉谷,可以颐长年。

除《四明洞天丹山图咏集》外,黄宗羲的《四明山志》和徐兆昺的《四明谈助》等,均录有唱诵四窗岩的诗词,兹录 30 首于下。

僧超然(生卒不详,宋徽宗时代人)一首:

四 窗

石窦为窗一线开,赚人游屐陟层台。

摩挲壁上千年字,莫是山灵待我来。

史浩(1106—1194)三首:

次韵务观游四明洞天

风烟偶尔属吾邦,个个松筠耸碧幢。

奎画百函龙作卫,云岑四面石为窗。

水边自喜陪振鹭,篱外从渠有吠庞。

多谢故人迁五马,清谈剔尽几银缸。

喜迁莺·四明洞天

凭高寓目。爱屹起四窗，云南云北。
缥缈烟霞，萧森松竹，多少洞天岩谷。
著向十洲三岛，入海何妨登陆。
要知处，在皇家新赐，西湖一曲。
林麓。真胜概，樊榭鹿亭，百卉生幽馥。
绿绮和融，青蛇灿烂，隔断世间尘俗。
笑呼羡门俦侣，时引宝觞醽醁。
醉和醒，但南山之寿，难忘勤祝。

次韵潘德鄘咏昙老四窗

石窗兀太虚，四顾蔽云幄。
朝看爽气浮，暮送红日落。
主人宅是间，结茅侣猿鹤。
平生丘壑姿，肯内谢康乐。
客有子潘子，登临富佳作。
笔发天地秘，灵光动廖廓。
长谣万峰顶，世事俱脱略。
回头睨俗士，机巧费穿凿。

吴潜(1195—1262)一首：

秋夜雨·晚来小雨鸣檐角

晚来小雨鸣檐角。又还烟障云幕。
四明窗透荡，渐夜永、练衫轻薄。
候虫但要吟教老，不管人、老欠欢乐。
闲看烛花烬落。浮世事、转头成昨。

释文珦(1210—?)一首:

为鄞僧题四窗

郡名原自山名得,石似疏棂四面同。
每恨世人游不到,羡君身在此山中。

陈允平(1215—1220)一首:

四明洞天

四壁玲珑耸石楼,四窗云气拥仙游。
半空星斗浮天井,一洞烟霞透沃洲。
蜥蜴现时曾吪雨,猕猴啼处客悲秋。
他年定作山中隐,肯向红尘白尽头。

唐震(? —1275)一首:

游四明留题丹山

四明光照九霄寒,阆苑神仙日往不。
瀑布远从银汉落,洞门长锁白云闲。
深崖瑞木金文润,绝顶灵槎铁色斑。
无限遗踪人莫识,落花香泛水潺潺。

李石(生卒不详)一首:

携子孙到四明洞节叙有感

四明本山名,与洞屹相向。
取山以名洞,足以迎景贶。
我非济时才,香火三遣放。
再为玉局吏,圣恩覃旷荡。
有如鉴湖乞,均逸江海上。
圆也如乃翁,历历耗心匠。

三径同蒋诩，五柳比元亮。
一日培壅力，百年基址壮。
桃李遵旧蹊，松竹缘叠嶂。
林花拂朝晴，山鸟激清响。
园人收果实，夏秋各有饷。
谁云橐驼种，已有狙狖藏。
翁前携客来，未免策挂杖。
崎岖到洞门，衰病筋力强。
洞中亦虚白，喜气含万象。
俎豆具仓猝，一杯复一唱。
山果与山花，足以备清赏。
杯盘旨味薄，笔墨醉语妄。
醉中忽抬眼，云巢仍在望。
投杯揽衣起，涕泪立惆怅。
云巢我师友，白玉已黄壤。
相距洞与山，风雨灯烛晃。
有如对床夜，了不隔寻丈。
他日吾子孙，丹青二老像。
草堂洞山间，二老忽来往。

赵汝绩（宋时人，生卒不详）一首：

游石窗

玉妃笺天收雪权，东皇领春行人寰。
恍如身在五云表，游到海上神仙山。
翠凤婀娜竹夹道，苍龙偃蹇松当关。
寿藤络崖半青白，文藓绣径全斓斑。
亭台隐映树石罅，楼观突兀烟霄间。
遥峰前后献奇峭，流水左右供潺湲。
珍禽倏来不可致，瑶草已种何容删。
目光贪玩忽炫焜，足力亦倦难跻攀。
日斜路转归意迫，忽见洞府临银湾。

洞中仙官笑呼客,光风霁月冰雪颜。
云是四明石窗主,新自五老峰头还。
猿留鹤恋不觉久,碧落有诏行催班。
却愁曳履践台斗,三十六峰花木闲。

孙子秀(1212—1266)一首:

游丹山

四明洞天居第九,巨灵擘石开窗牖。
扪萝陟巘不惮劳,同行况遇忘年友。
老苔护石苍虎闲,飞瀑悬岩玉龙吼。
豁基人与境俱胜,醉歌拍缶忘升斗。
固知壶中别有天,未必醉翁真在酒。
徘徊步月澹忘归,世事浮云竟何有。

孙矗(生卒不详)一首:

游丹山

与客穷幽胜,同登白水山。
银涛翻月落,苍壁倚天寒。
采药穿云坞,围棋坐石坛。
因忘归路晚,纫佩得秋兰。

张瓒(1427—1481)一首:

七十峰峦起碧空,巍然石顶四窗通。
光分日月玲珑处,气吐烟云远近中。
西控稽山低莽苍,东临蓬海接鸿濛。
自从刘阮游仙后,溪上桃花几度红。

范钦(1506—1585)一首:

明山绝顶

天迥峰孤掔,洞明窗四悬。

昆仑悬地轴,牛女挟星躔。

侧足盘云上,长歌候月旋。

欲乘婚嫁毕,结宇是何年?

沈明臣(1518—1596)一首:

四明洞天

四明洞府故来雄,信是群仙旧日宫。

天下名山推第九,人间福地拟三公。

勾陈俨列星河上,阁道高悬日月中。

倘遇云翘回宝盖,定因御者拜长风。

汪礼约(生卒不详)六首:

大阆山眺望怀刘伯常
(刘名纲晋上虞令于此修真后仙去)

冥鸿有奇羽,清庙无遗音。

事往迹易冈,感来念已深。

伊人秉高尚,脱屣谢朝簪。

岩扉入幽亢,丹壑穷崎嵚。

雾敛溟海白,岚藏山涧阴。

徘徊一溪阻,莽互千里岑。

白日任推薄,岁事空萧森。

古木啸猿猱,野火生秋磷。

四顾独寥廓,不辨陌与畛。

延赏兴已极,凄其难处心。

顾已惭独往,怅矣千载人。

登石窗远眺

探石访仙都,凌旦趋石壁。

崩崖互重阻,高标起灵宅。

蔼蔼云雾扃,奕奕琼瑶圻。

乘山罕禹功,逸驷无满跖。

宝笈秘神工,苍茫落南极。

邈矣带地川,高哉负天石。

月竟三岛宽,日晃五湖逼。

酣霞带涧红,出云绕空白。

依依寡人徒,恍恍栗心魄。

栖岩企昔贤,入谷想今客。

异物状珍怪,灵踪隐仙籍。

问道无贞心,百年鲜良觌。

何当解世羁,蹑屩从所适。

从苦竹岭山行绝顶望四明山

其一

紫翠莽纵横,行人不记名。

天遥平见日,雪尽乍闻莺。

绝壁凭云度,长风吹雨晴。

千秋岚气白,直拟海波生。

其二

天迥路屏颜,危峦绝可攀。

阴风回大壑,紫气满千山。

月彩标孤白,春声起暮关。

幽奇探不尽,烟树水潺湲。

其三

明山高郁律,一上一崔嵬。

云卷千峰雪,风传万壑雷。

扶桑天外见,初日夜中回。

目断尘凡路,飘飘鸾鹤来。

其四

石栈渺烟霞,春临万谷花。

人将身倒影,山亦汉通槎。

翠湿惊岚落,风深畏日斜。

扶摇今始信,莽莽竟天涯。

戴澳（1578—1644）二首：

重游仗锡寺

晓上层巅望，周遭但见云。
渐看通海色，微得辨峰纹。
风劲立偏久，天低语定闻。
回寻石窗路，窈窕籍萝分。

登过云绝顶得顶字

云容高更肥，峰色近初醒。
日脚在徐兔，渐破四山暝。
地迢真气动，天近云光炯。
众壑尽呈睫，群岫皆见顶。
石窗定何处？晴岚没丹鼎。
深岩闲人家，绝嶂叠绿町。
水石相幽赏，竹树互援拯。
人世畔援情，云中君不肯。

唐之浮（生卒不详）一首：

会稽东南秀，四明名更佳。
蜿蜒三百里，惨淡青莲花。
伊昔天地初，山川始萌芽。
六丁运神斧，斫削如人家。
西牖遗古制，玲珑吐云霞。
侧闻刘樊徒，于此炼丹砂。
耕烟种青楖，结实大于瓜。
挥手谢众士，身登凤皇车。
至今石窗底，青天守龙蛇。
玉女四五人，绿发垂鬖髿。
时来听潺湲，意态静不哗。
我夜闯其傍，月黑星如麻。

顾惭无灵气,怅望空咨嗟。

黄宗羲(1610—1695)一首:

石　窗

高阁云中见,四窗一面连。
梯空寻地穴,炼石举危天。
宝镜开霜晓,朱帘卷暮烟。
自从刘阮后,康乐亦遥传。

高士奇(1645—1704)一首:

石　窗

石岂仙人凿,窗疑玉女开。
疏棂云直入,高牖月斜来。
蜂蜜霜崖藿,蛇痕映碧苔。
欲寻刘阮迹,疑是有楼台。

靳治荆(生卒不详)一首:

次梨洲先生韵

异境层巅辟,虚窗四室连。
高悬应碍日,上出欲通天。
融透深冬雪,栖牢万古烟。
不缘公好事,实录许谁传。

徐凤垣(1614—1684)一首:

丹山赤水歌为荔堂

丹山高,赤水深,二百八十青芙蓉。
绛霞神阙中天起,石鼓硠訇苍龙吟,
灵湫乳穴世稀遘,玄豹何年穿土窦。

渺茫天气几回环，岁月空蒙孰判剖？
忆昔偕子入名山，杖履春风今不还。
岂是桃源迷汉姓，应知洛下锢遗顽。
屈指投闲三十载，沧海成田颜色改。
蒋生蓬径绝人间，陶公栗里迥尘外。
八月秋高河汉横，红潮飞出火轮明。
羡君六十如四十，黄鹤衔书降紫庭。
落落交游十数公，词源倒揭天池风。
韩豪孟酸不相下，四方上下成云龙。
君不见，剡源之泉流不绝，下垂玉柱三千尺。
巨鳌背负九天云，往来时遇餐霞客。
何年跳破大雷峰，丹灶层崖煮仙粒。
秋来紫蟹螯正肥，老桂古香飘兔窟。

林时跃（1609—?）一首：

答徐霜皋丹山赤水歌

丹山高，赤水深，芝英粲粲垂玉岑。
青霞丈人执尘尾，秋水一卷朗然吟。
黄农没矣生难觏，骑龙种药过雪窦。
苍溟坠珠沦长流，荆山断璞谁复剖？
把子短袂入明山，掬流洗耳游不还。
王风不弹二十载，海尘新生石山改。
桐风惊心壮颜颓，老桂吹香落云外。
匣中剑花秋霜横，起看斗柄中宵明。
东方千枝烂蜜炬，搴蕉滴露写黄庭。
君不见，丹山之颠鸟飞绝，六月凄飙雪三尺。
又不见，赤水之波兴作云，冉冉下乘紫宵君。
弄笙驭鹤踏霜月，一邱瑶草胜丹粒。
不记生来甲与庚，满庭寒香堕蟾窟。

李暾(1662—1722)一首：

石　窗

孤峰千仞立，一面四窗开。

天际云霞灿，都归石室来。

古往今来，云游四明者，除行吟石窗外，还留下诸多游记文字。从目前收集到的文献资料看，明清以来行游四明山并留下游记的，主要有明代的沈明臣、余寅，清代的黄宗炎和民国时期的陆友驯。

沈明臣畅游四窗岩

最早记游四明山的是鄞县栎社人沈明臣。宁波大学张如安教授称其《四明山游记》为"第一篇真正的四明山游记"[①]。沈明臣，明代诗人，字嘉则，号句章山人，晚号栎社长。沈明臣一生作诗7000余首，与王叔承、王稚登同称为万历年间三大"布衣诗人"，著有《丰对楼诗选》43卷、《越草》1卷。另著有《荆溪唱和诗》《吴越游稿》《通州志》等。万历二年(1574)二月，沈明臣约同门生汪礼约(长文)，从大雷入山，逾错愕岭，登柿岭，进杖锡，过大俞，登石窗，又折回杖锡寺，南入奉化，观徐凫、雪窦，下溪口，过北渡而还家，畅游四明山，历时10多天，行程270余里。这次游历，沈明臣创作了《四明山长句》等多首诗歌，又撰写了一篇长达近5000字的《四明山游记》，堪称其散文的代表作，也是我国历代纪游文学作品中的名篇佳作。黄宗羲《四明山志》卷八"文括"收录了《四明山游记》，现摘录其游四窗岩的部分如下：

> 明日，戒舆人行，僧荣从，仍由三峡西出。南折过一山，若井陉然。至大俞溪，溪东、西皆居人，西俞姓，东即寺庄。溪阔数寻，步石作渡，水纹縠，坐良久。时山桃作花，瓣流鏄中锦错。僧呼土人俞姓者一人先道，西上岭即四明山也。舆行殆里者十盘，而陟者数处，渐行渐高，见两崖皆有高涧落翠微中，或见或隐，树杪湿而四山益高峻。西大山端委而长，山椒石矗矗起，童色苍赤，是谓白岩头。土人语讹不可辨，详辨始解云。盖四明山之前山，相隔一巨溪，溪南绕而复北折，为大俞

① 张如安：《论沈明臣〈四明山游记〉的艺术特色》，《宁波大学学报(人文科学版)》2009年第6期。

溪，去里二十踔远矣。然望之，山不复也。至是不可舆，土人前道者，砟荆榛取径。南入二三里许，山俯而复昂，崖穷壁立，盖几千仞，下睨潭水黑，临厕不敢窥，窥辄眩。厂稍西南向者，亦骨立，水滴滴垂，腰穴而岫者四，即石窗也，号称四明者。无径路，随道者纵横下上，援竹树，匍匐至厂下石确，稍陂陀，凸受手绾，凹内趾跖，横上十步，达岫口。是时，日正亭午，光不中入。中岫稍深丈，阔如之，中卧一石，隔为两岫。乃俯首入，躬曲不伸，出厂口伸。右岫仅容卧一二人者，左岫容三四人卧。石五色错，仰视若网状。乱石珠缀，大者鼓如，中者斗如，小者丸如，细者粒如。中岫石一鼓如而平者，题曰"悬鼓"，厂口石一磬如而折者，题曰"垂磬"，中卧者题曰"片云"，厂口平立如壁者而不下，尽题名及岁月。右岫半壁陷者，尺题曰"藏书处"。余拟著一家言，写副本托是以藏之，第恐山灵不我呵护矣。字皆汪生手书，分篆、楷、行、草具，惟"悬鼓"仰书，滴石乳作墨沉云。下视溪壑，虽斗绝泾鬻，然石蓤蓤□草树，以故不甚怖愕。第力罢，少啜果饵，气稍充。《志》所称青棍子、鞠侯，俱寻不获。鞠侯，猴也，见人或深匿。问土人，虽老死亦无识青棍子者。鹿亭、樊榭亦不可寻。又云樊榭即白水官，盖在西四明云。《志》称二百八十峰，四面各生一木，东生梓，西生松，南生柏，北生桱，今亦无所辨。莽莽榛榛，苍翠杂植，无不有也，无虑二百八十峰也。为峦、为嶂、为嶵、为岩、为岫、为洞、为崦、为峻、为岑、为峤、为岭、为冈、为壑、为谷、为溪、为涧、为瀑、为潭、为渊、为埼、为崖、为坻、为陵、为阜、为洼、为皋、为垒、为台、为坛、为墉、为圬、为埠、为堙、为垄、为狭、为阮、为隩、为碛者，亦无不有之。望之斗绝，悬者嵱嵷，高者嶙峋，而节级者岭嵘，深邃者駿駿，而耸者巉巉，而雍者厴厴，崒者，下侈上锐者，上盖下哆者，首昂足敛者，身缩手足舒者，腰细而股大者，稜嶒而峭削者，端委而尊严者，奔腾而去不留者，怒发中止者，戴土而崔嵬者，戴石而岨者，土石半者，多草木而岵者，无草木而童者，苍壁者，赤而复者，黄白而上下截者，紫翠左右坼者，峄而属蜀而独者，上正章者，宛中隆者，卑大扈小众归者，炭者，垣者，堂者，室者，盛而防者，堕而困者，重巘而陈者，屈而岸分者，水之樛流者，澄而纡谲者，谷谽灢瀄者，喷洒泄者，潎濑沸者，汩潓而漂疾者，渟潴渊墨者，澎湃訇磕者，盘纡岪郁，灏溔渗漓，又无不有之。会迫日暮，仍返寺。

余寅漫游四窗岩

黄宗羲在《四明山志》卷八"文括"中同时收录了沈嘉则友人余寅(1519—1595)所作的《四明山游籍序》：

> 四明山不难游，难在从大雷入。沈嘉则之与其徒长文者之游四明山也，从大雷入矣。往王新建游四明，从余姚入。从奉化入稍夷，从上虞入则又夷，从余姚与上虞等，而大雷最不夷。莫从大雷，莫睹所谓大兰、错愕诸胜。天以险故胜，人以险故得尽胜，其斯然邪！嘉则为余言，未至四明五十里，从版障望大兰，四明大观了了矣。顾莫得所谓四窗者，即王新建亦莫克睹也。而嘉则与其徒，披莽抉路，取于必得，快意当前，篇题颇恣，诡陵汛迈，礴魂厥辞，然止矣观四窗耳。四窗而上，峰颇不相直，而斗绝，岂其绝巅哉。嘉则迫日暮不得上，他日者扶筇独往，其观益奇，当为嘉则补记。

余寅除了作《四明山游籍序》外，还另作一篇跋文，收录在徐兆昺的《四明谈助》卷二中：

> 沈嘉则《四明山游记》云：辛卯[①]，问津石窗，历百步阶岭，复逾小岭，鄞邑地尽。过大溪入姚江界，傍溪皆民居，是为大俞。问路一老叟，欣然有追陪意。当剧笋忙，因不之强。就其所指，从竹山径路而上。将十里，徐眺大阆诸山外，一片白光，茫茫无际，不知是云是海。老松满山，或高或低，或大或小，或俯或仰，或如虬龙，或如偃盖，皆苍古森秀，怪怪奇奇，恐非毕宏、韦偃辈不能措笔也。观之竟欲忘返。逾岭一二里，见山下土田、茅屋，已知路不由此。然山顶着山，分枝蜿蜒，势若游龙。远睇仗锡，群峦攒聚，状如芙蓉，寺居其中，故云"四明山心"也。经岭侧小径东行，隐隐闻隔山人语声。迹之，得笋厂。往问之，云：此系大岩下。所言多奇松处，即石窗之后顶也。路实非遥，但茅塞不易寻，奈何。于是下岭，出所赍干糇，分为食，酌饮于溪。日始亭午，各奋起，不由径路，不顾荆莽，连度数高峰，迄无所见。倦甚。忽得路，怅然返矣。

---

① 即万历二年(1574)二月十七日。宁波出版社 2003 年第 2 版《四明谈助》误将"辛卯"日注为"辛卯"年(1591)。

壬辰①，复至大俞，挽一叟导行。扪萝攀竹，随路而转，反，从一峻径下半里，四窗忽立其前，共相惊喜曰："昨非舍近而求远乎?"视岩高可十余丈，横约三十丈，厂高五尺。入内，腰不得伸。本一厂而石隔为三。右一穴有重窗，故谓之"四窗"。以"窗"名者，因悬空半出故耳。石皆紫赤色。句章所题"悬鼓""垂磬""片云""藏书处"等字，长文以墨笔书之，年久湮没，无复存者。中穴石上有小石牌，高不过二尺。中书"四明洞中得道，威灵显应，天仙诸圣"，左书"无为居士李觉广"，右书"行伴姚觉明同立"。此必卖符咒江湖老所为也。绿林啸聚时，人皆挈家入内避兵，今或养蜂其中。丹山赤水洞天，将为村民之别墅乎? 岩径临厕，深宵无阶，窥之眩目，幸丛柯掩映，使人不怖。久坐方起，途中采活鹿草以归。（跋中云：至大俞下峻径半里。据吾友郭岑逸云，实有二三里。）

王阳明优游四明山

余寅在《四明山游籍序》中提到的王新建，即明代思想家、军事家，心学集大成者王阳明。相传王阳明的高祖王与准，为躲开县令的羁绊，曾隐遁四明山，与今大岚镇的隐地自然村王氏家族有一定的渊源。至今隐地王氏家谱中，还保留着当年王阳明所撰《伯三公像赞》。在沈嘉则游四明山之前，王阳明曾于正德七年(1512)趁升任南京太仆少卿之便，返回余姚故里，游览四明山，留下了不少恋乡诗，其中有两首《杖锡道中》诗。不过，根据余寅和黄宗羲的说法，王阳明显然没能找到四窗岩，一睹石窗之风采。现录其《杖锡道中》诗二首：

杖锡道中用张宪使韵

山鸟欢呼欲问名，山花含笑似相迎。
风回碧树秋声早，雨过丹岩夕照明。
雪岭插天开玉帐，云溪环碧抱金城。
悬灯夜宿茅堂静，洞鹤林僧相对清。

① 即万历二年(1574)二月十八日。宁波出版社2003年第2版《四明谈助》误将"壬辰"日注为"壬辰"年(1592)。

杖锡道中又用曰仁韵

每逢佳处问山名，风景依稀过眼生。
归雾忽连千嶂暝，夕阳偏放一溪晴。
晚投岩寺依云宿，静爱枫林送雨声。
夜久披衣还起坐，不禁风月照人清。

"归雾忽连千嶂暝，夕阳偏放一溪晴"中的"一溪"，指的就是今杖锡山和大俞山之间的四明山大峡谷——大俞溪，古时曾称"潃广溪"或"簟溪"。可见，王阳明寻幽四明洞天曾到过大俞村，但遗憾的是终究未能登上四窗岩。

黄氏兄弟记游四明山

明朝崇祯十五年（1642）十一月，黄宗羲、黄宗炎、黄宗会游四明洞天后，黄宗炎作《四明山赋并注》，黄宗会作《四明山游录》，均收录于《竹桥黄氏宗谱》中。这是两篇描述四明山水、风土人情的千古美文。因适逢大雪封山，黄氏兄弟放弃了游四窗岩的打算，在黄宗会的《四明山游录》中，只留下了"癸丑，欲观四窗，以雪阻不果"的遗憾。但是，在黄宗炎的《四明山赋并注》里，对四窗岩则作了诗化描述：

> 芙蓉五峰，连云振浦。青莲削立，绰约容舆。东有障龙，仄覆玉宇。逼肋压颔而旒垂，倾瓶倒匏而鳞序。近带杀羊，岩石鸠聚。乱笋拔云，倜傥伛偻。麏麚市人，油油布黍。树列计里，余莫可得指数。绛血泐其崖，烁傲风雨。南有石穴，蓓蕾钟乳。北有韩采，泉纹岩阻。颠坎窅井，万云归贮。庚千古而相攻，昵数峰而私语。西有石窗，险绝距羽。蔽翳幽深以割截，塞向面明以阒诡。错三楗而间四牖，实四明肇字之所祖。凝穹质而若含，荡玄神而潜挂。淹刘阮之祥云，作仙人之奥府（芙蓉峰为四明山心。凡五出：其东者，有障龙岩；稍偏为杀羊岩，神仙杀羊注血石壁，其下石笋参差；南峰有石穴，恒产钟乳；北峰曰韩采岩，顶有窅井，云气于此吸吐；其西者，正所谓石窗也。《丹山图咏》有刘阮迷仙之语，盖天台、四明区界相连故也）。

陆友驯考察四窗岩

在黄宗羲携弟黄宗炎、黄宗会第一次上四明山近 300 年后，1933 年

4月,鄞县人陆友驯担任《鄞县通志·舆地志》的编纂兼地图调查,他率领技术人员在勘察四明山后,撰写了一篇有别于沈氏的《四明山游记》。陆友驯受过地理测量的专业训练,与他同上四明山的,有调查地质矿产的技师,还有专门调查动物、植物和金石的技师各一人,是鄞县(今宁波市)第一支进入四明山即时测量山峰海拔、分辨动植物和矿产资源的专业团队。现根据民国《鄞县通志·舆地志》所载,将陆友驯《四明山游记》游四窗岩部分,兹录于下。

> 入姚境,西登大俞山,山谷高深,径细若羊肠。行约二公里,抵眠床岗,高约四百余公尺,南属奉,而北属姚,西南有削壁,高可十丈许,阔约二十余丈。削壁间横列四洞,即所谓“四明石窗”者是也(俗称“四窗岩”)。其洞自左而右大小、高低各殊,其状:第一洞距地较低,口大约五尺;第二洞较高,距地约八尺,洞口亦较广,高约八尺,宽约二丈,深约一丈有奇,可坐二十余人,其内两洞相通,人可斜行而入;第三洞较第二洞尤高,宽约六尺,深约八尺;第四洞离地二丈余,为最高,其宽一如第三洞,可望而不可登。各洞东西骈列,相离约丈许,均为火山流纹岩所构成,岩面显露未熔沙砾,昔人号称“第九洞天,四面如窗,中通日月星宿之光”,其说夸矣!崖下有深涧,水声淙淙,南出绕羊狗坑,会于大皎溪之源。北望曰华盖山,高出地面千有一十七公尺,危崖壁立,深林密茂。是日,适大雨滂沱,未往也。

徐霞客的足迹

在洞天寻幽的浩大队伍中,被今人称为“中国游圣”的徐霞客自然不会缺席。万历四十一年(1613),28岁的徐霞客到宁波寻访族兄徐仲昭,顺道从曹娥江上四明山,在四窗岩和杖锡寺一带探幽寻胜,结果还把鞋子都弄掉了。虽然弄丢了鞋子,狼狈不堪,但徐霞客还是从四窗岩一带摘来了一些兰花,到了宁波后还一直夸赞四窗岩一带风景之美。虽然《徐霞客游记》中没有《四明山游记》,但在《霞客徐先生墓志铭》中,陈函辉引用徐霞客族兄徐仲昭的话说:

> 犹忆余在西陵,霞客从曹娥江独走四明五日,赤足提朱兰来,夸我以山心、石窗之胜。吾弟之信心独往,无所顾忌,而复不轻为然诺,皆

此类也。①

　　查阅徐霞客年谱,亦有相同记载。20 世纪 30 年代,我国地理学先驱丁文江博士在《明徐霞客先生宏祖年谱》②中说:"是年(明万历四十一年)先生入浙,从曹娥江独走宁波,访族兄仲昭,遂渡海游洛迦山。返趋天台、雁岩。"清代研究者也有类似记述:"万历四十一年,自曹娥江独入四明山采兰,越宁波府城渡海游南海落(洛)迦。南入天台、雁荡。"③

①　陈函辉:《霞客徐先生墓志铭》,徐弘祖:《徐霞客游记》,上海古籍出版社 1989 年版。
②　丁文江:《明徐霞客先生宏祖年谱》,台湾商务印书馆 1978 年版。
③　转引自裘国松:《徐霞客的两次浙东南游》,《联谊报》2019 年 4 月 20 日。

五、刘阮遇仙

黄宗羲《四明山志》录有唐朝诗人曹唐的"刘晨阮肇游天台"诗并序曰：

> 四明、天台初为一山，故同谓之天台，刘、阮遇仙之迹在今石窗。
> 其后分为四明，人但知刘、阮入天台，不知实在四明也。
> 　　　　树入天台石路新，细云和雨动无尘。
> 　　　　烟霞不是生前事，水木空疑梦后身。
> 　　　　往往鸡鸣岩下月，时时犬吠洞中春。
> 　　　　不知何地归衣处，须就桃源问主人。

古籍记载中的刘阮故事

刘阮遇仙故事，流传极广，最早见诸东晋初史学家干宝（约 282—351）的《搜神记》，为六朝小说名篇。其后，《搜神后记》《幽明录》《齐谐记》《太平广记》《神仙记》等均详载其事，鲁迅在《古小说钩沉》中也辑录了此故事。历代名士曹唐、元稹、王十朋、阮鹗、齐召南、袁枚等皆为此留下华章。元曲大家马致远作杂剧《刘阮上天台》，可惜今已难觅其文本。

据中华书局 1979 年版的干宝撰《搜神记》"佚文"二十七载：

> 刘晨、阮肇入天台取榖皮，迷不得返。经十三日，饥。遥望山上有桃树，子实熟，遂跻险援葛至其下，啖数枚，饥止体充。欲下山，以杯取水，见芜菁叶流下，甚鲜新，复有一杯流下，有胡麻焉。乃相谓曰："此近人家矣。"遂渡山，出一大溪。溪边有二女子，色甚美。见二人持杯，

便笑曰："刘、阮二郎捉向杯来。"刘、阮惊。二女遂欣然如旧相识曰："来何晚耶？"因邀还家。南东二壁各有绛罗帐，帐角悬铃，上有金银交错。各有数侍婢使令。其馔有胡麻饭、山羊脯、牛肉，甚美。食毕，行酒。俄有群女持桃子，笑曰："贺汝婿来。"酒酣作乐。夜后各就一帐宿，婉态殊绝。至十日，求还，苦留半年。气候草木是春时，百鸟啼鸣，更怀乡，归思甚苦。女遂相送，指示还路。乡邑零落，已十世矣。

南朝宋刘义庆（403—444）撰《幽明录》载：

汉明帝永平五年（62），剡县刘晨、阮肇共入天台山取榖皮，迷不得返，经十三日，粮食乏尽，饥馁殆死。遥望山上有一桃树，大有子实，而绝岩邃涧，永无登路。攀援藤葛，乃得至上。各啖数枚，而饥止体充。复下山，持杯取水，欲盥漱，见芜菁叶从山腹流出，甚鲜新，复一杯流出，有胡麻饭糁，相谓曰："此知去人径不远。"便共没水，逆流二三里，得度山，出一大溪，溪边有二女子，姿质妙绝，见二人持杯出，便笑曰："刘、阮二郎，捉向所失流杯来。"晨、肇既不识之，缘二女便呼其姓，如似有旧，乃相见忻喜。问："来何晚邪？"因邀还家。其家筒瓦屋，南壁及东壁下各有一大床，皆施绛罗帐，帐角悬铃，金银交错。床头各有十侍婢，敕云："刘、阮二郎，经涉山岨，向虽得琼实，犹尚虚弊，可速作食。"食胡麻饭、山羊脯、牛肉，甚甘美。食毕行酒，有一群女来，各持五三桃子，笑而言："贺汝婿来。"酒酣作乐，刘、阮忻怖交并。至暮，令各就一帐宿，女往就之，言声清婉，令人忘忧。十日后，欲求还去，女云："君已来是，宿福所牵，何复欲还邪？"遂停半年。气候草木是春时，百鸟啼鸣，更怀悲思，求归甚苦。女曰："罪牵君，当可如何？"遂呼前来女子有三四十人，集会奏乐，共送刘、阮，指示还路。既出，亲旧零落，邑屋改异，无复相识。问讯得七世孙，传闻上世入山，迷不得归。至晋太元八年（383），忽复去，不知何所。

鲁迅在其《古小说钩沉》中所辑录的，也是刘义庆《幽明录》版的刘阮遇仙故事。

奉宋太宗之命编纂、成书于宋太平兴国三年（978）的古代文言纪实小说的第一部总集《太平广记》，以《天台二女》为题，辑录了刘阮遇仙的故事。令人玩味的是，尽管已经有了更为完备的《幽明录》版故事，但《太平广记》收录的仍然是《搜神记》版的刘阮故事。

《搜神记》和《幽明录》记载的都是神仙志怪故事,但我们读罢刘阮遇仙整个故事,并没有感到有什么怪异色彩,其通篇洋溢着浓厚的人情味。比较两个版本的刘阮故事,我们可以发现,尽管故事梗概相同,但《搜神记》仅记245字,而《幽明录》已增至436字,几乎增加了一倍。刘义庆不仅为刘阮遇仙故事明确了具体的时间,而且增添了诸多细节,其叙述更加细致动人、委婉入情。特别是仙女们的音容笑貌,更显得逼真亲切,展现在人们面前的,仿佛是一个真实可信的故事。

刘阮遇仙故事经历了千年流变。从干宝《搜神记》、刘义庆《幽明录》,到高似孙《剡录》,其故事大意不变,细节不断衍变。其中一个重要的细节衍变就是由"取榖皮"而成了"采药",如宋朝台州黄岩人陈咏[①]所编《全芳备祖》后集卷三十一"胡麻"条纪要,对刘阮遇仙故事就记为:

> 刘晨、阮肇入天台采药失道,食尽。见桃实,食之,觉身轻。行数里,至溪浒,持杯取水,见一杯流出,有胡麻饭。溪边二女子笑曰:"刘、阮二郎,捉向所失流杯来。"便迎归作食。既出,无复相识。至家,子孙已七世矣。

据陈咏自注,其文出自《天台志》。其实,由"取榖皮"而成"采药",最早的文献是宋代高似孙的《剡录》。高似孙《剡录》卷三载:

> 刘晨、阮肇,剡县人。汉明帝永平十五年采药于天台山,望山头有一桃树,取食之。又流水中有胡麻饭屑,二人相谓曰:"去人不远。"因过水,深四尺许,行一里,又度一山,出大溪,见二女颜容绝妙,便唤刘、阮姓名,问:"郎来何晚也!"馆服精华,东西帷幔宝络,左右尽青衣。下胡麻饭、山羊脯,设甘酒,歌调作乐。日暮止宿。住半年,天气和适,常如二、三月。鸟鸣悲惨,求归甚切。女唤诸仙女,歌吹送还乡。乡中怪异,验得七代子孙,传闻祖翁入山,不知何在。太康八年(287),失二公所在。(剡有桃源,在县三里,旧经曰:"刘、阮入天台遇仙,此其居也。"林概《越中》诗:"绣被歌残人竟远,桃花源静客忘归。")

另,《剡录》卷四载"阮公故居"条:

---

① 陈咏(生卒不详),字景沂,号愚一子、肥遯子,生活于南宋时期,台州黄岩人(其地今属温岭)。陈咏以毕生心血完成的《全芳备祖》(前集27卷、后集31卷),是我国历史上第一部植物学"辞典"。

县之南有阮公庙,即故居也。王梅溪①诗:再入山中去,烟霞锁翠微。故乡遗宅在,何日更来归?

今人如许尚枢在《东南文化》1990 年第 6 期上发表《刘阮传说的源流和影响》一文,更是直接将"采药"演变成了"采乌药"。

胡正武教授的考据

台州学院胡正武教授的《刘阮遇仙故事与越中传统造纸发微》②一文认为,"榖皮"是造剡纸的原料,而且是造优质剡纸不可或缺的原料,并指出:

据古代典籍记载,越中造纸不但历史很早,而且生产的纸张品质优良,成为名声显著的"名牌产品"。越中多山,有丰富的藤本植物,出产适合造纸的榖树皮等资源。用植物纤维造纸,是山区民众很好的经济产业。越中人民用藤皮等原料造纸是一个很大的创新,据陈美东等《简明中国科学技术史话》所引西晋文学家张华所著《博物志》中就有"剡溪古藤甚多,可造纸,故即名纸为剡藤"的记载。

胡正武详细分析了由"取榖皮"而讹变成"采药"的三个原因,并认为这一衍变大概完成于宋代:

首先是由于字形、字义的混淆不明造成原故事文理不通,于是改动原故事。后人对刘阮遇仙故事原文多有误解,把"刘晨、阮肇入天台取榖皮,远不得返"一句中的"榖皮"误会为"榖皮",今人因而简化为"谷皮"。可是刘阮二人从剡中到天台山取稻的"榖皮"(糠),于情于理,显然窒碍难通,遂曲为之说,解释为刘阮两人入天台山采药。导致误"榖皮"为"榖皮"的原因,就是"榖"与"榖"两个字形体极其相似,而且读音相同。……

其次是刘遇仙故事发生地对"榖"这种植物的名称后来不叫"榖"了,因而产生了将刘阮入天台山采"榖皮"改为"采药",越到后来越是不为人所知,导致后人修改刘阮遇仙故事的关键内容。从历史文献记载来看,"榖"在六朝以前的阶段是"榖""楮"两者并用,如《说文解字》等语文辞典解说条目等可以说明。后来"榖"慢慢成为历史词汇,逐渐

---

① 王梅溪,即王十朋(1112—1171),字龟龄,号梅溪。
② 载《浙江师范大学学报(社会科学版)》2002 年第 3 期。

淡出了表示此种植物的常用名称。……

其三是故事中的"药"或者"乌药"与道教人士服食求仙的传统更加合拍,与刘阮遇仙女的情节更加吻合。传统观念之中,道士之求道每与炼丹、采药相联系。原来故事中刘阮两人入天台山采造纸原料的"榖皮",由于上述的原因,已经与遇仙的情节产生了不合拍的因素,故民间故事并不理会其本来含义如何,只因为此字不熟悉,故转而改为易懂易记又合情合理的刘阮二人入天台山采药。这就更加符合民间故事的常规和习惯了。

由此可以得出的结论是:刘阮入天台不是"采药",而是"取榖皮"这种造"剡纸"的原料。这一点,其实在《搜神记》《幽明录》中是交代得清清楚楚的——"入天台山取榖皮",但从宋代起,刘阮入天台"取榖皮"衍变成了刘阮入天台"采药"。对此,胡正武指出:"越中历史上曾经有过长期兴盛的传统造纸业,所产之纸品质优良,号称'剡藤''剡纸'。剡民刘晨、阮肇入天台山取榖皮而遇仙女的优美故事,就是在越中造纸产业兴盛的背景下产生的。后世把此故事更改为刘阮入山采药,是对文字的误解和时代的变化造成的。这湮没了越中在中国造纸史上的崇高地位,并使该故事蒙上更浓厚的道教色彩。"①

胡正武在《刘阮遇仙故事与越中传统造纸发微》一文最后写道:

总之,在刘阮遇仙这一超凡脱俗的优美故事的背后,竟然存在过一段非常灿烂的造纸业的兴盛史。它在无意中为我们保留了一段非常珍贵的史料,把刘阮遇仙故事与代表中国古代重大发明之一的造纸术这两者奇妙地结合在一起,让我们在千载之下尚能顺着它的丝丝缕缕回顾前人所创造的辉煌璀璨的历史文明。宋朝以后,刘阮遇仙故事产生的讹变,虽然合乎世俗的理解习惯和欣赏口味,但无形中埋没了越中在中国古代造纸史上的崇高地位,也使得刘阮遇仙故事的社会生产基础受到歪曲。同时,通过这一故事的讹变历程,也让我们看到宗教文化对历史的巨大影响。

在唐代,"剡纸"已然成为贡品。中唐诗人顾况(约 730—806 年后)作

---

① 胡正武:《刘阮遇仙故事与越中传统造纸发微》,《浙江师范大学学报(社会科学版)》2002 年第 3 期。

《剡纸歌》曰：

> 云门路上山阴雪，中有玉人持玉节。
> 宛委山里禹余粮，石中黄子黄金屑。
> 剡溪剡纸生剡藤，喷水捣后为蕉叶。
> 欲写金人金口经，寄与山阴山里僧。
> 手把山中紫罗笔，思量点画龙蛇出。
> 政是垂头蹋翼时，不免向君求此物。

其时，"剡藤"在剡中已几近灭绝。稍后的舒元舆（791—835）作《悲剡溪古藤文》，说明在唐末，由于原材料匮乏，"剡藤""剡纸"已到了穷途末路的境地：

> 剡溪上绵四五百里，多古藤，株桥逼土，虽春入土脉，他植发活，独古藤气候不觉，绝尽生意。予以为本乎地者，春到必动，此藤亦本乎地，方春且有死色，遂问溪上人。有道者云："溪中多纸工，刀斧斩伐无时，擘剥皮肌，以给其业。"噫！藤虽植物，温而荣，寒而枯，养而生，残而死，亦将似有命于天地间。今为纸工斩伐，不得发生，是天地气力为人中伤，致一物疵疠之若此。
>
> 异日过数十百郡，泊东雒西雍，历见言书文者，皆以剡纸相夸。乃窃囊见剡藤之死，职正由此，此过固不在纸工。且今九牧士人，自专言能见文章户牖者，其数与麻竹相多。听其语，其自重皆不啻握骊龙珠。虽苟有晓窃者，其伦甚寡，不胜众者亦皆敛手无语，胜众者果自谓天下之文章归我，遂轻傲圣人之道。使《周南》《召南》风骨折入于《折杨》《皇荂》中，言偃、卜子夏文学陷入于淫靡放荡中。比肩搦管，动盈数千百人，数千百人下笔，动数千万言。不知其为谬误，日日以纵，自然残藤命，易其桑叶，波浪颓沓，未见其止。如此则绮文妄言辈，谁非书剡纸者耶？纸工嗜利，晓夜斩藤以鬻之，虽举天下为剡溪，犹不足以给，况一剡溪者耶？以此恐后之日不复有藤生于剡矣。
>
> 大抵人间费用，苟得著其理，则不枉之道在，则暴耗之过，莫由横及于物。物之资人，亦有其时，时其斩伐，不为天阏。予谓今之错为文者，皆天阏剡溪藤之流也。藤生有涯，而错为文者无涯。无涯之损物，不直于剡藤而已，予所以取剡藤以寄其悲。

刘阮故事的千年流变

真正开始唱响刘阮遇仙故事,是在唐代。唐代曹唐的七律诗《刘晨阮肇入天台》,则将故事推衍为游天台、洞中遇仙子、送刘阮出洞、怀刘阮、再到天台不复见仙子等五个部分,重点刻画了仙凡之恋的细腻情感。元末明初的王子一在曹唐诗词情节的基础上,写成杂剧《刘晨阮肇误入桃源》,共9400字左右,剧中添加了"纠察人间善恶的太白金星",女仙是"紫霄仙谪来人世"。刘、阮能遇仙并"完结了百年伉俪",全是太白金星引导的结果。淹留半年归家,人间已过三世。在看透了世态炎凉后,二人重返桃源洞与女仙续缘。清代张匀的《长生乐》共2.4万余字,女仙成了武夷太姥之女,刘、阮均系上仙转世,二人同中状元。因与女仙有六日姻缘,被天台山山神的"缩地神仗"幻入桃源洞,与女仙成婚。六日后求归,女仙赠送仙药,此时人间已过六十年。刘晨遂将仙药献给晋天子,晋天子由此得以长生。当代陈玮君整理的《天台山遇仙记》沿袭《搜神记》故事原型:刘、阮寻仙药到达桃源洞,负责看守乌药的违背仙规,私赠仙药,半年后刘、阮求归。仙女王母娘娘得知后,罚女仙变成桃源洞边的两座石峰。现天台山双女峰及桃源洞就是当年的遗址。[①]

在中国古代仙话传说中,人神相恋的故事屡见不鲜,而刘阮故事是一枝独秀,它不但创造了一个自由幸福、为人向往的理想世界,而且塑造了热情奔放、主动追求自由的爱情婚姻的女性形象,因此千百年来深受无数读者的喜爱,深刻地影响了后世的文学创作,在漫长的中国文学史上留下了深深的印迹。

刘阮遇仙故事的诞生绝不是偶然的,应该说是当时历史条件和思想文化潮流的一个折射。自魏晋至南北朝,中华大地战乱频仍,整个中国北方政坛处于各游牧民族走马灯似的亮相、消亡、退出的混乱局面中。偏安一隅的东晋王朝,以及继东晋之后的南朝,更是政权更迭频繁。处于兵荒马乱、颠沛流离中的广大人民群众,自然向往着太平盛世,一个既没有战祸又没有黑暗统治的理想社会。于是,如陶渊明《桃花源记》这样的作品,就应运而生了。干宝生活的时代比陶渊明早半个世纪,"刘阮传说"流传后才有《桃花源记》,其中"小溪""桃树""迷路""邀还家""不复得路"等描述,两者

---

① 张兰花:《刘阮遇仙故事的流变及其文化意蕴》,《作家杂志》2009年第8期。

均无差异,甚至可以说,我们在陶渊明《桃花源记》中,看到了干宝"刘阮传说"的某些痕迹。从汉末到魏晋时代,由于汉末农民大起义,社会长期动荡,北方人口大量迁徙到江南。这些移民的到来,带来了北方中原地区比较先进的生产技术和文化,客观上有力地促进了江南地区社会的发展。越中地区传统造纸产业的出现,与这一时代背景有密切的联系。剡民刘晨、阮肇入山"取榖皮",是一项极为普通的经济活动;其入山遇仙故事,也就是一个极为普通的平民故事。

从另一角度看,两个熠熠生辉的仙女形象,寄托着人们追求美满爱情与婚姻自由的强烈愿望。在漫长的中国封建社会,"情爱"这种异性间相互倾慕、亲近的天然情感体验,长期受到封建礼教的禁锢,由此产生了无数爱情悲剧。而魏晋南北朝时期是一个封建礼教相对松弛、人们追求个性解放与灵魂自由的时期,几乎到了"六礼俱废"的地步。在这样的思想潮流影响下,产生热情奔放、积极争取婚姻自由的仙女形象,也就无足为怪了。

有意思的是,在一些古代典籍及地方志中,对刘阮故事多有言之凿凿的记载。如《池北偶谈》《带经堂诗话》《粤述》都明确指出,刘、阮确有其人。成书于明代成化年间的《新昌县志》则具体指出,刘、阮都是剡人。今嵊州城南数里有地名曰"阮庙",相传即为阮肇故里;距阮庙不远,今嵊州城内有地名"捣臼爿",据说即是刘晨故乡。广东的《肇庆府志》和《阳春县志》甚至有根有据地指出,刘晨的后裔刘尚之,在唐代自剡流寓广西贵县,歌仙刘三姐即其女儿。在720年,刘尚之又携家迁至广东阳春县的春湾镇(旧名新兴)东南的铜石山上。看来,刘、阮其人其事,并非空穴来风。[①]

刘阮故事的发生地之争

尽管刘阮遇仙故事属于传说、逸闻之类,但由于它具有"现实感","亦纪实之文",仍引起了古往今来的人们的极大兴趣。笔者检索相关资料得知,关于刘阮遇仙的具体地点,共有四说:一是"嵊县说",在嵊县桃源乡,即今嵊州甘霖镇附近;二是"天台说",在天台桃源洞,位于今天台县城西15公里处;三是"新昌说",在新昌县城东的刘门山;四是"余姚说",在四明山的四窗岩。

---

① 劫生寄尘:《刘阮遇仙的传说与新昌刘门山》,http://xcnews. zjol. com. cn/xcnews/system/2011/06/08/013841403. shtml。

在刘阮遇仙故事发生的年代,包括今绍兴、宁波、舟山和台州,均属会稽郡,这一带群山连绵,包括今天的会稽山、四明山和天台山,统称为天台山。如此看来,"刘阮入天台"的天台当是泛指,并非专指今天的天台山。因此,以上四说均在"入天台"之列。

刘、阮入天台在今"嵊州桃源乡"之说,虽则唐代之前嵊县和新昌同属一县,但因无相应的遗址遗迹以为佐证,似难成立。[①] 因为嵊州桃源乡位于剡西平原,虽然也靠山,却没有传说中所提及的地名。高似孙《剡录》仅记"刘、阮入天台遇仙,此其居也",其他嵊县历代县志均无相关具体记载。

天台以桃源洞为胜迹,自明清以来,刘阮故事也演绎得更为离奇和丰满。但桃源洞胜迹实经北宋元祐二年(1087)县令郑至道凿山开道、遍植桃花才始有名声;而天台桃源洞尽管也有桃花坞、金桥潭、双女峰、神女石、迷仙坞等地名,却出现较晚。且在南朝宋谢灵运凿山开道,打通天姥山区以连接会稽、临海二郡之前,台、剡之间陆行当无通路,刘、阮采榖皮于今天台山的可能性不大。

新昌刘门山与剡溪、沃水相连,溯溪而上,当时习惯上就称之为入天台之路,刘、阮入刘门山采榖皮的可能性自然要大得多,且新昌刘门山附近有刘门坞、刘门山(村)、采药径、阮公坛、迎仙阁、迎仙桥、惆怅溪、桃源洞等,与《幽明录》等史籍所载的刘阮故事相对契合。因此,新昌的刘阮传说,于2012年6月25日被浙江省人民政府公布为第四批非物质文化遗产项目,隶属非遗项目中民间文学类。2014年7月16日,天台的刘阮传说经国务院批准,列入第四批国家级非物质文化遗产代表性项目名录。至此,刘阮传说的故事发生地似乎已尘埃落定。

刘阮传说的"余姚说"虽然低调到默默无闻,却是最为本真的,一些古籍文献中的记载,原汁原味且未加任何演绎。最早记载刘阮遇仙地在四窗岩的文献,列示如下。

相传为木玄虚撰、贺知章注释所成的道书《丹山图咏》,凡二十四首,其中第十三首曰:

> 其山南面如驱羊,七十峰峦形列张。
> 汉时刘阮迷七日,人间六代子孙亡。

[①] 其理由参见劫生寄尘:《刘阮遇仙的传说与新昌刘门山》,http://xcnews.zjol.com.cn/xcnews/system/2011/06/08/013841403.shtml。

贺知章加注曰：

有刘、阮二人同行探药到仙家，七日却回，人间已过三百年矣。归家犹见第七代子孙也。[①]

黄宗羲在《四明山志》中则注曰：

相传石窗为刘阮遇仙处，故戴表元《四明山中》诗"刘郎一去杳无踪，白水青山只故宫"[②]者，此也。

袁桷(1266—1327)撰《延祐四明志》卷七"山川考"中"石窗"条时，有两次提刘阮故事[③]：

四明山由天台山北面起，向东北一百三十里，涌为二百八十峰，中有三十六峰，周回八百余里。谢灵运《山居赋》注曰："天台四明相接。"孙兴公赋曰："登陆则有四明天台。"四明方石，四面自然开窗，其中区分。中通一溪，曰簟溪。西引簟溪，东入于海，地称句章。又云鄞江。山有七峰，相去各六十里，云雾相通。山东面七十峰，状如惊浪，曰惊浪之山，境接句章。郭璞言："后五百年当立郡。"至开元置明州，其言适符合。梨洲洞水东出句章，是四明东门。山西状如奔牛，曰奔牛山，连脊起峰，因以名之。中有三朵峰，铛足以立，汉张平子居焉，中有石室。西南有五朵峰，形如芙蓉。峰相望，各去六里，中峰为四明山心。梨洲溪生沙梨，孙兴公与其兄承公游，得梨以食，因号梨洲。杨修游四明山，见一老人，其言曰：见两人把火，且当获金刀。修解之：两火，炎也，加刀为剡，因号剡溪。其说诬怪。后汉有刘、阮二士，怪不复录。四明山南耸七十峰，状如驱羊，其峰蹲者，曰蹲羊，水源十丈，有神蛇居之，吐灵气如楼阁，可祷雨。山足一洞出，南过一百二十里，水归鄞江南源也。此南洞一源。四明山南门也，溪号白溪。宋有捕鱼者，恍不见日光，因号为大晦山。东复有一峰，下有龙窟，逸士陶源探望如楼

---

① （唐)木玄虚撰、贺知章注：《四明洞天丹山图咏集》，上海涵芬楼影印本，民国十三年(1924)。

② 戴表元《四明山中十绝·白水》："刘郎一去杳无踪，水白山青只故宫。欲问岩前老松树，人间禁得几秋风。"见戴表元：《戴表元集》，吉林文史出版社2008年版。此说有误，戴表元诗中所称"刘郎"，应为汉代刘纲，而非刘阮遇仙故事中的刘晨。

③ （元)袁桷：《延祐四明志》卷7"山川考"，《宋元方志丛刊》(第6册)，中华书局1990年版，第6236页。

观,号小晦山。西南八峰下有囊,号八囊山。山向北,有两阵山如走蛇,旧有人居之,山之北门也。梅福隐越游焉,作记曰:四明山四面二百八十峰,周回八百余里,东接句章,西连舜窟,南嗣天台,北包翠嫷。其言不妄。山有五朵峰,东有一峰高六里,周十里。峰南一岩高一丈,深七丈,中有石穴通泉,流于梨洲,穴生甘草,又多古杉柏,瑞云居之。西一峰高四里,南有石室,下有石杼,相传刘、阮居之。南一峰高三里,有石壁,壁出数穴,生石乳。北一峰高四里,峰顶有天井,云气吐吞。山四面各生一色树,东生樟树,西生松树,南生柏树,北生怪树及黄杨木。其山顶上极平正,每有云盖之。晋沙门白道猷从天台入四明,将筑居,不敢居以还。木玄虚、梅福、孟亮游最著,其事荒忽不敢纪,今因山记采其实而言之。刘纲事见《太平广记》。谢灵运《山居赋》:天台、桐柏、方石、太平、二韭、四明、五奥、三菁,太平之北诸山,神仙所居。宋书孔祐至,行通神,隐于四明山,尝见山有数百斛钱,视之瓦石不异,今父老相传。以由小溪以上为东四明,由余姚而上为西四明,由奉化雪窦以入者则谓之四明山,盖山势蜿蜒连属,与三境相犬牙。

黄宗羲所撰《四明山志》中,有两处提到刘阮遇仙故事。卷一"名胜"篇"石窗"条载:

> 昔刘晨、阮肇遇仙女于此。是时此山但名天台,故云"刘、阮入天台"。其后分之为四明,则以此事归之天台,而石窗之迹无有知之者矣。

其卷三"灵迹"篇载:

> 刘晨、阮肇,汉永平中入天台山(是时四明、天台合为一山,石窗乃是刘、阮遇仙之所)采药,至溪浒,遇二女,容貌绝丽。迎归,食以胡麻饭、山羊脯,遂为夫妇。住半年,天气和适,常如二、三月。百鸟哀鸣,二人求归甚切。女曰:罪根未灭,使君等如此。唤诸仙女共作歌吹送别。二人还乡,子孙已传七代,欲还女家,则路迷。太康八年,二人不知所至。

按:《天台山志》一卷(两淮盐政采进本)所载之天台山地理位置,可证黄梨洲"是时四明、天台合为一山"所言非虚:

> 天台山在县北三里,自神迹石起。按旧图经载,《陶隐居真诰》云:

高一万八千丈,周回八百里,山有八重,四面如一,当斗牛之分,上应台宿,故曰天台。又,《十道志》谓之"顶对三辰,登真隐诀,谓大小台,处五县中央(五县,谓余姚、句章、临海、天台、剡县),或号灵越"。

清代徐兆昺《四明谈助》卷二"四明山西正脉东行近北诸山"载"刘阮遇仙":

刘晨、阮肇,汉永平中入天台山采药。至溪浒,遇二女,容貌绝丽。迎归,食以胡麻饭、山羊脯,遂为夫妇。住半年,天气和适,常如二、三月。百鸟哀鸣,二人求归甚切,女唤诸仙女共作歌吹送别。二人还乡,子孙已传七代。欲还女家,山路迷。太康八年,二人不知所至。黄梨洲《四明山志》云:"是时四明总名天台山,刘、阮遇仙之迹,相传在今石窗。"戴表元《四明山中》诗"刘郎一去杳无踪,白水青山只故宫"是也。

《四明谈助》卷三"四明山西正脉东行近南诸山"的"武陵山"条载:

县西四十里,相传刘、阮尝采药于此(《成化志》)。山有棋盘石(《闻志》)。

如今,刘阮传说的"嵊县版"不被普遍认可,"新昌版"已入选浙江省第四批非遗项目,"天台版"列入第四批国家级非遗代表性项目名录,而唯独"余姚版"的刘阮遇仙故事,依然秘藏深山,籍籍无名,实在是可惜、可叹!

其实,刘阮传说的各种版本均有其优势,亦有其不足。"新昌版"的刘阮传说流传久远,且遗迹众多,但刘门山距新昌县城不足15公里,距刘阮出发地、今嵊州城也就20公里上下,"经十三日"不可能只走了这么一点远,而且其地形地貌也绝难达到"迷不得返"的程度。"天台版"的刘阮传说实始于宋元祐二年(1087)以后,是时任县令郑至道借故事中"遥望山上有桃树,子实熟"句而遍植桃花,才有了这"桃源故事";至于后来演变成才子佳人故事,则是后人根据桃源洞实景的再创作,离刘阮遇仙的平民爱情故事,已经相去甚远。

"余姚版"的刘阮传说则见诸古籍记载最早,也最为权威。自《幽明录》《太平广记》记载刘阮故事后,距今至少已有1300多年的道书《丹山图咏》,是最早记载刘阮遇仙地在四窗岩的古文献。黄宗羲《四明山志》卷七"诗括"著录曹唐《刘辰阮肇游天台》诗时,所注序中称:"四明、天台初为一山,同谓之'天台',刘、阮遇仙之迹在今石窗,其后分为'四明'。人但知刘、阮入天台,不知实在四明也。"只是在近些年天台县和新昌县如火如荼地开展申报非遗项目,并推进商业开发时,余姚方面却依然是风平浪静、无所作为,诚如黄宗羲所言:"人但知在天台,而不知实在四明也!"

尽管如此,我们认为,当年刘、阮由今嵊州出发,从今新昌城东入刘门山,"经十三日"后,迷失在四明山的四窗岩附近,巧遇仙女,仍然是最为符合故事发展自身逻辑的。

事实上,四明山地区有多处留有刘阮故事的遗迹。

徐兆昺《四明谈助》卷三"四明山西正脉东行近南诸山"之"武陵山"条录有明沈嘉则的诗三首。

武陵山

其一

才入青山自可怜,秋深风日尚娟娟。

不知已作重来客,明日还家恐是仙。

其二

紫云红雾逐人低,树里泉声竹里鸡。

尽日幽寻归不得,万山千水夕阳西。

其三

一宿山中懒出门,数家烟火隔前村。

秋深树老无红叶,路在青天不可扪。

此外,在1918年修撰的《四明严氏宗谱》中,录有卢清渠[①]的诗一首:

从前阮肇与刘晨,梦到四明胜境陈。

谩托锡山寻古迹,先将茅镬寄前身。

名茶未试炉烟旧,春笋待烹鼎足新。

想是仙家遗未拾,人间留得十分真。

诗歌中的刘阮故事

以诗歌形式唱响刘阮遇仙故事的,当为唐朝以"游仙诗"著称的曹唐。

---

① 卢清渠,清代奉化人,生卒、生平均不详。

曹唐（约797—约866）五首：

刘晨阮肇游天台

树入天台石路新，云和草静迥无尘。
烟霞不省生前事，水木空疑梦后身。
往往鸡鸣岩下月，时时犬吠洞中春。
不知此地归何处？须就桃源问主人。

刘阮洞中遇仙子

天和树色霭苍苍，霞重岚深路渺茫。
云实满山无鸟雀，水声沿洞有笙簧。
碧沙洞里乾坤别，红树枝前日月长。
愿得花间有人出，免令仙犬吠刘郎。

仙子送刘阮出洞

殷勤相送出天台，仙境那能却再来。
云液每归须强饮，玉书无事莫频开。
花当洞口应长在，水到人间定不回。
惆怅溪头从此别，碧山明月闭苍苔。

刘阮再到天台不复见仙子

再到天台访玉真，青苔白石已成尘。
笙歌冥寞闲深洞，云鹤萧条绝旧邻。
草树总非前度色，烟霞不似昔年春。
桃花流水依然在，不见当时劝酒人。

仙子洞中有怀刘阮

不将清瑟理霓裳，尘梦那知鹤梦长。
洞里有天春寂寂，人间无路月茫茫。
玉沙瑶草连溪碧，流水桃花满洞香。
晓露风灯零落尽，此生无处访刘郎。

元稹（779—831）二首：

刘阮山

仙洞千年一度开，等闲偷入又偷回。
桃花飞尽秋风起，何处消沉去不来。

刘阮妻

芙蓉脂肉绿云鬟，罨画楼台青黛山。
千树桃花万年药，不知何事忆人间。

李商隐（约 813—约 858）一首：

无　题

来是空言去绝踪，月斜楼上五更钟。
梦为远别啼难唤，书被催成墨未浓。
蜡照半笼金翡翠，麝熏微度绣芙蓉。
刘郎已恨蓬山远，更隔蓬山一万重。

张佐（生卒不详）一首：

忆游天台寄道流

忆昨天台到赤城，几朝仙籁耳中生。
云龙出水风声急，海鹤鸣皋日色清。
石笋半山移步险，桂花当涧拂衣轻。
今来尽是人间梦，刘阮茫茫何处行。

王十朋（1112—1171）一首：

刘阮庙

涧水桃花路易迷，不同人世下成蹊。
自从重入山中去，烟雨深深锁旧溪。

黄宗羲(1610—1695)一首：

石　窗

高阁云中见，四窗一面连。
梯空寻地穴，炼石举危天。
宝镜开霜晓，朱帘卷暮烟。
自从刘阮后，康乐亦遥传。

高士奇(1645—1704)一首：

石　窗

石岂仙人凿，窗疑玉女开。
疏棂云直入，高牖月斜来。
蜂蜜沾崖蓬，蛇痕映碧苔。
欲寻刘阮迹，疑是有楼台。

附录一：四明山仙道传说

刘樊升仙

刘纲，字伯经，后汉时仕为上虞令。与夫人樊云翘，同学道术于白君，能檄召鬼神、禁制变化之事。尝与夫人较术，纲作火烧碓屋，夫人禁之即灭。庭中有桃两树，各咒一树，使相斗击良久，纲所咒者不胜，走出篱外。纲唾盘中成鲤鱼，夫人唾之成獭，食鲤。纲与夫人入四明山，遇虎，纲禁虎不动，去则便号。夫人绳系虎颈，牵归床侧。纲试术，事事逊于夫人。将升天，大兰山有皂荚树，纲升树数丈，方能飞举。夫人平坐云气冉冉而去。(《四明山志》)

孔祐与鹿亭

齐孔祐隐居此山（大兰山），尝见谷中有钱数斛，视之不异瓦石。有鹿中矢来投于祐，祐养其创，愈而去，因建鹿亭于祠宇之侧。(《四明山志》)

羊额岭

瀑布(白水)之上为羊额岭。崇宁间进士孙彦温凿险通之。《神异记》曰:"余姚人虞洪,入山采茗,遇一道士,牵三百青羊,饮瀑布水,曰:'吾丹邱子也。山中有大茗,可以相给。他日瓯牺之余,幸不忘也。'洪因立茶祠。是后,往往获大茗焉。此岭之所以名'羊额'也。"(《四明谈助》)

章全素佣作得道

章全素,南昌人。从吴郡蒋生于四明山,佣作甚怠,时蒙笞骂。蒋生学炼丹,每葺炉鼎,爨薪鼓鞴积十年而不成。一日,全素指石砚而谓蒋生曰:"先生好仙术,亦能化此砚为金乎?"蒋生惭而复骂之,曰:"汝佣安知余事?"全素曰:"某或能之。"蒋生叱其诞妄而退。明日,蒋生出外,归,则全素已卒。蒋生为之具棺。及发箦,尸失所在。已,视其石砚,化为黄金,光彩烂然。蒋生始懊恨,竟死于四明山中。(《四明山志》)

俞叟作术周吕生

俞叟隐居四明山,从道士学却老之术。后至荆州,晦迹为市门监。时,王潜节度荆南,有吕生,以故人子索游资,潜不为礼。俞叟闵其饥寒,延至舍中,摧檐坏垣,为吕生具脱粟饭。夜既深,取一缶覆地,少顷发视,见一人长五寸许,紫衣金带。俞叟曰:"此王公之魂也。"旋责其薄待吕生,失亲亲之道。紫衣拱而受命。俞叟曰:"吕生所需仆马之外,缣二百匹而已。"紫衣诺之。复覆缶,少顷发之,则无所见矣。明旦,潜即召吕生,所资一如其数。(《四明山志》)

施肩吾受丹仙去

施肩吾,分水人。元和(806—820)中,举进士。退隐洪州之西山,终身不仕。尝游四明山,与其隐士道流相习。后遇旌阳授以丹方仙去,留存诗四首。(《四明山志》)

剡客遇仙

金庭客,咸通(860—847)中,自剡溪(去)金庭,路由林岭间,将抵明州。行三二十里,忽迷失旧路。匆匆而行。日已将暮,遇一道士,问焉。道士曰:"此去人家稍远,无寓宿之所。"因引至其家。林径幽邃,山谷冲寂。既憩庑下,烹野蔬食之。顷,有叩其门者,童子报云:"隐云观请来日斋。"泊晓,道士去。客问隐云观置来几年,去此观远近。答曰:"自古有此观,去此五百里。"客曰:"五百里甚远,尊师何时当还?"答曰:"师往来亦顷刻耳。"俄而道士归,欲留客久住。客方有乡关之念,恳辞而出。乃遣童子示其旧路。行三二里,失向来所在。及问岁月,已三四年矣。再访其踪,无能知其处所。(《云笈七签》)

许寂遇剑客

王蜀时,许寂少年,栖于四明山,学《易》于晋征君。一旦,有夫妇诣山,携一壶酒。寂诘之,云:"今日离剡县。"寂曰:"道路甚遥,安得一日及此?颇亦异之。其夕,以壶觞命酌。此丈夫出一拍板,遍以铜钉钉之,乃抗声高歌,悉是说剑之意。俄自臂间抽两物,展而喝之,即两剑跃起,在寂头上盘旋交击,寂甚骇。寻,匣之。饮毕就寝。迨晓,乃空榻也。(《北窗琐语》)

王可交卖药

唐王可交,昆山人,以耕钓为事。咸通十年(869),棹渔舟入江。忽遇花舫,招之入内。有道士七人,设宴奏乐,啖可交以枣。寻,送之上岸,则在天台山瀑布寺前。有僧迎问之,交曰:"今早离家。"盖三月三日,僧言九月九日,已半年余矣。遂绝粒。越州廉使验实以闻。可交自是绝谷,携妻子住四明山二十余年,复出明州卖药酤酒。言药则壶公所授,酒则余杭阿母相传。药极去疾,酒甚醉人。明州里巷皆言"王仙人药酒,世间不及"。道俗多图其形像。有患痞及邪魅者,置之即愈。后三十余年,却入四明山,不复出,今人时有见之者。(《四明山志》)

明沈一贯有咏王可交诗三首:

咏王可交(三首)

其一

余杭母酒壶公药,卖药买酒自斟酌。

四明山心去复来，一往逍遥竟何托。

其二

当年漾舟赵村好，青玉案前粟如枣。

黄衣送我落青天，瀑布当门坐秋草。

其三

三月三日九月九，一日辞家家在否？

今来又是几春秋，直得先生几杯酒。

附录二：刘阮遇仙故事与越中传统造纸发微①

越中是一个历史概念，由于历史上行政区划和政权建置的原因，其所指范围有广狭两义：广义的越中是指古代越国的范围，大致包括今浙江省境；狭义的越中指的是隋朝以来所置的越州之境。后者范围在唐朝开元二十六年（公元 738 年）以前主要是指越州，开元二十六年分越州东境县置明州以后，其辖区范围包括今天浙江省绍兴、宁波、舟山和杭州市萧山区。又由于越中名山胜景如天姥山等紧临台州天台山，越中名水剡溪发源于天台山，故越中又每连及台州之域。越中山水奇秀，物产丰富，自古以来扬名于四海。同时这又是一个充满梦幻的地方。从六朝以来古代典籍中就记载了源出于越中地区的大量仙话故事。其中最有名、影响也最大的当推"刘晨、阮肇天台山遇仙记"。在历史上，越中地区由于自然资源的关系，传统造纸产业发达。而且所产之纸品质优良，名播遐迩，尤其是剡中（是越州剡县的通称，包括今天绍兴市的嵊州和新昌两县市）所产纸张，号曰"剡藤""剡纸"，成为上等纸张的代称和雅称。剡民刘晨、阮肇天台山遇仙的故事就与越中地区造纸这一传统产业有密切的关联。这一流传极其广泛的仙话故事，在宋朝以后发生了有趣的讹变。本文欲从越中地区传统造纸产业的角度来观照这一故事，对其讹变的某些内在因由作一探索。

一、刘阮遇仙故事以越中盛行造纸为背景

汉末到魏晋时代，由于汉末农民大起义，社会长期动荡，北方人口大量迁徙到江南。这些移民的到来，带来了北方中原地区比较先进的生产技术和文化，客观上有力地促进了江南地区社会的发展。越中地

---

① 　本文作者为台州学院胡正武。文载《浙江师范大学学报（社会科学版）》2002 年第 3 期。

区传统造纸产业的出现，与这一时代背景有密切联系。剡民刘晨、阮肇天台山遇仙故事，就是在这一大背景下产生的。

晋人干宝《搜神记》所载刘阮故事是这样的：

刘晨、阮肇入天台取皮，远不得返。经十三日，饥。遥望山上有桃树，子实熟。逊跻险援葛至其下，啖数枚，饥止体充。欲下山，以杯取水。见芜菁叶流下，甚鲜新。复有一杯流下，有胡麻焉。乃相谓曰："此近人家矣。"遂渡山，出一大溪。溪边有二女子，色甚美。见二人持杯，便笑曰："刘、阮二郎捉向杯来。刘、阮惊。二女遂欣然如旧相识曰："来何晚耶？因邀还家。南、东二壁各有绛罗帐，帐角悬铃，上有金银交错。各有数侍婢使令。其馔有胡麻饭、山羊脯、牛肉，甚美。食毕，行酒。俄有群女持桃子，笑曰："贺汝婿来。"酒酣作乐。夜后各就一帐宿，婉态殊绝。至十日，求还，苦留半年。气候草木是春时，百鸟啼鸣，更怀乡，归思甚苦。女遂相送，指示还路。既还，乡邑零落，已十世矣。

近人绍兴鲁迅所辑《古小说钩沉》中宋刘义庆《幽明录》本刘阮遇仙故事在文字上稍详。为便于比较，特引录如下：

汉明帝永平五年（引者按：即公元61年，蔡伦于是年出生），剡县刘晨、阮肇共入天台山取谷皮（引者按：即榖皮之误，详下文），迷不得反，经十三日，粮食乏尽，饥馁殆死。遍望山上有一桃树，大有子实，而绝岩邃涧，永无登路。攀援藤葛，乃得至上。各啖数枚，而饥止体充。复下山，持杯取水，欲盥漱，见芜菁叶从山腹流出，甚鲜新，复一杯流出，有胡麻饭糁，相谓曰："此知去人径不远。"便共没水，逆流二三里，得度山，出一大溪，溪边有二女子，姿质妙绝，见二人持杯出，便笑曰："刘阮二郎，捉向所失流杯来。"晨肇既不识之，缘二女便呼其姓，如似有旧，乃相见忻喜。问："来何晚邪？"因邀还家。其家铜瓦屋，南壁及东壁下各有一大床，皆施绛罗帐，帐角悬铃，金银交错，床头各有十侍婢，敕云："刘阮二郎，经涉山，向虽得琼实，犹尚虚弊，可速作食。"食胡麻饭、山羊脯、牛肉，甚甘美。食毕行酒，有一群女来，各持五三桃子，笑而言："贺汝婿来。"酒酣作乐，刘阮忻怖交并。至暮，令各就一帐宿，女往就之，言声清婉，令人忘忧。至十日后欲求还去，女云："君已来是，宿福所牵，何复欲还邪？"遂停半年。气候草木似春时，百鸟啼鸣，更怀悲思，求归甚苦。女曰："罪牵君，当可如何？"遂呼前来女子，有三四十人,集会奏乐,共送刘阮,指示还路。既出,亲旧零落,邑屋改异,无复相识。问讯得七世孙,传闻上世入山,迷不得归。至晋太元八年(公元383年),忽复去,不知何所。

　　从上述两个版本的故事来比较,前者当系后者的简写本,后者有具体的时间,而简写本则略去了这点。这在六朝小说的流传过程中是正常现象,如陶渊明的《桃花源记》也有不同的版本,其中武陵人详本有姓名,而略本则无。刘晨、阮肇两人从剡中(即古剡县,今浙江省嵊州市和新昌县,南邻天台县)到天台山采榖皮,路途不算近,时间经过了十三天,可见采榖皮是一件繁难之事。这里涉及的问题是:刘阮两人花大力气采的皮究竟是干什么用的? 为什么要经历如此艰辛入山采集它?

　　从我国历史典籍的记载中,可以得知,这种皮不是轻易可以采集的,它是当时造纸的原料,而且是造优质纸张的原料。唐徐坚《初学记》卷第二十一《文部·纸第七叙事》:"《释名》:'纸,砥也。谓平滑如砥石也。'古者以缣帛,依书长短,随事截之,名曰幡纸,故其字从丝。贫者无之,或用蒲写书,则路温舒截蒲是也。至后汉和帝元兴中,常侍蔡伦,到故布捣抄作纸。又其字从巾,《东观汉记》云:'黄门蔡伦典作尚方作帋,所谓蔡侯纸是也。'又魏人河间张揖上《古今字诂》,其巾部云:'纸,今帋。'则其字从巾之谓也。见《汉记》及王隐《晋书》。一云:伦捣故鱼网作纸,名网纸。后人以生布作纸,丝缝如麻,名麻纸;以树皮作纸,名榖纸。见《董巴记》及《博物志》。"

　　以树皮造的纸取名为榖纸,则可见这种纸主要原料与榖树之皮的关系是非常密切的。北魏贾思勰《齐民要术》种榖楮第四十八:"《说文》曰:'榖者,楮也。'案今世人乃有名之曰'角楮',非也。盖'角''榖'声相近,因讹耳。其皮可以为纸者也。"贾思勰在这部名著中详细地记载了榖树栽种收获的时节和方法。他还指出种植榖树对农民的重要经济意义:"指地卖者,省功而利少;煮剥卖皮者,虽劳而利大。其柴足以供燃。自能造纸,其利又多。种三十亩者,岁斫十亩;三年一遍。岁收绢百匹。"我们从贾思勰的叙述中还可见,榖皮不光可以供造纸之用,还可以供纺织之需。《诗经·小雅·鹤鸣》篇晋人陆机的疏中已经说:"今江南人绩其皮以为布;又捣以为纸,谓之榖皮纸,洁白光辉,其里甚好。"

纸的命名,是用何材料造的就叫何名。我国明朝科学家宋应星在其名著《天工开物》卷下《杀青第十三》中说:"凡纸质用楮树一名榖树皮与桑穰、芙蓉膜等诸物者为皮纸。用竹麻者为竹纸。精者极其洁白,供书文、印文、柬、启用。粗者为火纸、包裹纸。"

用榖树皮造纸的具体方法,宋应星在《天工开物·杀青》第十三"造皮纸"中又说:"凡楮树取皮,于春末夏初剥取。树已老者,就根伐去,以土盖之。来年再长新条,其皮更美。凡皮纸,楮皮六十斤,仍入绝嫩竹麻四十斤,同塘漂浸,同用石灰浆涂,入釜煮糜。"

正是这种榖皮的经济价值之高,才引来了刘晨、阮肇不畏路远山深,入天台山采榖皮,不意在山中迷路而有了遇仙女的优美故事。

二、越中造纸历史之简要回溯

我国古代典籍记载造纸的历史,多说起源于东汉宦官蔡伦,用渔网、树皮、旧布作原料造纸,称"蔡侯纸"。唐徐坚《初学记》引盛弘之《荆州记》曰:"枣阳县百许步蔡伦宅,其中具存,其傍有池,即名蔡子池。伦,汉顺帝时人,始以鱼网造纸。县人今犹多能作纸,盖伦之遗业也。"宋朝陈咏(字景沂,台州人)《全芳备祖集》卷十九木部楮条引《后汉书》云:"蔡伦造意,用楮肤、麻头、敝鱼网以为纸。"宋苏轼《宥老楮》诗云:"胡为寻丈地,养此不材木。……静言求其用,略数得五六。肤为蔡侯纸,子入桐君录。"现代考古发现了许多西汉时代的纸,如20世纪30年代起就不断出土了罗布淖尔纸、桥纸、居延纸、扶风纸、马圈湾纸等,因此,中国造纸的时代,起源于西汉是有实物根据的。同时也应肯定蔡伦在造纸术上的巨大贡献,就是对造纸术作了改进和革新。基于这样的背景,我们来观照产生于东汉到魏晋时期的刘阮入天台采榖皮而遇仙女故事,就不难理解其社会经济活动背景了。

据古代典籍记载,越中造纸不但历史很早,而且生产的纸张品质优良,成为名声显著的"名牌产品"。越中多山,有丰富的藤本植物,出产适合造纸的榖树皮等资源。用植物纤维造纸,是山区民众很好的经济产业。越中人民用藤皮等原料造纸是一个很大的创新,据陈美东等《简明中国科学技术史话》所引西晋文学家张华所著《博物志》中就有"剡溪古藤甚多,可造纸,故即名纸为剡藤"的记载。剡溪即曹娥江上游,发源于台州天台山,在今嵊州市和新昌县境内称剡溪。唐人李肇《国史补》卷下亦称"纸则有越之剡藤苔笺"。这里的剡藤当指榖,据

《中国高等植物图鉴》第一册桑科小构树（葡蟠、女谷）条载，这种现在学名叫"小构树"的植物是："落叶灌木，枝蔓生或攀援……分布在华中和华南各省区；日本也有。多生长在山坡灌丛或次生杂木林中。茎皮纤维供制优质纸和人造棉的原料。"其别名"女谷"当即"女穀"之讹。"故即名纸为刬藤"，就是用刬藤来作为纸张的代称，其道理与高级石材称"大理石"，制瓷用土称"高岭土"，书法、国画用纸称"宣纸"一样。以后，世人用"楮"作为纸的代称也是同样的道理。越中盛产纸张，我们还可以从裴启的《语林》有关记载中得到佐证："王右军为会稽令，谢公就乞笺纸，检校库中，有九万枚，悉以付之。桓宣武曰：'逸少不节。'"《诗经·小雅·鹤鸣》篇云"其下维穀"，毛传云："穀，恶木也。"晋陆机疏云："幽州人谓之穀桑，荆扬人谓之穀，中州人谓之楮。殷中宗时桑穀共生是也。今江南人绩其皮以为布；又捣以为纸，谓之穀皮纸，洁白光辉，其里甚好。"陆机疏中的江南人以穀皮绩布造纸，应该主要指越中及其周围地区。明朝闵文振《楮待制传》以拟人手法写道："楮待制初名藤，及长为世用，更名知白。会稽刬溪人，先世索居山林，无所闻于世。历前汉有楮先生（胡案：前汉楮先生指为司马迁《史记》作补传的褚少孙。楮通褚），始以名显。和帝时，中常侍蔡伦有文思，善造就人材，辟召遍天下，使者见楮氏，归以告伦，伦亟聘之，得楮皮者俱来。伦曰："真良材也！……知白闻而叹曰：以皮之陋，且沾抡选。吾可终老林薮乎？既至，伦揭帘见之，啧啧叹赏，曰：'文明之化，其在君矣。'引见帝，帝嘉赏，恨相得之晚，超拜秘书省万字令，寻擢秘阁待制，日承任使。自书契既造，竹氏帛氏，贵重于世者既数千年，乃知白用，二氏遂废……"由于越中具备这样的自然条件、拥有这样的自然资源以及上述这样的经济产业，所以刘晨、阮肇入天台采穀皮这样的事情就是越中山区人民当时非常普通的生活内容，刘阮二人也应该是当时极普通的造纸者。

越中的造纸产业到了唐朝，得到进一步的发展，产品质量也有了新的提高，当时又号称"刬纸"，成为当地向朝廷进贡的贡品。《新唐书·地理志》载江南东道采访使（治苏州）辖区之内越州会稽郡，土贡有纸笔。而在今江苏苏南的润州丹阳郡（今镇江）、升州江宁郡（今南京）、常州晋陵郡、苏州吴郡、浙江省境内的湖州吴兴郡、睦州新定郡皆无贡纸者；福建省境内，则无一个州郡土贡有纸者。可见当时会稽造纸业之兴盛,所产纸品牌之闻名。

唐朝纸之闻名,不仅见诸正史,而且形诸文人墨客的吟咏。如中唐时期著名诗人顾况所作的《剡纸歌》:"云门路上山阴雪,中有玉人持玉节。宛委山里禹余粮,石中黄子黄金屑。剡溪剡纸生剡藤,喷水捣后为蕉叶。欲写金人金口经,寄与山阴山里僧。手把山中紫罗笔,思量点画龙蛇出,政是垂头蹋翼时,不免向君求此物。"

又如晚唐崔道融《谢朱常侍寄贶蜀茶剡纸二首》之二(即咏剡纸之诗)云:"百幅轻明雪未融,薛家凡纸漫深红。不应点染闲言语,留记将军盖世功。"

越中所产之纸,直到明朝还是很有名的。明人宋应星《天工开物》"造皮纸"条中说:"又桑皮造者曰桑穰纸,极其敦厚。东浙所产,三吴收蚕种者必用之。"

不但越中产纸,我们考察历史文献的记载,发现实际上浙东地区产纸是普遍现象。《新唐书·地理志》载江南东道采访使(治苏州)辖区之内今浙江省内州郡产纸之地有:杭州余杭郡,土贡有藤纸;越州会稽郡,土贡有纸笔;衢州信安郡,土贡绵纸竹扇;婺州东阳郡,土贡藤纸。浙江南部的温州也出产上等纸张。宋应星《天工开物》记载:"永嘉蠲糨纸亦桑穰造。"据潘吉星注,蠲糨纸——永嘉(今浙江温州地区)出产的洁白坚滑的桑皮纸。

三、刘阮遇仙故事讹变探因

(略)

四、本题研究之意义

(略)

六、中正行迹

蒋介石一生眷恋于家乡山水,称四明山为"第二庐山",他经常盘桓于妙高台和商量岗等地,曾深入四明山腹地,在发迹前和败退大陆前两次造访大俞山上的四窗岩。

避难四窗岩:1914 年夏

1914 年春夏之交,蒋介石奉孙中山之命,由日本返回上海,组织领导讨伐袁世凯的军事行动。这是他参加中华革命党,得到孙中山单独接见后领受的第一个重大任务。

蒋介石回国后,在上海小沙渡设立司令部,陆续组织起三路起义军,并亲任作为主力部队的第一路军司令,负责攻击市区潭子湾、小沙渡、曹家渡、梵王渡等地。一切准备就绪,正待行动之时,由于事机不密,起义的消息被淞沪镇守使郑汝成侦知。1914 年 5 月 30 日夜,军警查抄了起义司令部,搜出了大量文件和部分起义军骨干,致使这次起义遭到失败。

起义失败后,蒋介石成了第一个被通缉的对象。是年 6 月 15 日,袁世凯颁发"大总统令":"此次谋乱,系蒋介石代表孙文主持一切,伪示地图及款项,均由蒋介石受孙文伪令给付。"蒋介石立即逃往张静江在上海的一处秘密住所避难,但又被特务跟踪,无奈由宁波又逃回奉化老家。不料,奉化县政府奉命前来缉捕,只因县长与蒋私交甚笃,暗地里却放了他。蒋母便叫他到其外婆家葛竹,躲避追捕。

蒋介石到葛竹后,其堂舅父王贤甲先是把他藏在自己家中,后又觉得不安全,就陪他去位于奉化和余姚交界处的北溪村,由北溪的远房亲戚陪同,在大俞山上的四窗岩避难。就在这当年刘阮遇仙的四窗岩避难时,有一天下午,蒋介石坐在石室内的一块石头上睡着了。依稀间,有两位青衣女子前来,说"吾家娘娘有请"。蒋介石便问道:"你家娘娘是谁?"两女笑而不答,蒋介石只得跟随前往。蓦地来到一座殿堂,一位身穿道袍的仙女娘娘在石阶前恭候。蒋介石惊愕之际,已被邀入室内。仙女娘娘殷勤地款以香茗,并笑着说:"大驾到此,有失远迎,幸勿见罪。"蒋介石谦逊道:"我是一名逃犯,无处藏身,何劳如此隆情,实不敢当。"那仙女娘娘道:"蒋君不必过谦,今虽蒙难,但不日即可飞黄腾达。来日贵不可言,福寿双全,幸勿忘之。"蒋介石正欲作答,忽闻一声巨雷,蓦然惊醒,始知乃是南柯一梦。醒来后,蒋介石重忆梦境,久跪洞内拜谢仙女娘娘,誓愿如有出头之日,必来拜谢。不久便走出深山,踏上归途。此后蒋介石还多次与人谈及此梦,王贤甲对此更是常在乡邻间津津乐道。

蒋介石在四窗岩避难,躲过了追捕,又做了一个好梦,此后果然平步青云,从黄埔军校校长起,到国民革命军总司令,再到国民政府主席、国民政府行政院院长、国民政府军事委员会委员长、中国国民党总裁等,果真步步实现了当年在四窗岩的梦境。他认为这是他终生难忘的发祥之地,从此便与四窗岩结下了不解的情缘。据天一阁范氏后人回忆,1949年蒋介石下野修家谱、闲居溪口期间,曾专程到过天一阁,并说:我们宁波有两颗世界级的明珠,一颗是天一阁,另一颗是四窗岩。浓浓乡情,溢于言表。

拜别四窗岩:1949 年 4 月 13 日

1949年春,解放战争三大战役后,人民解放军陈兵长江,随时准备渡江解放全中国。此时的蒋介石引退下野,在奉化老家溪口一面纂修蒋氏家谱,一面关注长江防守。

蒋介石预感大势已去,就在他离开溪口、逃离大陆前的 4 月 13 日,携蒋经国等,在何应钦、俞济时及雪窦寺方丈的陪同下,专程到四窗岩拜别。这一天,天气晴朗,风和日丽。上午八时许,蒋介石祖孙三代由妙高台出发,经徐凫岩、蜘蛛岭,约十时到达北溪。十一时许,大俞村人看到从北溪方向来了一队人马,其中有五顶轿子,从村东过大俞溪步石,到上墙门的晒场田便下轿步行,经向天湾、长湾,十二点多便到了四窗岩。蒋介石祖孙三代在四窗岩盘桓了不足一小时,拍照休憩。为重温旧梦,蒋介石让蒋经国等其他人在洞外等待,独自坐在右边洞中许久。大约下午两点半,蒋介石一行步行回到大俞村,过大俞溪步石,在村东的太阳岭上,蒋介石背靠竹林,席地用餐。因大俞村是四明山根据地著名的红色堡垒村,蒋介石一行不敢久留,等大俞村保长差人背了八仙桌到太阳岭时,已起身前往杖锡。经百步阶到杖锡,在杖锡稍做停留,便过蹒跚岭,回妙高台。

蒋介石第二次上四窗岩,一是为了还誓愿,二是欲再求仙女娘娘托梦,指点迷津。至于是否又许下什么心愿,也就只有蒋介石自己知道了。

关于蒋介石第二次上四窗岩,迄今留下了许多珍贵的照片。王泰栋等所著《武岭梦残》"四窗岩寻梦"一节中亦有细节化的描述①:

> 住在妙高台的当天晚上,蒋介石叫来俞济时吩咐:"我明天到四窗岩去一次,你去叫他们做准备。"
>
> 俞济时疑虑地说:"总裁,听说这四窗岩在四明山区中,地势险恶,道路艰难,而且是四明山土共出没的地方,总裁还是不去为是。"
>
> "我主意已定,不必多言。你通知他们小心点就是了。"蒋介石回头对蒋经国说,"你们夫妻与爱伦、爱民就不必去了,叫他们早点回溪口去。"
>
> 蒋经国放心不下,说:"父亲,让我陪您去吧。"
>
> 蒋介石点点头:"也好。"
>
> 四窗岩是四明山的一大胜迹,传说是晋刘晨、阮肇遇仙之处。那刘、阮入天台山采药,遇见两个仙女,就在山上住了半年,谁知待下山回家后,方知已历七代。当时说的天台山,其实其支脉就是四明山。明朝张瓒在咏四窗岩的诗句中,就有这样一句:"自从刘阮游仙后,溪上桃花几度红。"
>
> 蒋介石为什么不顾危险,一定要去四窗岩呢?原来他有桩心愿,需要到四窗岩去偿还。所以他命人备了线香、红烛。
>
> 蒋介石的心愿,一直没有向人谈起过。但据溪口和葛竹的一些老人说,蒋介石当年曾在四窗岩做了一场"奇梦",预示着他后来的飞黄腾达,所以蒋介石对四窗岩一直紫念在怀。事情发生在1913年,辛亥革命胜利,蒋介石追随陈英士反袁失败,沪军都督杨善德下令缉拿蒋介石,蒋不敢在上海逗留,逃到奉化乡下,谁知奉化官府也在缉拿他,

---

① 王泰栋、薛家柱、李政:《武岭梦残》,宁波出版社2016年版,第104—107页。

他不得不避匿到了葛竹。蒋介石的堂舅王贤甲将他藏在四窗岩。蒋介石就在这四窗岩内做了场奇梦,究竟梦见了什么,其传说不一。有人说,一天下午,蒋介石在四窗岩石室内一块石头上迷迷糊糊地睡去,忽见两位青衣女子请他,说:"主人有请。"问主人是谁,对方不答。他只得跟随前往,蓦见一处大殿,身穿道袍的主人在阶前恭候。蒋惊愕之际,已被邀入内厅。主人殷勤地款以香茗,笑道:"大驾到此,有失远迎,幸勿见罪。"蒋介石谦逊道:"我是一名逃犯,无处藏身,何劳如此隆情,实不敢当。"那主人笑道:"蒋君不必过谦,今虽蒙灾,但不日即可飞腾,来日贵不可言,福寿无双,幸勿忘之。"蒋介石正欲回言,忽闻一声巨雷,蓦然惊醒,始知是一场梦。当初,蒋介石曾对人谈起过此事,发迹之后,就没有再向人们提这桩事了。所以这次蒋介石要上四窗岩,葛竹的老百姓就说他是"还愿"去的。

蒋介石带着蒋经国、俞济时,坐着竹轿,由数百名警卫护送,向四窗岩进发。1949年的四明山四窗岩,不似现今有公路可通,更没有如今这星罗棋布的小水电站,使那些潺潺溪水流进涡轮,化作动力,变成电,发出光,让无数星星撒到茫茫夜色的万山丛中。那时的四明山心大俞山,还是云遮雾障。蒋氏父子去的那天,云雾浓重,一片迷蒙,那滚滚流动着的浓雾,如同潮水。蒋介石置身其中,恍如在九天云际。他的心境豁然开朗起来,吟诗道:

苍崖依天立,覆石如复屋。

玲珑开窗牖,落落四明目。

蒋经国问道:"父亲,此诗为谁所作?"

"是唐代的刘长卿。四明山的名字就是由'落落四明目'句中而得!"

"总裁,"俞济时报告,"大俞山脚到了,轿子抬不上去了,只好请总裁步行。"

"可以。"蒋介石说着,从随从手中取过雨衣竹笠穿戴上,吩咐道:"红烛不要打湿。"

天空飘着细雨,一行人攀援着这雨中的竹林上山。翻上一座山头,天地豁然开朗。只见前面青峰叠立,峭崖飞泉,匹练奔泻,声震林壑。又翻越一座山头,竹林渐稀,而林木则盛。蒋介石实际上是由侍卫抬送上去的。他看见前面的一座山崖,就指点着说:"这就是四窗岩,山里人叫石窗。"

蒋经国从树间竹隙处望上去,这座巨崖接天凌云,好不气派。父子俩和俞济时在侍卫们的护持下爬上山崖。蒋经国见崖上一排四个洞穴,每个洞穴有一人多高,左边是一个大洞穴,有三个窗口。进入洞内,却见是一个宽广的石室,有六七米深,十米宽,中间隆起一块巨石,右边石室也有一个窗口,犹如四个敞开的窗口,"四窗岩"因而得名。

因为洞口较大,光线明亮,可以看清楚洞内嶙峋的青石和洞顶上倒垂的钟乳。蒋经国从洞内向外眺望,只见细雨中青峰耸立,灵岩挺秀,雾气氤氲,山碧如洗。洞口不远处,两三株细竹疏疏而立,分外雅秀……

一对大红烛在洞内燃起来。蒋介石吩咐蒋经国、俞济时等暂行退去。

在洞内,他独自一人默默地祈祷着,又坐到也许是他当年得梦的那处石头上,微微地闭上眼睛。可是这一次,他虽然默坐了近半个小时,却什么事也没有发生。"唉,旧梦难圆了!"他暗暗叹了一口气。

蒋经国说:"父亲,辰光不早了,山洞阴湿,早点回去吧!"

蒋介石点点头,站了起来,走出洞穴,在洞口坐了一会,还装作看书(一说是看《圣经》),随行人员摄下了照片。

这时,雨晴天朗,远近山色,更觉清秀。归途中蒋介石指着左方说:"那边是詧风岩,那块岩石上刻着'四明山心'四个隶书大字。"又指着右边说:"那块石是杀羊岩,赤壁数里,与溪流相映,山水俱红,故又名'丹山赤水'。你看,不是很像吗?"

蒋经国看着眼前美好的风景,听着父亲的介绍,却黯然神伤了。真是"无限江山,别时容易见时难"啊……

蒋氏父子向以勤记日记而闻名于世。今录蒋经国"十三日"(即1949年4月13日)日记如下[①]:

> 昨日居觉生、陈启天两先生来溪口。
>
> 和谈第一次正式会议在北平举行。共方阐述其立场与协定草案的理由。张治中由北平电李宗仁与何敬之先生,谓周恩来于今日面交

---

① 张日新:《蒋经国日记》,中国文史出版社2010年版。

"国内和平协定"一件,内分八条,二十四款。张又上父亲一电,谓"到北平后,共党言论态度,意在逼降",并劝父亲"毅然放下一切"。张治中这个电报,完全是替共党说话的。

晨间天气晴朗。父亲八时许由妙高台出游。经徐凫岩、蜘蛛岭岭岩,直至北溪,约二小时;由北溪经大俞而至石窗,亦约二小时。沿途景物美丽,山峦险峻,西对华盖山仅隔一溪水而已。父于民国十年冬曾游"石窗",但为一北溪卢姓导游者所误,非今日所游之石窗也。先在石窗之左窗闲坐,移时,去右窗。因左窗与其余三窗不通,故由中大窗入,经隘口,伏身而进,至右窗,实一普通隘狭之石洞也。盘桓约四十五分钟而返。岭上有大岩,高约十余丈,其上有水滴至洞前。窗洞皆面向西北华盖山,岭上草木葱茏,不觉其为岩石。下午二时半回大俞,在其对岸吞背大路旁之竹林席地午餐。餐毕,经百步阶至仗锡之西,即所谓六龙泉、三峡与潺湲洞之前,略憩摄影。路旁有大岩石蠹立,恐即"再来石"也。侍从人员欲在石上镌字,以作游观纪念,因时间不早,未果。复进至仗锡,寺如旧日,惟破损不堪;僧众亦仅存一半。询其"过云石在何处",则茫然结舌,不知所答。问之附近李姓者,亦不知有"过云石",只知有"再来石"云。四时半由仗锡归,途经屏风岩,镌"四明山心"四大字,颇为壮观。更经踌躇岭,回妙高台,天已黑矣。

另一次可能的造访:1921年冬

从蒋经国日记中得知,蒋介石这次祖孙三代到四窗岩,其实已经是他第三次造访了。蒋经国说:"父于民国十年冬曾游'石窗',但为一北溪卢姓导游者所误,非今日所游之石窗也。"民国十年冬,即1921年冬,离蒋介石第一次到四窗岩避难仅隔七年时间。为探究蒋介石第二次造访四窗岩的真相,笔者查阅了藏于美国斯坦福大学胡佛研究所档案馆的《蒋介石日记》(手稿本)已经公开的部分。虽然《蒋介石日记》中没有找到其造访四窗岩的明确记录,但蒋经国日记所载,依然可以采信。而且,在《蒋介石日记》1921年的日记中,也发现了一些蛛丝马迹:

> 十月八日
> 五时后,船到宁波。下午三时,到溪口家中。
> 十月二十四日
> 上午往雪窦寺查账,安排寺事。

十月三十一日

拟往葛竹访母舅也。十一时后起程。下午四时后到葛竹。

引起笔者注意的是,这段时间蒋介石日记时常断断续续。"十月八日"以后分别为"十月十一日""十月十五日""十月十六日""十月二十一日""十月二十二日","十月二十四日"之后就是"十月三十一日"。之后的日记则为"十一月六日,上午监工……"。说明其已经返回溪口。

蒋介石从日本经上海回国,于十月八日"下午三时,到溪口家中"奔母丧,十二月十五日"上午九时由大东启程"去香港,在溪口老家共待了两个多月时间。这两个多月中,蒋介石修旧屋、举母枢、办离婚,忙得团团转。那么,得闲作第二次造访四窗岩之行的可能时间有两个:"十月二十四日,上午往雪窦寺查账,安排寺事"到十月三十日,或者是"十月三十一日,拟往葛竹访母舅也。十一时后起程。下午四时后到葛竹"的十一月一日至五日。而最大的可能是在到葛竹访母舅期间。笔者推测,在 1921 年 11 月 1 日到 5 日的某一天,蒋介石为"还愿",便从葛竹出发,仍由其堂舅父王贤甲陪同到北溪,由北溪人卢某(非第一次到四窗岩避难时的带路人)带路,但是没能找到四窗岩,也就未能实现还愿,蒋介石一行只得怏怏而归溪口,留下了莫大遗憾。

难寻"再来石"

蒋经国"十三日"(1949 年 4 月 13 日)日记中提到的"再来石"事,也颇为让人玩味。蒋经国在日记中说:上百步阶岭,"路旁有大岩石矗立,恐即'再来石'也。侍从人员欲在石上镌字,以作游观纪念,因时间不早,未果。复进至仗锡,寺如旧日,惟破损不堪;僧众亦仅存一半。询其'过云石在何处',则茫然结舌,不知所答。问之附近李姓者,亦不知有'过云石',只知有'再来石'云"。4 月 13 日这一天,蒋家父子一行只是顺路过杖锡回雪窦寺,并未细心探访"过云石"和"再来石"。其时,蒋家王朝大势已去,冥冥之中,蒋家父子从此以后便将困守孤岛,当然再也难于"过云",断无"再来"之缘矣!

从百步阶岭东上杖锡山,二三公里的山路沿小溪蜿蜒而上。在离杖锡鹿窠自然村不足一公里时,山石耸立,溪流突然陡起,或淌或抛,把溪道岩石磨砺得很是光滑,正好适合闲来无事的游人和寺僧们不知疲倦地挥钎镌字。由此,形成了"宋代摩崖石刻群"。摩崖石刻虽然经历了 20 世纪的破坏,仅有"三峡""浴心""醉泉""潺湲""过云""佛诃""再来石"等字迹可寻,今人已然无缘再见其原貌胜景。当然,通过阅读古文献中先人们对这一带风光的记述,我们依稀可以了解其当年的盛况。

沈明臣《四明山游记》"杖锡"部分:

> 暮入寺时,三四僧出,迎客雨中。然枯竹,风嫪嫪在树,万窍怒号,竹光死,堂户皆震动。酒数行,雨罢乃罢。宿迁公房,迁,汪姓长文族属。

> 旦日,阴复风,旋作雪,旋止。僧云:"天阴即雨雪,不问冬夏也。"盖平原至此万三千丈云。饭罢,风不济,起策筇出,寺门有古松一。东南行,复东折,循山麓半里所,方石圭立道旁,曰屏风岩,高丈五六,四面称是,东面镌"四明山心"四隶,每字大二尺许,《志》谓出汉人手,诚然,非后代人所能办也。南面有"庆丰"字。风暴甚,不能久留,山巅亦有怪石,不能上,回寺中。午罢,风济,复策筇出寺门。西行,洞石作桥,寺前田百余亩,潴诸涧水,澼澼出桥下两山夹,而走岬如也。溪斗绝,率一里许,率二三里许,悬水数十尺,潺潺下。为级者三:最上者为洗药溪,一级镌"三峡"字,二级镌"潺湲洞"字,三级不镌字,镌字在南麓之立石,曰"过云岩"。岩下溪横一巨石如梁,梁上坐可十人。盖"过云"字虽镌此,此径路窄仄,无二十里,又南北鲜居人,当非云中,前所谓大兰山者无疑矣。僧云:"云时,人到此,腰以上出云上,腰以下没云下耳。"僧晓、僧荣侍游,陈果核梁上,酒三醮,还三峡。北山之椒有片石突起,刻"中峰",字如斗大,篆,下刻经语,楷,径寸,藓蚀不可读。云下有"再来石",榛莽盛,不可寻。复攀崖上。稍西,夏有片石突起,石背中穿,仰睇天,见一线划。一石刻"石窗"字,楷,大小如"中峰"。旁有款,仅"开庆"字可识,余亦藓蚀。会日暮,还寺中。

余寅《跋沈嘉则〈四明山游记〉》曰:

> 得再来石之次日,同游者曰:沈嘉则记云"中峰"字下刻经语,楷书径寸,藓蚀不可读。今所见"青山绿水"等字,其言不符,曷不再往以核其实,复拉伴登焉。是时,风日清美,无微不烛。至"中峰"字下,又扪得"三昧"字,又有"会不会",又有"无相师、无训诲也"等字。中峰之东,一岩矗起,广不过四尺,高二丈;石分四层,如人叠就者,第三层题曰"诃佛",字径六寸,一人搜得之,群聚而欢笑焉。复见一岩壁,刻"四

窗"二字,字大与"诃佛"等。前坡宽平,约丈余,横倍之,有级可登,疑
为前人嬉游之地,竹木森郁,藤萝蔓延,假刀镰一开生面。左有石窦,
深二丈许,高八九尺,止容一人出入。窦尽处如户,俯视溪谷几数十
丈。左顾则与寺中殿宇平,右顾则百步阶岭,上如十数岁小儿蚁行其
下。不觉夕阳在山,青紫万状。客有藏果饵于怀者,取食之,惟以不得
水饮为微憾耳。句章(沈明臣)将再来石款识,移至"四窗"下。且再来
石只在中峰之旁,何言不可寻? 揆其故,或以耳闻代目见故耳。

黄宗羲《四明山志》卷一"名胜":

> 有方石高十丈,阔一丈,危举道旁,磨崖刻"四明山心"四大字,乃
> 汉隶也,谓之屏风岩,或讹其声为"骞风"。北去一里为仗锡寺。寺内
> 有井,昔之龙池也。稍东为西岭,石桥跨涧上,巨石数仞出其上,刻曰
> "过云"。唐谢遗尘言,山中有云不绝者二十里,民家云之南北,每相
> 从,谓之"过云"。盖自仗锡至雪窦,数十里皆谓之过云,不止二十里
> 也。自仗踢而北谓之云北,自雪窦而南谓之云南。西岭乃南之始,北
> 之终,故镌于此。巨石塞涧,高数仞,瀑分六道而下,愚斋戴洵名之曰
> "六龙泉"。巨石三级,级高数十尺,刻曰"三峡"。又有巨石数仞,一隙
> 可通往来,上有题刻大字曰"再来石",小字则《心经》也。宋僧修己尝
> 悟前生诵《心经》此石下,俗呼为"小四窗"。山顶有佛手岩、中峰岩,俱
> 有刻字,漶灭不可读。其曰中峰者,五峰相次,谓之芙蓉,仗锡在五峰
> 之中也。西岭之下为皂荚坞,汉刘纲从皂荚树上飞举,此名坞之由。
> 然纲之升仙在大兰山,坞去大兰不远,是其相属,未必当年故处也。西
> 岭之内有石刻"潺湲洞"三字者,潺湲洞今之白水宫是也,此为妄刻。

徐兆昺《四明谈助》卷三十七"东四明正脉(上)":

> "中峰"二篆之下刻有字,字各三寸许。此石之西有"再来石"三
> 字,字大尺余。其下又有"三昧"二字,旁有"开庆己未夏题"款识。佛
> 手岩在寺右,其高莫测,相传修己禅师入定处。岩上有刻文,云《心经》
> 者非,成式莲和尚洗出,有"香盖绿水青山"等字。四窗在中峰岩之西
> 北,青庵搜洗而得之。昔人以四明山石窗为四窗,不知何因而刻于此。
> 或石窗与四窗自有不同耳(《仗锡寺志》)。再来石在寺右,从厨房后上
> 竹山,渐行渐高。先于丛竹中俯其顶,再从丛竹中下山,山势峻削,无
> 径可觅。下闻溪水潺潺,至其处,若旧有阶级然。其石高数丈,一大一

小，大者正立，小者若旁侍然。巨刃劈此，截然伟观，"再来石"三字尚可辨，小字漶灭矣。嘉庆丙子（1816）四月，一卢姓友前导游其处，同游者竺惠风、王叙三。欲觅佛手岩、中峰岩，以雨不果。

徐兆昺《四明谈助》卷三十七"东四明正脉（上）"录有沈嘉则《过云岩》、戴洵《再来石》和超岳《百步阶岭》。

过云岩

缥缈路常封，时时春气浓。
看衣疑带雨，到寺只闻钟。
不见高秋月，难扪白日峰。
探虚吾欲老，来往藉孤筇。

再来石

见说三生夙有灵，再来太白尚留名。
往还自得阿罗果，安忍只凭般若经。
百劫屡更真不坏，一尘净洗绝无生。
年年独向岩中听，恍忽如闻礼诵声。

百步阶岭

谁知皮陆题诗后，百步丹梯引我登。
但有潺湲声可听，不妨长作此山僧。

七、剡东脉远

　　被当代宁波地域文化研究者奉为圭臬的《四明谈助》,由清代人徐兆昺所撰。徐兆昺,字绮城,今宁波城区咸塘街一带人,清嘉庆间贡生。关于他的生平,史料甚少,我们仅从其该书的自序和跋中略知一二:曾官诸暨训导;生平致力乡邦地理,尝仿高似孙《剡录》著《四明谈助》46卷,以地志随纪人物,经纬分明,辞义赅博,于郡县沿革、山溪险夷、旧迹原委、门阀盛衰皆可考见。此书起稿于嘉庆十八年(1813)前后,成稿于道光三年(1823),所谓十年成稿。此书曾一度在同好中相互传抄,苦于无资开雕。道光五年(1825),适逢选期,徐兆昺被委以诸暨学训,方得俸入刊行,于道光八年(1828)成书。

　　《四明谈助》卷一"四明山概说"认为,大俞山"自剡界岭南来"①:

　　　　全谢山先生有《东四明山脉说》,言七十峰之正派为鄞,支派为慈。而鄞之派又分江西南者为正派,江东南者为支派。兹于课余,录四明名胜,即随四明正、支二派,以山川为经,以古迹、事物、诗歌为纬,随见随录。每卷各有提纲,有条不紊。第经其地而或未知其地之有是人,知其人而或未识其人之生是地,闻见未广,动多遗失,因以《四明图咏》②总论列于前,次列江西南之正派。而西南之正派有三:一起于四明主山,其源自天台山,经剡界岭南来,过西,先起太平、梨洲等山,后起大俞山,历大阑、斤岭,转东起大雷尖、小雷尖,经版章岭,出武陵、桃

---

① (清)徐兆昺:《四明谈助(上)》,宁波出版社2003年版,第1页。
② 即《丹山图咏》。

源,沿江东行,起城北小山,俱西四明脉。此为府治之主。一自斤岭分出,东行历南雷、盘谷,起锡山、落洋,至老龙湾,进城,起城南云石、镇明岭,亦西四明脉,此为府治朝案。一起于四明杖锡,其源亦经剡界岭南来,过东,起镇亭山,东行者结奉化县,并先发外护,起江东金峨、太白诸山,其北行者经栖霞岭、三折岭、踌躇岭后,起杖锡山,并天井、灌顶山,出它山,沿江东北行,尽于甬东码头,俱东四明脉。此为府治托护。古称东西四明者,以中有大溪,其源发于唐田以南诸山,北行经杖锡山之西,出大皎,历蜜岩、平水,东北行直趋郡城,入南门,出东门,落羊庙浦,为东西两脉分界也。地道难穷,而水之分界可见。

按照徐兆昺的说法,大俞山"其源自天台山,经剡界岭南来,过西,先起太平、梨洲等山,后起大俞山,历大阆、斤岭,转东起大雷尖、小雷尖,经版章岭,出武陵、桃源,沿江东行,起城北小山,俱西四明脉。此为府治之主"。因此,大俞山在地形走势上,其脉自剡东而来。而更有意思的是,大俞山的主人——大俞人的祖先,也是从剡东乌坑分脉而来。

大俞村俞氏祖源

大俞始祖徙自嵊州乌坑。据传有嵊东乌坑兄弟二人,翻越梨洲山,沿梨洲溪而下,来到今大俞村的大溪坑边,以烧炭营生。因他们所带饭包总是挂在一条小溪边的银杏和香榧树上,即使到了天寒地冻时节,那饭包也总是暖热如初,遂以此处为生息福地,定居于此。后世代繁衍,至今已历20个世代。

大俞村的俞氏祖源,最早可追溯到唐代。"五峰俞氏"原居山东青州金岭下梅径村青社里。一至五世还居住在青州,其一世祖为俞庄(684—736),唐德宗时,官至节度使。到六世祖俞稠(829—905),唐懿宗时进士,官睦州(今浙江建德),生四子。唐乾符六年(879),时值黄巢之乱,俞稠与任剡县令的长子俞珣(853—933)隐于剡东五峰岭(今新昌县属)[1],故称"五峰俞氏",一世祖俞庄为鼻祖,六世祖俞稠为五峰俞氏的始祖。

六世祖俞稠有四个儿子:俞珣,唐末与父俞稠隐居在剡东,死后与其父合葬于五峰岭下骑龙斩关,为剡派始祖。俞琬(856—923),唐僖宗时,任歙州刺史,他的四世孙,即十一世祖俞伯英返迁归浙,称为杭派始祖。俞玢(859—924),唐僖宗时任汴梁副使,生有二子,承道和承美,为京派始祖。

---

[1] 俞建文、张伟:《俞浙与"金字谱"研究》,浙江大学出版社2020年版。

图 7-1　位于大俞村下墙门树龄 770 余年的香榧树和银杏树

后裔在河南开封一带定居。俞玕（862—934），仕明州大院判，居大晦（今奉化），有四子，承资、承适、承奕、承登，为明派始祖。

以上四派，演变为马岙、静安、明伦、学东、乌坑、百官、崧城等派，继而又演化为徽派、婺派、括昌、镇江等派系。"五峰俞氏"遍布浙江、江苏、安徽、江西、河南和福建等地。"五峰俞氏"人才辈出，足迹遍布江南大地，素有"江南无二俞"之说。

据大俞村祖祖辈辈的口口相传，乌坑兄弟二人之父称"祖远公"，尊为今大俞俞氏始祖；兄弟二人为二世祖，兄名广东，居上墙门，弟名广禄，居下墙门。由此看来，大俞俞氏始祖"祖远公"其实还是定居在嵊州乌坑，未必在"大俞"居住过，甚至从未到过"大俞"，只是兄弟二人尊其父为始祖而已。

2007 年秋，大俞村组织宗谱续修班子，开始重修《忠义堂俞氏家谱》。盛世修谱，寻祖探源，谋求宗族亲和，亦属大势所趋、人心所向。大俞俞氏祖上曾于 80 多年前最后一次修谱。然而，在"文化大革命"期间，所存家谱已付之一炬，片纸不存。现今新修家谱，仅知道大俞始祖徙自嵊州乌坑，以及祖上所定二十世排行，还有存龙公等老辈们所能回忆的六、七代和一些祖上所留传说而已。

今嵊州乌坑，地处四明山脉南靠西侧，号称"十里清溪"，即"五峰俞氏"十一世祖俞文应（969—1019）最早迁居的地方，谱称遊谢乌坑。俞文应为遊谢乌坑派始祖。遊谢乌坑派后人又陆续迁居到余姚、上虞、绍兴等地，其中有一支先迁上虞，后又迁绍兴，人才辈出，在中国近现代史上亦声名显赫,堪称俞氏第一世家大族。

上桥是"十里清溪"遊谢乌坑的最上游,现生活着数十户"五峰俞氏"族人。其二十八世祖友信公生有八子,其中有两人迁居"大俞",但究竟是哪两位兄弟,已无法确认。盖因有一次修谱时,要其出资相助未能如愿,就此在所修世谱中被略去,以至于至今无法在剡东乌坑俞氏家谱中找到确凿依据。但在村头小溪边,有一罕见的墓碑横置的坟茔,那就是大俞俞氏始祖之墓。据家谱记载,此墓主人是五峰俞氏二十八世祖友宾公、友信公兄弟;至于棺椁横置,是因坟茔之地叫黄蛇,靠近一条小溪,如若棺椁直置,好运会被溪水冲走,棺椁横置则可庇祐子孙后代,保万世昌盛。

图 7-2　大俞始祖祖远公(友信公)与其兄友宾公合葬墓

按剡东乌坑《俞氏家谱》,兄友宾公有子四人,显荣、显富、显福、显昌,其子孙世居乌坑上桥;弟友信公配张氏、续叶氏,共育有八子,显通、显华、显贵、显寿、显昂、显盛、显豪、显杰,老大、老二和老七、老八均在谱中有载,子孙世居乌坑上桥,而独老三、老四、老五、老六谱中无传。当初去"大俞"的仅为兄弟二人,那么,究竟是此兄弟四人中的哪两位?如若嵊东乌坑老辈所传及《俞氏家谱》所记确凿,无传兄弟四人中或有二人迁"大俞",另二人则要么早夭,要么另徙他处而无传。

大俞村和大俞山之由来

大俞山因大俞村而名。而大俞村之名,又缘于俞氏世居此地。在大俞俞氏二世祖广东、广禄兄弟定居"大俞"之前,已有唐姓、高姓、竺姓人在此躬耕生息,故有唐家埠头、唐后门、竺家屋基、高兀和庵基等地名一直沿袭至今。在大俞村内上墙门和下墙门之间的大俞溪边,有一个叫"邓家"的院落。当年,邓氏有"十八堂兄弟",曾经在四明山一带雄霸一方,赫赫有名。但据同治《邓氏宗谱》记载,邓氏迁居大俞村,也就在350年左右,远晚于俞氏兄弟。那么,这些原住户后来又是怎样衰亡的,或者迁移到何处,均已无从查考。可以确定的是,在俞氏兄弟定居"大俞"之前,此地肯定不叫"大俞"。究竟叫什么地名,就目前所见资料,亦无从查考。

但从各类方志等史籍记载看,有一点几可定论,那就是在周边已有仗锡(杖锡寺)、梨洲(梨洲寺)、大兰(大岚)、北溪之名时,还未有"大俞"之称。

据黄宗羲《四明山志》卷八"文括"载,乌斯道①撰有《仗锡寺碑》曰:"唐龙纪元年(889),有石霜下长,政二尊宿去藤湖,肇基于此,寺建徒集。天祐三年(906),吴王钱氏赐今额②,十传迨宋之天圣四年(1026),太白己禅师由天童飞锡而至,上栗荐羞,猛虎驯伏,学者景从,寺以增观。"

《四明山志》卷二"伽蓝·梨洲寺"条曰:"剡源戴表元曰:四明洞天之麓,有三僧刹,其阳为雪窦,其阴为仗锡、梨洲。梨洲寺,咸通十一年(870)僧昙远建,今废。"

由吉林文史出版社于2008年出版的《戴表元集》中收有《四明山中》十绝诗,其中亦有"北溪"和"大兰(岚)"二题,涉及今大俞村境内的则有"大小横山""韩采岩"和"溡广溪"三题。

明末清军南下时,黄宗羲同其弟黄宗炎于顺治二年(1645)募兵抗清,官明鲁王左副都御史,曾率"世忠营"结寨于离大俞村东三四公里的杖锡山。黄宗羲到过大俞,大俞有其名确凿无疑。《四明九题考并诗》中有以下记载:

……一曰"石窗"。在大俞村,自麓至颠十里,削成石室,高五尺,深倍之,广如深而六之;中界三石,分一室而为四。谢康乐《山居赋》注云"方石四面开窗",不知其总在一面也。其谓之窗者,凡石穴多在平地,故称之为洞、为室,此独悬空上出,有似乎窗也。……

其实,早在黄宗羲到大俞之前,鄞县人沈嘉则在明万历二年(1574)二月十八日到过大俞,寻访四窗岩。其所作《四明山游记》云:

① 乌斯道(1314—约1390),字继善,世称春草先生。洪武四年(1371)应征知奉化,后调江西永新令。长于诗文,精书法,善画山水,亦工写竹。
② 即延胜寺。

明日①，戒舆人行，僧荣从，仍由三峡西出，南折过一山，若井陉然。至大俞溪，溪东、西皆居人，西俞姓，东即寺庄。溪阔数寻，步石作渡，水纹縠，坐良久。时山桃作花，瓣流蟾中锦错。僧呼土人俞姓者一人先道，西上岭即四明山也。舆行殆里者十盘，而陡者数处，渐行渐高，见两崖皆有高涧落翠微中，或见或隐，树杪湿而四山益高峻。西大山端委而长，山椒石蠢蠢起，童色苍赤，是谓白岩头。土人语讹不可辨，详辨始解云。盖四明山之前山，相隔一巨溪，溪南绕而复北折，为大俞溪，去里二十踔远矣。

这是大俞村名一个确凿的文献记录。沈嘉则自万历二年二月十八日成功游览四窗岩，迄今已近450年。也就是说，至少在450多年前，已有"大俞村"和"大俞山"之名。

当年，大俞俞氏二世祖兄弟俩烧炭挂饭包的银杏、香榧树，其树龄据测定已有770余年。"五峰俞氏"自庄公（684—736）以下已历47世，以代际平均29年计，大俞祖远公、"五峰俞氏"二十八世孙友信公从嵊东乌坑迁大俞始，已历20世，当接近600年，也就是在明朝天顺年间（1457—1464）的公元1460年前后。770余年的银杏、香榧树，从其周边环境及整齐排列在小溪边的情形看，不大可能是自然繁殖生长，应当是人工种植的。据前辈老人讲，上墙门靠近后山方向，原来也有几棵大银杏和香榧树，在清朝末年修建跨溪石桥"永春桥"，在桥上建13间桥棚屋时，被砍伐以作栋梁之用。

前已述及，在大俞村境内，至今留有唐后门、唐家埠头、竺家屋基、高圲等古地名。据大俞人祖辈相传，早在俞氏定居大俞之前，就有唐姓、竺姓和高姓人家居住在此。那么，这些树龄在770多年的古树，应该就是这些唐姓、竺姓和高姓人所种植的。我们已无法想象在广东公和广禄公到达之前的"大俞"究竟是什么样的，也难以想象当他们将饭包挂在当时已有200多年树龄的银杏、香榧树上时，又是什么样的情景。770多年的古银杏、古香榧，见证了"前人栽树，后人乘凉"的古训，说明了在广东公和广禄公到达之前，确有唐姓、高姓、竺姓人在此生活。至于广东公、广禄公兄弟定居"大俞"之后的100多年时间里，俞氏后人是如何迅速地繁衍生息并反客为主的，以及唐姓、高姓、竺姓人又是如何销声匿迹的，也只有古银杏树和古香榧树能默默地告诉我们一些信息了。

---

① 即农历二月十八日。

大俞村俞氏先祖世系

1—5 世居山东青州青社里：

一世祖俞庄（684—736），配闵氏，生二子：颐正、祥正。墓葬山东青社。

二世祖俞祥正（716—783），配杨氏，生二子：允元、智元。墓葬山东青社。

三世祖俞智元（744—822），配许氏，生三子：彦谋、彦芳、彦晖。墓葬山东青社。

四世祖俞彦晖（774—840），配冯氏，封夫人，生二子：致尧、致昱。墓葬山东青社。

五世祖俞致昱（804—886），配李氏，生一子：稠。墓葬山东青社。

6—9 世居浙江剡东五峰：

六世祖俞稠（829—905），配张氏，生四子：珣、琉、玢、玕。墓与长子珣合葬于剡东五峰骑龙斩关（今新昌县拔茅镇上五峰村）。

七世祖俞珣（853—933），配欧阳氏，生二子：承休、承志。墓葬骑龙斩关，与父合兆。

八世祖俞承志（883—953），配韩氏，生一子：仁裕。墓葬二十都拔茅土名高盘，与兄承休公邻，系立字三十二号，取秀盒里仙桃。

九世祖俞仁裕（907—976），配仇氏，生三子：伯渊、伯深、伯潜。墓葬五峰大青坞，与堂兄仁厚公合兆，系人字四十号，取秀仙人抱子。

10 世五峰徙新昌明伦坊：

十世祖俞伯深（936—994），配石氏，生四子：文兴、文旺、文雅、文应。墓葬四都青山头，系为字五十四号山，取秀黄龙鼓浪。

11—24 世居剡东遊谢乌坑：

十一世祖俞文应（969—1029），乌坑派祖，生二子：全泰、全奇。

十二世祖俞全泰（998—1064），生二子：仁、佐。

十三世祖俞佐，生三子：天福、天裕、天祚。

十四世祖俞天福，生三子：元一、元二、元四。

十五世祖俞元一，生三子：远十一、远十二、远二四。

十六世祖俞远二四，生四子：孝先、孝悌、孝信、孝德。

十七世祖俞孝先，生二子：友材、友林。

十八世祖俞友材，生一子：忠相。

十九世祖俞忠相,生二子:幸有、幸福。

二十世祖俞幸福,生二子:云达、云通。

二十一世祖俞云达,生一子:可偯。

二十二世祖俞可偯,生一子:汶。

二十三世祖俞汶,生一子:柏廷。

二十四世祖俞柏廷,生一子:冠豪。

25—28 世居上桥:

二十五世祖俞冠豪,上桥派祖,生一子:文翁。

二十六世祖俞文翁,生一子:德光。

二十七世祖俞德光,生二子:友宾、友信。

二十八世祖俞友信,大俞村祖远公,生八子:显通、显华、显贵、显寿、显昂、显盛、显豪、显杰。

大俞村俞氏世系①,详见表 7-1 至表 7-7。

表 7-1　上墙门、下墙门 28—36 世

28 世	29 世	30 世	31 世	32 世	33 世	34 世	35 世	36 世
祖远公	广东(居上墙门)	深德	厚雅	曾学	文博	国敬	朝贤	廷义
	广禄(居下墙门)	深生	厚增	曾一				
				曾二				
				曾三				
				曾四	文世	国瑞	朝钦	
							朝金	
							朝英	廷爵
								廷杰
								廷旭
				曾五				
				曾六				
				曾七				

---

①　由于旧谱已毁,此世系仅根据俞存龙老人的记忆整理,信息不尽准确,特别是 40 世之前的世系信息,恐有错讹。

表 7-2　上墙门 36—41 世

36世	37世	38世	39世	40世	41世
廷义	传甲（外边）	景春	尚正	元其	安来
					安旺
				元敬	安道
					安品
					安怀
				元足	安青
					安斐
			尚贤	元生	安求
	传仁（里边）	景安	尚仁	元忠	安信
					安徽
				元孝	安和
					安平
				元吉	安陆
					安乐
					安仪

表 7-3　上墙门外边 41—47 世

41世	42世	43世	44世	45世	46世	47世
安青	长堂	雅琴	卫兵			
			世权			
	长江					
安斐	长宝	国良	伟松			
		爱国				
		建国	裕			
	长土	根新	世钿	霖捷		
		根良	永锋	淏文		
		存立	恩泽			
安求	长吉	存祥	世余	守狄	森森	
				守芳		

续表

41世	42世	43世	44世	45世	46世	47世
安求	长吉	存表	世敖	杰	佳欣	
			世敖	军	佳东	
			世鹏	波		
			世银	波涛		
			世金			
	长学	灯炳	佳灿	旭峰		
			凤治	文炯		

表 7-4　上墙门里边 41—47 世

41世	42世	43世	44世	45世	46世	47世
安信	长杰	存德	世长	友根	钢杰	梓晨
			小劝			
		杏仁	世光	守静	水军	
				守良	江	
				守泳	佳奇	
		存造	世传			
			大顺			
			孝顺	壮树		
				壮根	茂松	
				章新	佳锋	
				后益		
				世光		
	长文	存风	世忠	守贞	林	
				守静	华国	道毅
						道迪
					佳尧	道凯
				利根		
		存宝	世庆	生		

41世	42世	43世	44世	45世	46世	47世
安信	长文	存宝	世节	富根	波	烈
				增根	斌	
		存恩	世鑑	惠骏		
	长才	余仁	世荣	纪根	旭	
				春根	军波	铭轩
					军	
		存则	世海	鸿业	斌	
				宏琪	恒立	
			世模			
			世标	远根		
		存教	世模①	守先	雪峰	浩
				金祥	伟	
				金富	军	梓轩
				金龙		
				金荣	辉	
	友土	悦来				
		心田	良德	全江②		
				守旗		
				连平	泽钦	
		银水				
		一善	永年③	德华		
			世苗④	剑	吉威	
				恩军		

① 移居下三府。
② 出继外公存瑞。
③ 移居里夹呑。
④ 移居里夹呑。

续表

41世	42世	43世	44世	45世	46世	47世
安徽	全元	存芝				
		存张	世校	东平	锦超	
	全清					
安和	长贵	存水	世桥	功听	佳东	诚哲
				守法		
安平	长云	存荣				
		存谢				
		存昌	世校			
			世表	守定		
				守宽		
			世对			
	长友	存威				
安陆	长富	存达	全生	瑾		
			世生	元旦		
				元金	峰	
				元芳	孝龙	
				元海	露	诚琦
			荣生	海江	轲鑫	
			仁生	雷斌	子涵	
			金生			
		阿家				
		存喜				
		存帮				
		存月	平清			
		存福	永德	小江		
			明德	强	品劼	
			荣德	仪		

续表

41世	42世	43世	44世	45世	46世	47世
安陆	长通	存章	世浩			
			世国			
			世红	欲东	晟睿	
	长亨					
安乐	长松	存开				
		存炳	世法			
			世登			
			世云	顺祥	海蛟	道铭
				顺苗	振	
		存秋	世林	建平	甬	
				建文	希舟	米博
安仪	长仙	阿本				
		存代	宝根	沧桑	骆涵	
		存瑞	全江			
		存千				
		存春	启贤	军	泽民	
				刚		
		存香	炳熙①	黎明		
				金明	智腾	
			德群	黎达		
	长咸	存坤	世位	守明	永波	
				守根	杭森	
				其昌	嘉辉	
				其军	文超	

① 又名世杰。

表 7-5　下墙门 36—41 世

36 世	37 世	38 世	39 世	40 世	41 世
廷爵	传学（上坎）	景公	尚公	元公	安法
					安公
	传孝（上坎）	景法	尚洪	元仕	安定
					安义
					安康
		景福	尚周		
			尚义	元昌	安位
				元盛	安友
				元高	安炳
					安财
	传良				
	传智（下坎）	景云	尚益	元海	京奎
					京荣
					京土
		景路	尚仪	元万①	安求
				元通	安宁②
				元达	安宁
					安茂
					安顺
					安强
		景雨	尚山	元顺	安国
					安家
					安源
					安风
				元芝③	安照
					安学

①　移居临安。

②　入继。

③　移居马车塔里。

续表

36世	37世	38世	39世	40世	41世
廷爵	传智（下坎）	景雨	尚山	元恒	安定
				元祖	安信
					安本
					安善
	传英①				
廷杰（上坎）	传绪	景初	尚永	元丰	安国
					安家
			尚志	元孝	安兰
					安荣
					安华
					安富
					安贵
				元敬	安荣
				元化	老邹
					安静
				元璋	安金
			尚达	元亨	安利
廷旭					

表 7-6　下墙门下坎 41—47 世

41世	42世	43世	44世	45世	46世	47世
京奎	长梅					
	长吉	存桥②	兴旺			
		树佳	锋	润哲		
	长忠					

① 移居石科子。

② 入继。

续表

41世	42世	43世	44世	45世	46世	47世
京荣	长木①	存金	世定	锡斌		
			世满			
		存桥				
京土	长根					
	长银					
安求	长公					
	长锵②	存土③	国宝	相杰		
安宁④	长南	存汉⑤	建国	浙忠	田聪	
	长锵					
	长康	水禾	根海	志贤	鑫巍	
					鑫奇	俊康
				志明	文浩	
	长江	水根	旦平			
安茂	长金	存龙	卫东			
			裕民			
		存云	世平	仕佳		
			世勇			
安顺	长福					
	长禄					
	长寿	存祥	世明	凯浪		
			世范			
		存国	卫林			
			伟波	鑫鑫		
		存华	永生			

① 移居大元基。
② 入继。
③ 为螟蛉子。
④ 入继。
⑤ 移居临安。

续表

41世	42世	43世	44世	45世	46世	47世
安强	长堂	李志①	天生	星宇		
		存李②	荣兴			
安国	长彩	传姑③	启东			
			启勤	赵军		
安家	长卉	存照④	世增	纳		
			世权	沛坚		
安源⑤	长纪	存富	世章			
			洪灿	少杰		
			银耀			
安风	长钏	存周	国荣			
			伟荣	光明		
		孝周	国强			
	长昌					
	长治	万春	猛军			
		良利				
安照	长寿					
	长伏	存欢				
		小欢				
		存金	国锵⑥			
			国军	浩勇		
	长荣	阿毛				
安学						

----

① 入赘陶家坑。

② 入赘上虞进路。

③ 入赘里湖山。

④ 移居白莲庄。

⑤ 移居白莲庄。

⑥ 出继马车。

续表

41世	42世	43世	44世	45世	46世	47世
安定	长公					
	长基①	烈	世明	湘珑		
				程林		
			世荣			
			世营	钢		
		贤兴	溢炜			
			溢炯	旭熔		
		贤生	国海			
		贤良				
安信	金华	宏良				
		杭				
安本	长樊	志瑞	世联	奇		
			世权			
		存肯	世永	少波		
			世法			
	兰生					
	银火	阿毛	学听②			
			学土③			
	人初④					
	长泉	国庆	依听			
			生锵			
		国祥				
		国栋	江徽			

①　移居临安。
②　移居石坛,改姓龚。
③　移居石坛,改姓龚。
④　入赘里湖山。

41 世	42 世	43 世	44 世	45 世	46 世	47 世
安善	长初	存谱	位江	守富	冰皓	
			世听			
		宝金	世久	凯明		
			世璋			

表 7-7　下墙门上坎 41—47 世

41 世	42 世	43 世	44 世	45 世	46 世	47 世
安法						
安公	长公					
	长法①					
安定	长水	存诚②				
		存岳	世绵③	守春		
				守芳	斌	烨
		存孝				
		小岳				
安义						
安康	长田					
安位	长久	根芽	世杰	钿来		
		阿表④				
	生求	存苗	建荣	坤		
		根法	益明	杨		
			宏明			
		根达	林			

---

① 移居梁弄石科子。

② 出继长森。

③ 入继。

④ 送养东岙。

续表

41世	42世	43世	44世	45世	46世	47世
安友	松桂	存哉				
		存种	世旺①			
安炳	长增②	存根	泸光			
		小根				
		存翰	欣荣			
			欣坚			
			欣科	侃颖		
			欣灿			
安财	长增					
	松茂	求根				
	松盛	华兴	远泽	涛		
安国						
安家	长坤					
	长连	存葵	世华	军宝	昊成	
			法根	永青		
				永业		
		存坚	兴者③	权威	俊捷	
安兰	长位	存水				
		存林	世良			
			世常	守先		
				守相	远军	天诚
						天欣
				守忠	高峰④	
				守平		
				念清	张辉	

①　为螟蛉子。
②　入继。
③　为螟蛉子。
④　移居湖州长兴。

41世	42世	43世	44世	45世	46世	47世
安兰	长位	存林	孝常	秀金	银炯	梓瀚
				守士		
				守法		
				守革①		
	长洪	存松	世德			
			世富	守璋	伟清	
				守斌	伟涛	
			世友	守明	江	
			世生			
安荣	长森②					
	长祥	珠顺③				
	长延	水根④	世杰	一帆		
			世鹏	一懂		
	长兴					
	长怀	阿明⑤				
安华	长清⑥					
	长源	存仙	世勤			
		存淦	德荣			
安富	长旺	阿其	世灿⑦	志标		
				志高	佳	
				志泉	杰	萌萌

① 入赘大元基。
② 出继元敬。
③ 入赘无后。
④ 移居石坛。
⑤ 移居宁波鄞西。
⑥ 出继安贵。
⑦ 移居下三府。

续表

41世	42世	43世	44世	45世	46世	47世
安富	长旺	金浩①				
		阿照②				
安贵	长青	存传③	世尧	守国	佳勇	泉
				守福	高波	
				立新		
			世和	加超		
				守华	俊涛	
			金宝④			
安荣	长森⑤	存诚	世昌	亚平	海江	
				全平		
			世绵⑥			
老邬	长清	存心				
	长公					
	长科	求来				
	长木	存法				
		存玉	东升	少奇		
			世能	海兵		
				昱恺		
			世纪	安		
		存夫				
安静	炳效	存红				
安金	长顺	存朝	世根	成	乐	
			世然	彬	樾	

① 移居下三府。
② 移居下三府。
③ 为螟蛉子。
④ 送养大横山。
⑤ 入继。
⑥ 出继存岳。

41 世	42 世	43 世	44 世	45 世	46 世	47 世
安利	长焕	存张				
		存校				

八、大俞恋歌

　　大俞山，坐西面东，一条大俞溪自南而北穿村而过。说来颇为奇特，溪流在进入大俞前和流出大俞后，均蜿蜒不知几折几回，但就是大俞溪段基本保持了南北走向，几成一条直线，溪流平缓，溪道宽阔。大俞溪阔三五十米，两岸聚居着以俞氏为主体的村民百余户。村东称前山，山顶即为杖锡山。前山北侧，面溪矗起一座高、宽均 50 余米的火成岩绝壁，叫红岩头，是余姚市与今海曙区的地理分界标志。站在大俞村东望杖锡山顶，如果以前山为书脊，那么，戴表元诗中"大横过尽小横来"的大横山和小横山，就是在大俞村人面前展开的一册巨大书作，转圜春夏秋冬，阅尽天地山水。

　　大俞山隔大俞溪与杖锡山相对。从上、下墙门分界线沿后山西上，就是屋尖山岗、白玉坪头和华盖山，形成了一条中轴线，大俞山缓缓向南北两侧展开。大俞山南端的四窗岩，与大横山相对；大俞山北侧的韩采岩，则与小横山、鸡冠岩遥峙。整个大俞山天工造化，钟灵毓秀。除了声名显赫的四窗岩外，自南向北还有斗崖谷、狮子山、太师椅、罗汉谷、包裹岩、棋盘岩和钓台等景物，默默隐逸了亿万年，正待撩起那神秘的面纱，向世人展示她的绰约风姿。

　　《宁波市志》中有"大俞山"一节[①]：

　　　　大俞山，海拔 680 米，余姚、鄞县交界，鄞县杖锡乡、余姚梨洲乡

---

　　① 俞福海等：《宁波市志》，中华书局 1995 年版，第 148 页。

辖①,位早白垩世丁家畈盆地②南东。早白垩世河湖相碎屑沉积岩夹火山岩构成,覆盖上新世基性、超基性熔岩。主峰上有四穴,称四窗岩。距山巅约 6 米以下陡崖处,横列四洞,洞口朝西南,面对抬扛岭,无路,须攀援登临。四穴实则二穴。东首一穴独立且小,深约 2 米余,宽约 3 米,容数人席地面坐。缘崖 10 米零而过西首三穴,穴前崖壁突兀似平台可歇息,洞口分列为三,东洞口广大,高约 2 米,宽近 10 米,四五人并肩进出自如,中洞、西洞口低小,允一人折腰或匍匐而进。入洞内则石室相通,东广西狭、前部高里壁低,顶有石乳倒悬,壁则乱石珠缀,深约 6 米许,宽近 15 米,容十余人散立。如此,形成高、广、深参差骈列河穴,仰望犹楼之窗户,历称"四窗""四明之目",四明山得名的又一说。

图 8-1　大俞山位置

① 此处有误,时应为余姚华山乡(今大岚镇)。

② 丁家畈盆地,位于四明山中部,海拔 400 米以上台地,呈北北东向,面积 44 平方公里,含余姚大岚、白鹿、鹿亭、青山等乡镇。中部地势开阔,起伏不显,周围切割较深。白垩纪时,与宁波盆地处相同海拔高度,构成分隔四明山为南北两段的湖盆。白垩纪后,隆起抬高至海拔 400 米以上,遂成四明山组成部分,并连接南北两段山脉。

图 8-2　东为惊浪之山

图 8-3　西拒奔牛之垒

图 8-4　南则驱羊之势

图 8-5　北起走蛇之峭

梅福登大俞山之巅

最早登上大俞山之巅——华盖山的,是2000多年前汉代的梅福。其所著《四明山记》,虽原作已不可觅,但记中内容,为后人反复引述。如西晋木华的《丹山图咏》、宋代高似孙的《剡录》、元代曾坚的《四明洞天丹山图咏集》、明朝黄宗羲的《四明山志》等。而且,从中我们可以推测,最早发现大俞山南侧"石窗"(即今四窗岩)之胜,并将此山命名为"四明山"的,也是梅福。

后人大多认为,"东为惊浪,西拒奔牛,南则驱羊,北起走蛇"等,是对四明山总体山势特点的描述。然笔者一直有一个疑惑:要如此描述四明山周围形势,肯定得找到一个立足点。那么,这个"点"究竟在哪里呢?殊不知,只有登上被称为"中峰最高"的大俞山之巅——华盖山,才能真正体会到其中的奥妙所在。

走33省道(浒溪线)上四明山,到大岚镇华山村坭坪岙自然村后,沿一条山涧小溪而上,数百米可到一条沿山脊蜿蜒伸展的森林防火道。沿此道向北而上,可直接通向华盖山巅。爬上华盖山之巅,那里有20世纪70年代作为"华山民兵"值勤的瞭望哨旧址。站在华盖山之巅,只觉得神清气爽,环顾四周,群山尽在脚下,真正有"一览群山小"之感了!东望杖锡山诸峰,前呼后拥,似惊浪翻卷;西望上虞山诸峰,山形硕大,似狂牛突奔;南望梨洲山诸峰,山形细密,似群羊噬草;北望大岚山诸峰,平缓绵长,似灵蛇舞动。试想,2000多年前的梅福,若不是亲身登上大俞山、站在华盖山之绝顶,并且观测得细致入微,怎能有"东为惊浪之山,西拒奔牛之垒,南则驱羊之势,北起走蛇之峭"如此精细、精准之描述呢?!

司马子微和刁道林

继梅福之后,据史籍记载,较早成为大俞山客的应是道教真人刁道林。在司马子微所作《洞天福地记》中,记录了道教十大洞天、三十六小洞天和七十二福地。其中"三十六小洞天"记曰:"第九四明山洞。周回一百八十里,名曰丹山赤水天,在越州上虞县,真人刁道林治之。"司马子微即司马承祯,法号道隐,自号白云子,人称白云先生,河内温县人(今属河南温县)。道教上清派第十二代宗师。少时笃学好道,无心做官。拜师嵩山道士潘师正,得受上清经法、符箓、导引、服饵等道术,隐居天台山玉霄峰。旧传唐司马子微隐天台山期间,受皇帝征召,当行至今新昌县境内斑竹村的一石拱桥时即反悔,因此该石桥以"司马悔桥"为名,至今尚存。司马子微所作《洞天福地记》,成为道教胜迹之经典。而其所言"真人刁道林"的生平事迹,遍考史籍文献均无所获。但刁道林生活于唐代之前、晋郭璞注《山海经》之后,当属无疑,因为在郭璞注《山海经》时,四明山尚称"句余山"。至于将四窗岩归入"越州上虞县",经查阅,乾隆《余姚志》卷一"建置"引《太平寰宇记》曰:"长庆(821—824)初废上虞,并其地入余姚。"由是可知,四窗岩其地曾属上虞县辖地,唐穆宗李恒之后,才归余姚所辖,并沿袭至今。司马子微作《洞天福地记》200多年后,杜光庭(850—933)作《洞天福地岳渎名山记》曰:"四明山丹山赤水洞天,一百八十里,在越州余姚县。"此时"越州上虞县"已变成"越州余姚县"了。

戴表元避乱入四明

宋末元初,被称为"东南文章大家"的戴表元"逃乱走入梨洲峰",为避元兵入四明山中,乱平归里。其足迹遍布四明山腹地,留下了20多首诗作,成为吟诵四明山水最丰的文学大家。

戴表元(1244—1310),字帅初,一字曾伯,号剡源,庆元奉化剡源榆林(今属奉化斑溪镇榆林村)人。戴表元7岁能文,诗文多奇语。早年入太学,师事南宋礼部尚书王应麟和舒岳祥等文学大师。南宋咸淳七年(1271)中进士,授迪功郎,次年授建康府(今南京)教授,德祐元年(1275)迁临安教授,行户部掌故,均不就,以兵乱归剡源。归里后读经史,作诗文。次年三月,元兵南下,避难天台、鄞县。祥兴二年(1279)复返里。家素贫,战乱毁劫后,生活益艰,辗转鄞县、杭州等地,授徒卖文为生,门生中以袁桷最负盛名。元至元二十九年(1292)聘任奉化养正堂师,与舒津、任士林等合修《奉化县志》;元大德八年(1304)61岁时,被人推荐为信州(今江西上饶)教授,再调婺州,因病辞职。大德十年(1306)归里,后荐为修撰、博士,皆不赴,读书吟诗以终。论诗主张宗唐得古,诗风清深雅洁,内多伤时悯乱、悲忧感愤之辞。著有《剡源集》。《元史·儒学传》称:"至元、大德间,东南以文章大家名重一时者,唯表元而已。"[1]

戴表元行诗四明山,走的是一条从其家乡奉化剡源出发,直上四明山

---

① (明)宋濂等:《元史》卷190《戴表元传》,中华书局1976年版,第4336—4337页。

的路线。从其《四明山中》十首绝句的诗题看,全部为四明山的地名。尽管那时的大俞山还未曾称"大俞山",也没留下专写四窗岩的诗文,但戴表元写遍了大俞山周边的山水、风物,仅在《四明山中》十绝诗里,就有《大小横山》《韩采岩》《潨广溪》等三首写了今大俞村的景色。

大小横山

小横欲尽大横来,万壑千岩汹涌开。

闻道洞天深几许,紫云深处有楼台。

韩采岩

洞深烟树碧氤氲,只采灵苗不采薪。

闻着踪由多懒说,相逢莫有姓韩人。

潨广溪

怪石惊湍吼不休,时时岩客饮寒牛。

谁知此水明州去,浸作琉璃万顷秋。

"大俞居士"黄璋和《大俞山房诗稿》

离戴表元纵情高歌四明山 500 年,黄宗羲携弟黄宗炎、黄宗会第一次游四明山 100 余年后,大俞山迎来了另一位重要的客人——黄宗羲的玄孙黄璋。黄璋(1728—1802),字稚圭,号华陔,光绪《余姚县志》有传①。在道光甲申(1824)续辑的惇伦堂《竹桥黄氏宗谱》中,有其生平事迹的记载:

先生讳璋,字稚圭,号华陔,晚号大俞居士,管村赠公之中子,而梨洲先生之元孙②也。先生性至孝,事父母先意承志,家贫晏如也。天资颖悟,于经史百家,靡不究览。梨洲先生承忠端公之传,以风节行谊高天下,与弟晦木、泽望两先生,一门竞爽,当时比之金溪三陆。先生渊源家学,克称济美。年二十九登丙子(1756)乡试,任嘉善教谕。乾隆壬辰(1772)诏征天下遗书,浙江设采访局,大吏选先生司其总。凡得书数千种,每书皆考其撰人爵里,疏其宗旨,辑总目若干卷进呈,以卓

---

①　见(清)周炳麟修:光绪《余姚县志》卷 23"列传十六",清光绪二十五年(1899)刻本。

②　时为避爱新觉罗·玄烨讳改"玄孙"为"元孙"。

异升江苏沭阳知县。莅官访求民隐,以兴利除弊、抑强扶弱为己任,稍
暇则进士民而训迪之,课试之。沭阳地洼下,多水灾,报请赈恤,两次
发帑银二十余万两,洁己率吏,民占实惠。岁庚子(1780),翠华南巡,
承办水营盘,不事张皇,而事以集。邑素难治,公事旁午,尝有诗云:
"五日在衙十日野,一年作事百年心。"盖纪实也。辛丑(1781)去官归
里,年才五十四,不复有出山意,优游林下者二十有二年。所著有《大
俞山房诗文集》《杨龟山年谱考证》已刊行,《诗沈》《剡识》《剡石略》及
校补《宋元儒学案》藏于家。《学案》创稿于梨洲先生,才十之四五,主
一先生续纂之,先生复补辑之。享年七十有五,配俞氏,子三。

黄璋的《大俞山房诗稿》,由国家清史编纂委员会选入其编纂的文史丛
刊《清代诗文集汇编》中,于 2010 年 12 月由上海古籍出版社出版。黄璋因
何晚年自号"大俞居士",并将自己于乾隆丁未(1787)刊行的诗集命名为
《大俞山房诗稿》? 在署名"通家门世愚弟吴震起"所撰的"题词"中,道出了
其原委:

> 大俞山房者何? 华陕先生游四明,见大俞风景之胜,欲结庐以终
> 老,而志未逮也,其诗文即以是名集。垂示之下,盥手洛咏,洞天深邃
> 几不能寻,蜿蜒结撰之工,委以弁言,将何以陪展齿也。然潜心讽咏,
> 知文与诗均非苟作者,文可措诸施行,诗必有关讽劝。其宗旨既正,是
> 固平平荡荡之康衢,而非缔章饰句,以戾经清流矜其标致。至其根柢
> 槃深,酝酿富有,则又坯胎前光,加诸问学,故体裁、格律并能追步古
> 人。正似深山大泽,蛟龙翔而虎豹藏,以视一邱一壑之胜,倜乎远矣!
> 独惜先生以此抱负不克竟其设施,而仅以著述见,此昌黎之所以致慨
> 于柳州,而要不必以彼易此也,各题小诗以志向往。元晏之请,自惭体
> 弱,请于俟之健者。①

黄璋游四明、访大俞的确切时间,已无从考证,但当在其"辛丑(1781)
去官归里"之后、乾隆丁未(1787)之前的几年时间里。与其高祖当年壮游
四明山所走线路不同,《大俞山房诗稿》收录的诗篇显示,黄璋是直接从高
地岭过白水山、翻越羊额岭上大岚山,经柿林、李家坑到达大俞山的。大俞
的山山水水让诗人的内心产生了极大的震动,直接引发了诗人"卜居倘得

---

① (清)黄璋:《大俞山房诗稿》,上海古籍出版社 2010 年版,第 526 页。

此,吾欲老林邱"的强烈冲动。黄璋钟爱大俞山水,其足迹遍及整个大俞山,留下了《大俞》《寒草岩》《石窗》各一首,并深深影响了他"优游林下者二十有二年"的生活和学术之路。在大俞短暂逗留后,黄璋上杖锡山,经徐凫岩、雪窦寺返回余姚。

现从《大俞山房诗稿》中录大俞山诗 3 首,大俞山周边诗 10 首。另有2 首题写俞寻之的诗,因疑"俞寻之"为大俞先人,故一并录之。

大　俞

石壁千寻竦,长溪万派流。

轻鲦游出没,翠羽响啁啾。

隔县春山界,孤村众木稠。

卜居倘得此,吾欲老林邱。

寒草岩

长松巨壑映沙清,寒草讹传韩采名。

璀璨金光涌四际,东南缺处挂铜钲。

石　窗

度索行空鸟道低,石窗高与碧云齐。

天生五采缀珠玉,吹落残红洗药溪。

白水宫

绝壁飞湍百丈长,水光十里隐相望。

剧怜一带环溪路,狮象犀牛卧道旁。

羊额岭

百折梯空鸟道盘,三台峰矗碧云端。

行行北斗湾前过,万壑千岩了了看。

大岚山

刘纲夫妇弃官来,樊榭鹿亭安在哉。

我亦投绅抛笏者,大岚山下一襄回。

柿林宿沈氏宅

人行锅际周遭石,屋似蜗卢破碎天。

水竹岩松杂灯火,果然盛世乐尧年。

李家坑

人从天际下,转瞬地中行。

青翠四围住,云深有磬声。

仗锡寺(二首)

其一

百步街前彳亍登,重崖绝巇路层层。

水声万壑常疑雨,云气千丝总带冰。

三峡浮生根未断,再来灵石事难凭①。

撞钟伐鼓千年地,灌莽丛榛感废兴。

其二

客来犬吠洞云攒,一饭禅房已夜阑。

环环诸峰归掌握,中天北斗挂檐端。

更深寂寂清尘梦,睡醒岑岑逼晓寒。

前路肩舆斗折下,模糊汉隶道旁看②。

注:①三峡、再来石,俱峭壁上。②有石圭立,镌"四明山心"四大隶字。

徐凫岩

才过鹁鸠险,踌躇岭更愁①。

云山排海浪,烟屿眩琼楼。

当日遗仙履,何年拜鞠侯。

象形虚语耳,词伯妄推求②。

注:①鹁鸠、踌躇,二岭名,山势最为险恶。②岩石,即鞠侯岩。

雪窦寺(二首)

其一

径折猿猴上下升,徐凫岩过尽峻嶒。

杖头偶挂云为海,舆路相逢人半僧。

御笔亭前曾应梦,翰林松畔更谁凭。

石奇行正宗风邈,行脚何当寄瘦藤。

其二

锦镜池边春草生,妙高台畔夕阳横。

云山放眼有千态,殿阁栖崖拘百楹。

碎玉岩悬千瀑落,含珠林映一灯明。

茅堂半夜足新雨,扎扎溪流彻耳鸣。

山楼晓望却寄俞寻之文学

冷气虚帏入,开轩凭远看。

冻云生水际,积雪到林端。

寂寂溪流咽,苍苍山色寒。

何当拖屐过,樽酒一为欢。

访俞寻之不值

到门门已键,草屋数椽贫。

旁舍为应客,山妻去拾薪。

四围浓绿里,一路竹园新。

好把长镵至,与君共结邻。

姚燮足迹遍布大俞山

就在黄璋优游四明、访大俞的近 60 年之后,道光二十一年(1841)十一月,宁波北仑人姚燮从鄞江而入,途经章村、蜜岩、长沙潭、松岩寺等地,上了杖锡山,在大俞村住了有好些天。姚燮所走之路,几乎与如今鄞州区章水镇的四明山旅游线路重合,是一条从宁波入四明山的经典路线。

姚燮(1805—1864),字梅伯,号复庄,浙江宁波府镇海县崇邱乡姚家斗(今属宁波市北仑区下邵乡)人,祖籍浙江诸暨。道光十四年(1834)中举,虽才高学富,但科场屡屡失意,便在家坐馆教学,以著作教授终身,名重一方。他是晚清著名的文学家、画家,一生作诗万余首,自选 3488 首集成《复庄诗问》。道光二十一年(1841),英军攻陷定海,北仑、宁波、慈溪、余姚、奉化等地都遭到侵略者的蹂躏,姚燮一家从北仑逃到宁波鄞江桥。就在侨居鄞江期间,姚燮携文友朱立淇一起游览考察四明山,留下了许多歌咏四明山的诗篇。在游览四明山回鄞江后,撰成《四明它山图经》,以山水为经纬,记录了大量相关的地方史事、掌故、碑文、著录,其文献价值颇高。

姚燮撰《四明它山图经》"今水源委上"①,所载"大俞":

> 大俞村,余姚县属。居民皆缘坡陀之高下,择平坦者,倚参天之樟,结茅为屋。丹土如弃砂,奇草茸茸,不可名状。上为石窗,天极梯百级,疑有凤栖,洞达晶明,为上真群玉之府。水绕其东南麓行。

从《复庄诗问》②所录诗看,姚燮游览考察大俞山最为用心,他几乎走遍了整个大俞山,共留下了 12 首诗,成为吟唱大俞山诗篇最多的古代诗人。

大俞山房夜坐

拍沙为筑硎为琴,和以哀猨独夜吟。
对榻枯禅非我相,结龛断堑是深心。
偶离浊世难言悟,吹堕残云不可寻。
谁识玄关高绝处,一灯自朗万峰阴。

雪斗坑③

山灵苦结辖,未得尺寸砥。
忿郁难再甚,鞭然始为喜。
松篁气凭石,改状不遵理。
参错灌与乔,因崖乱悬委。
略致霏微风,蒙头泼凉水。
使我驰骤心,束入冻云底。
选磴聊挂笻,深叶渐藏履。
青隙多樵声,飘忽不能指。
有涧虽匪深,怀清保根始。
东峡矜雄流,逝尘误千里。

---

① 见宁波市鄞州区地方志编纂委员会:《鄞州山水志选辑》(第 1 册),宁波出版社 2009 年版,第 133 页。
② (清)姚燮:《复庄诗问》(下),上海古籍出版社 1988 年版。
③ 大俞村上墙门之后山。

顿删险想平,亦令驰念止。

安得长毋还,餐松老埋此。

凫愁岭①

危峰伸佛臂,坦掌高及天。

既坦复斜竿,似秉重台莲。

昨行望眙眄,今喜升其岭。

皂日凝槲阴,射袂流暖烟。

烟底猎猎声,辨为下山鸢。

在鸢去此山,固犹千寻悬。

焉知对面峰,苍峻倍逾前。

岂无峰上人,笑我尚重渊。

高境安有穷,退葸诚堪怜。

便鼓精力强,去者已居先。

缚履猛求进,云来拒吾肩。

轵遥布铦石,懦沙裹为棉。

又防戒慎疏,祸遭中路颠。

碧落无近期,曷由遘上仙。

升石窗少憩有得拟书壁间二十六韵

拂落鼇背霆,难悚五丁梦。

可惜神火熛,不烧满山葑。

秃庎缠铁莓,遍扪苦无缝。

星尾银的悬,眼矢射夸中。

体重难化云,却步已形众。

仰面如有招,试蹈屡投空。

偃身握朽株,鼓气代飞鞚。

束志略未坚,糜身徇龙洞。

暂忍罡劫危,居然得骑凤。

珠斗垂绮檐,四窗九天贡。

---

① 雪斗坑之上山岭名。

平生局蹐想，未得万里纵。
如何居至高，仍为浊岚蕾。
闻有太古猿，骨老不识冻。
手摘日月丸，趺坐作珠弄。
寻常仙骑过，但以目遥送。
复嫌凡迹来，内关便缄封。
我亦凡世人，未拜上清俸。
此境能许安，玉延尚堪种。
短哉蜉蝣心，死为哀乐用。
丘墓如积尘，谁与举名恸。
发我离垢怀，远意万峦控。
出定泥丸神，依稀碧霄䏶。
碧霄多琼楼，眼前问谁从。
且席烟萝坪，首枕至虚甕。
文果绥山桃，丹毹压肩重。
听彼幽涧泉，泠泠散清哢。

饭大岩下^①卢氏庄

但资吐纳向青苍，不信伫乔有异肠。
潦草篁阴逢独屋，空蒙岩气蓄斜阳。
樽中酪笋分茶酽，釜底煎煤和柏香。
绝粒未参黄石诀，预愁五岳愿难偿。

自蜈蚣肚独行赴白莲庄^②

穷脉闶雕景，淤水浮破蠡。
搜魂海根雾，蹑梦天脊蜿。
钩连万龙骨，似栈不作梯。
一削开剑门，到春草无蒌。
但存古时雪，冻极成绿瑿。

---

① 从 33 省道下大岩下可达四窗岩。大岩下居民均为卢姓。
② 自四窗岩过蜈蚣肚翻越白玉坪头，即达白莲庄，相传曾为杖锡寺之寺庄。

半帑苍坳云，揉碎鸥声凄。
殚掌幸及高，瘁趾复从低。
将舒卷逾劲，方画暝已迷。
大造弃元惨，神灵亦愁栖。
敢因琼关通，留此一线蹊。
熟樵猱并轻，荒氓鬼同鼙。
冥境鲜玮观，问客来为奚？
孤心恐沈逝，不敢动疑懠。
且缘菁峪东，往蹴萝厂西。

山女行

山女食山气，青面莲叶光。
黵岚不泽粉，自非人间香。
蛇髻松为钗，发袜紧缠裆。
不识春可怨，讵知秋可伤。
见客百憨笑，纯任安故常。
愿嫁骑鹿童，弗愿嫁牛郎。
牛郎要种田，种田田有荒。
骑鹿能种芝，芝熟堪充粮。
山女抱山骨，珊珊如鸣珰。
山女亦泽粉，此粉柏之霜。
夜抱山月眠，朝俯山溪妆。

登干山绝顶①俯眺二百八十峰浩然作歌

三台无根五岳小，天姥儿孙头白早。
神仙亦是萧寥驹，随代随时作尘扫。
我能到此宁非仙，俯首四顾无人间。
人间却在白云下，自吾别后当千年。
白云在下天天上，云面青岚日摩荡。
西奔万牛南驱羊，北迤惊蛇东走浪。

———————

① 即今华盖山。

青光尽处变裡采，不是山岚是沧海。

海烟卷入山岚中，倾刻沧桑百回改。

仰首不见鹏鸟飞，云隙过鹰如虫微。

日轮悬臂玉盘大，足跟愁雨方霏霏。

愁雨秋声日暮色，梧落桃开一云隔。

孤心已了万劫殊，寸掌全收八埏窄。

白云渐低山渐高，掌影反复心根牢。

乱山但似乱坟积，云气都为水气飘。

我方有住究何住，陵阳容成不相遇。

茫茫大千蠋螟身，再死重生一回步。

吁嗟乎！死生岂为吾身哀，亦非以此哀后来。

块然顽石今未开，焉知中有金银台。

焉知上古广成子，至今姣好犹童孩。

不如撒手返尘世，尽吾所事全吾归，形神有灭名无灰。

形神有灭名与灰，除此眼中海水覆作堂坳杯，

与此二百八十一万三千余丈之峰一一皆崩隤！

过草鞋岭偶得三绝句

其一

东岩气清下有湖，隔云飞出青毛兔。

传闻六月可浮艇，明月媚荷风媚菰。

其二

棘心采得一襜果，三头骈鄂似樱桃。

几时灵芸唾壶泪，玉汁凝成白髓膏。

其三

不知卓锡西来意，休问骑牛东去人。

木羽仙童披短发，要从天外乞元津。

自横山至茶园冈

荒山人稀独路小，重云欲塞劲风扫。

脚跟败叶枯警秋，眉底微岚清揭晓。

谁知天色当暮时，疾鸟过天无一迟。

不深涧曲已如墨，最上峰头略有晖。
鸟尽天冥远钟响，我以孤心收万象。
暗疑海气束波涛，低见星河压草莽。
醉僧携烛岩缺行，顾我而笑还相惊。
世间万事那可道，风雨空山有甲兵。

九、古村往事

汉代以前,作为天台山脉的分支,《山海经》将四明山称作"句余山"。那时,偌大的四明山脉仍人迹罕至。梅福《四明山记》说四明山"周围八百余里",有"八百余家居之"。进入汉代,尤其是魏晋时期,随着道教的兴盛,大批道人隐士进山,披荆斩棘,结庐炼丹;同时,随着北方士族的南迁,荒蛮之地一时蔚为热土。就这样,"第九四明山洞,名曰丹山赤水洞天"的四窗岩被发现了。一开始,因"石窗"所在,"上有四穴,若开户牖以通日月之光,故号四明",今大俞山就被称作"四明""四明山"。随着一批批文人骚客扪萝攀藤,探胜寻幽,行歌于四明山麓,最终唱响了四明山。

山以洞名

实现"山以洞名"、将今四明山脉称作"四明山"的最早历史文献,是完成于晋太康三年(282)的《太康地记》①。清乾隆《余姚志》载"四明山"条后有"案"云:"句余改称四明,旧志未详其始。道藏有梅福《四明山记》,疑汉时已有此称。然道藏语多有传会,不可为据。惟乐史②引晋《太康地记》,作'县南有四明山',则晋初称为四明,确有明证矣。"黄宗羲《四明山志》说:

---

① 又名《晋太康三年地志》《地志》《地记》《晋太康地记》。作者不详。五卷(一说十卷)。书成于西晋太康三年。记载晋初十九州及郡、县建置沿革、地名取义、山水、物产、风俗,兼及历史事件、名胜古迹等。《水经注》《太平寰宇记》多有其文引用。原书已佚,今有清毕沅辑本,不分卷。以经训堂本为善,另有《丛书集成初编》本通行。

② (宋)乐史《太平寰宇记》。

"《山海经》曰:'句余之山无草木,多金玉。'郭璞注:'今在会稽余姚县南、句章县北,二县因此为名。'晋《地理志》曰:'余姚有句余山在南。'至《唐书·地理志》,则易以四明山。"可知最晚在唐代中期,四明山之名得到了官方的确认。

清代徐兆昺所著《四明谈助》有"四明山"条云:

> 四明旧称周围八百里,统天台而言之也。其山东属鄞,东南属奉化,东北属慈溪,西连绍之余姚、上虞、嵊三县,南接天台,北包翠碕,四面各有七十峰。东如惊浪,西如奔牛,南如驱羊,北如走蛇,总二百八十峰。东生梓,西生松,南生柏,北生桎及黄杨。自平麓至峰顶约一万三千丈。中为芙蓉峰,最高,有四穴,若开户牖以通日月之光,故号"四明"。道书载:天下洞天三十有六,其第九曰"丹山赤水洞天",即此。唐置州治,因山氏州,曰"明州"。其初,总名天台山,一名鬼藏山。李思聪《洞渊集》曰:"秦皇帝命臣王鄞驱山塞海,鬼神劳役,奔入四明不出,故名'鬼藏'。一名'句余山'。"《山海经》曰:"句余之山无草木,多金玉。"王伯厚《七观》曰"东有山曰句余,实惟四明"是也。一曰赤水,在象山。(节录郡邑诸志)

州以山名

张津等撰《乾道四明图经》十二卷,成书于乾道五年(1169)。其"总叙"对古明州建置沿革叙述颇明:

> 自两汉而明、越皆为会稽郡,魏晋以来蔑有变更。随平陈,废鄞,以地隶吴州总管府。高祖武德四年,始析句章县为鄞州。八年,废鄞州为鄮县,隶越州。明皇开元二十六年,采访使齐瀚始复奏请为州,以境内有四明山,故号州为明,而郡名奉化,属浙东观察使,首命秦舜昌为刺史。天宝元年,改为余姚郡。肃宗乾元元年秋七月,复为明州,仍兼浙东观察使。[①]

故唐玄宗开元二十六年(738),最终完成了"州以山名"。

---

① (宋)张津:《乾道四明图经》卷1"总叙",《宋元方志丛刊》(第5册),中华书局1990年版,第4877页。

山以俞氏姓

如是,虽则"山以俞氏姓",大俞山之名的出现要晚得多,最早见诸沈嘉则《四明山游记》(1574),但大俞山四窗岩在宁波城市发展的历史上,着实称得上卓尔不凡,值得四明大地的子民所铭记和颂扬。

宋末元初,戴表元避兵进入四明山,在其《四明山中》十绝诗里,虽有三首写了今大俞村境内的景色,但均未涉及村居村民。这说明在740余年前,当地虽有唐、竺、高等姓氏居民,但只是在沿溪两岸零落散居,尚未聚成村落,甚至于尚未有确定的村落地名。否则,按戴表元的行诗风格,是断不会以"潺广溪"之名指代今大俞村一带的(如戴作有《茶焙》《北溪》《羊额岭》等诗)。或许,那时的今大俞村一带正虚位以待,静候她的主人的到来。

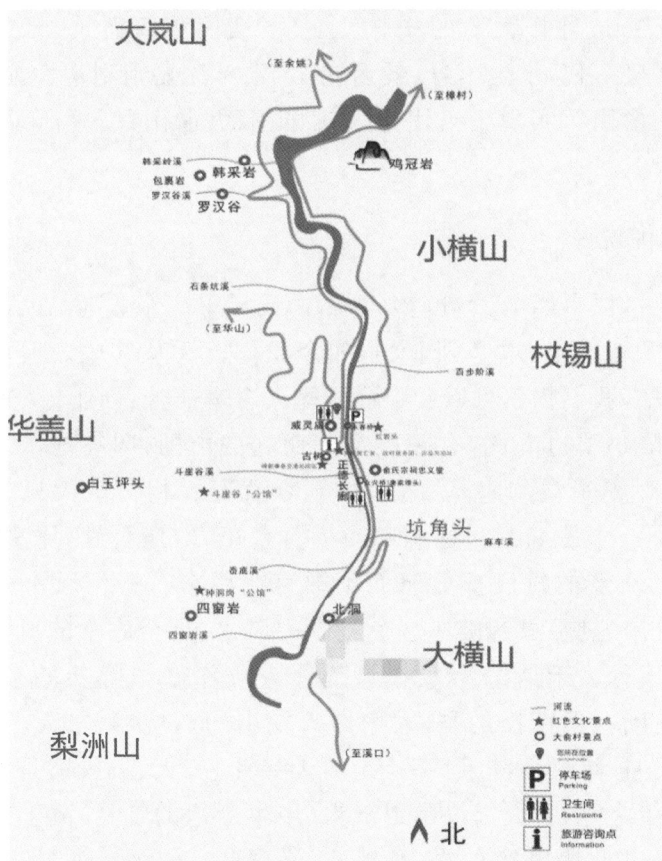

图 9-1　大俞村境

在明朝天顺年间(1457—1464)的公元1460年前后,原生活于剡东乌坑上桥的"五峰俞氏"兄弟俩,或许为生计所迫,便循着当年他们的剡县先人刘晨、阮肇上山采穀、在石窗遇仙的足迹,北上梨洲山,沿梨洲溪顺流而下,来到了今大俞村。虽则他们不像刘阮那般幸遇仙女,留下一段千古奇缘,但他们幸运地来到了一处环境优美、适于创业生存的乐土,创下了一份万代家业。兄弟俩从此便在漭广溪西岸靠近山脚处,卜居卜宅,以烧炭营生。他们尊其父、"五峰俞氏"二十八世祖友信公为"祖远公",兄称"广东",居南侧,叫"上墙门","上墙门"右侧有一条小溪,其源自大俞山上的白玉坪头;弟叫"广禄",居北侧,叫"下墙门","下墙门"左侧也有一条小溪,其源自大俞山上的新严竹山。上、下墙门的小溪边上,均植有香榧树和银杏树。沿上、下墙门后山的山脊而上,可见一尖顶的山冈,叫"屋尖山岗",其山尖酷似毛笔的笔尖,被称作大俞的文脉。上、下墙门相倚而筑,兄弟俩相伴为生,如此一代又一代,生生不息,最迟在1574年沈嘉则到达大俞时,就有了"大俞村""大俞山",实现了当代诗人俞强在《大俞山赋》中所说的"山以俞氏姓"。

古庵的传说

大俞古村,往事如烟。560多年前,俞氏兄弟广东、广禄在大俞定居后,他们是如何开疆拓土、艰辛创业的,如今我们已无从知晓。但从历朝历代的口口相传中,我们仍然可以一窥俞氏先人含辛茹苦、创业传家的场景。

上墙门隔小溪边南侧,有一座突兀而起的山冈,叫高池垄。高池垄山脚下曾建有一座庵堂,"庵基"之地名至今犹存。相传俞氏兄弟定居不久后,庵里来了一个恶和尚。这恶和尚横行乡里,欺压百姓,作恶多端,又武艺高强,十里八乡的村民都敢怒而不敢言。后来有一位风水先生告诉大家,要清除这个恶魔,只有破坏这个庵堂的风水,这个庵堂的风水源头在凫愁岭上的凫头处。于是,大伙便以垦荒种地的名义,在凫头的来垄处(即凫颈处)将其挖断。但奇怪的是,大家白天挖出的沟坑,第二天上去一看,一夜之间竟不知被谁又填满了!一天、两天如此,三天、五天还是如此。就在大伙束手无策之际,有人提议用犁铲头(用牛犁地的工具)蘸上狗血再来铲土,可以破解。此法果然有效,不几天,就在凫头的来垄处,挖出了一道长50余米、宽30余米、深3米多的大沟,生生挖断了凫头颈。说来也怪,从此山脚下的庵堂开始破败,这个恶和尚也在贫病交加中一命归西。大俞村和周边的百姓无不额手称庆，十里八乡又恢复了往日的宁静。直到现在，只要你爬上凫愁岭，你就会看到当年先人们挖断的凫头来垄遗迹。20世纪70年代，在"农业学大寨"运动中，大俞村第三生产队还曾在这挖断的遗址内建起了房子，办起了畜牧场，养猪养牛。在大俞村内，尚有"庵基"的旧地名，前些年村里搞新农村建设，把庵基挖低了后，建起了旅游公厕。今后，庵基之名恐也将不复存矣！

图 9-2　被大俞村人挖断的凫头处

族长、房长制和董事会制①

大俞村偏处余姚最南端，旧时东与鄞县隔溪相对，南与奉化县为邻，西与上虞县背山而居，是一个标准的深山冷岙，交通极为不便。除了偶有寻访四窗岩的文人雅士到村，即使是打家劫舍的土匪也极少光顾。古往今来，大俞村人由于偏居一隅，"出门三条岭②，饭包挂头颈"，"柴子当棉袄，葛藤当腰绞，蜡烛横放倒"③，是祖祖辈辈流传的歌谣。如此生存环境、如此生活条件，造就了大俞村人独特的治理结构和风俗习惯。

族长、房长制是大俞村的最高议事机构。整个大俞村，包括上墙门、下

---

① 本章以下部分内容根据俞存龙撰《大俞村史》（未刊行）改写。
② 即前山岭、高池岭和埋怨岭。
③ 意为烧柴根取暖，拿葛藤作腰带，以竹片为蜡烛照明。

墙门和由上墙门迁居溪对岸田屋里的两房俞姓人家,有一个共同的族长,上墙门、下墙门各有四房,形成八房一族。族长以论资排辈的形式确定,族中辈分最高、年纪最大者为族长。而且还要以同样的方式确定一位"小族长",即一位"储族长",待族长百年之后接班为族长。确定各房房长的条件和方式与推举族长相同,不过,在同一族长任内,如有房长生老病死状况出现,可推举新房长接替之。族长是整个大俞村的首脑,主持族内一切重大事务的讨论和决策。在族房长会议上,制定族规民约,调解本族中发生的所有重大纠纷,协调与上级乡、县以及周边村、民的关系,并监督村董事会的工作。如族内外发生重大事件,则要通过"开祠堂门"来公议定事。

在施行族长房长制的同时,大俞村还有一个董事会制度。参加董事会的人选由各房推选,主要由本村中有知识、有威望、办事公道的村民组成,一般由一个董事和四干首组成,干首也可以是外姓人士。董事会是村内外事务的执行机构,掌管着全村的庵、庙、祠堂、桥梁、学校等的筹建与维修等公益事业。在每年农历十月半,董事会就要结一次年度账。在今华山村圫坪呑有一块不到半亩大的"公田",由四干首轮流分种,轮到谁种这块"公田",谁就负担这一年董事会算账的饭钱开支费用。

民国时期,大俞行政村也曾建立过保甲制度,由保长负责执行县、乡下达的一切行政任务。当时大俞行政村属余姚县南岚一村,由大俞、大元基、白连庄、船底塆、圫坪呑、石柴坪、岭脚、半岭等自然村组成大俞村。中华人民共和国成立后的头几年,一直延续这一范围。1958年,大俞村溪东原属鄞县的田屋里、坑角头和大横山三个自然村,划归到余姚,成为大俞行政村的一部分。1961年,将大元基、白连庄、半岭等自然村分离出去,单独成立了大元基村、华山村、半岭村,并和黄家庄村、隐地村、龙潭村一起,成立了华山乡。

大俞村人的生产生活

大俞村的先祖是因烧炭定居下来的。而定居后,他们一代又一代在村周边特别是在大俞山上,凡有水源灌溉的地方,均围垦成水田,种上水稻;而在山脊上开垦出旱地,种植玉米、番薯、茶叶等作物。这样,地处深山的大俞村,逐渐形成了"一分水田、一分旱地、八分山林"的经济收入格局,人们的生活长期处于自给自足之中。沈嘉则《四明山游记》有云:"登一小岭,绕而南出,乃一旷土,宽数十亩者,有沈氏居焉。地曰柿岭,家户业纸,屋后山如屏。"这是讲柿林村的造纸。沈嘉则虽然在游记中没有记载大俞村的造纸情状，但大俞村人早就利用其丰富的毛竹资源优势，办起了土纸厂，如黄沙潭纸厂、雪下纸厂、后山纸厂、毛园路口纸厂、杳底纸厂、长湾纸厂、烂塘湾纸厂、上坪门路下纸厂、莫家塆底纸厂等十余家。这些小纸厂在竹山上的新竹尚未抽出嫩叶时便将其砍倒，劈成片状竹丝，然后放入厂内用石灰腌着，待腌到一定时候取出，再用水碓石臼磨成糊，作为制造土纸的原料，再经造纸厂加工成土纸(亦称煤头纸)，出售给宁波等地的纸行，供吸潮烟者使用。土纸收入成为大俞村人主要的收入来源。近代以来，随着卷烟的兴起，原来的潮烟随之被淘汰，土纸失去了市场，大俞村的土纸厂纷纷倒闭。在这种情况下，村民逐渐转向种植茶树，大量毛竹被当柴火烧掉，只是每逢大年冬季掘点冬笋，春季煮些咸笋、晒些笋干销售，经济收入极为低微。抗战时期，受日寇侵华战争的影响，物价暴涨，经济萧条，茶叶无销路，山货无人买，而国民党余姚、上虞、鄞县、奉化、慈溪等政府人员退踞大岚山上，抽丁、派粮、捐税种类繁多，败兵残匪到处流窜，敲诈勒索，杀人放火，又威胁着人们的生命安全，民不聊生。为求生存，四明山区百姓不得不扶老携幼，纷纷告别家园，逃往异乡，流浪乞讨，致使不少人饿死异乡，十分悲惨。据不完全统计，仅大俞村全村 116 户人家中，外出讨饭的就有 82 户，占总户数的 70% 以上，讨饭人数 246 人，占总人数 451 人中的 55%，饿死、病死异乡或无辜被土匪打死的 72 人，下落不明的 42 人。到了全面抗战初期，还有部分外迁人口，留在大俞村的户数和人口均锐减过半。村落萧条，田地荒芜，村中杂草丛生，房屋倒塌，满目疮痍，一片凄凉。

从清末到民国初，大俞村也曾有过短暂的繁荣。那时，大俞村开办过四明山上唯一的食盐交易市场，由余姚的岩头、中姚、晓岭等地村民把姚北产的食盐贩运到大俞出售，而南面嵊、新、奉等地盐商则聚集于大俞购买，南来北往的盐商每天多达数百人。为维持交易秩序，余姚县府还派来全副武装的一个班驻扎在大俞村的静心庵。由于大俞村居于余姚、鄞县两县的交界处，溪东属于鄞县管辖，村中溪上木桥连接两岸两县，于是就发生了许多有趣的现象。余姚的食盐跨过对岸就是私盐，而贩私盐是犯法的，不但盐会被没收充公，贩盐者还将被五花大绑地抓去，最后要花钱去赎保。据说，鄞县的缉私盐警也常来大俞，隐藏在前山，一旦发现余姚方向有挑盐的人跨过半桥——进入鄞县地界，他们便像老鹰捕小鸡那样"扑"下来抓捕。而大俞人一旦发现山上有缉私盐警，就会向挑盐人高喊："快快逃回来！"有时缉私警也要追过桥来夺盐,大俞人就把跨过桥的缉私警赶回去,保护贩盐人。大俞村民所食之盐,分为官盐和私盐,私盐比官盐便宜,村民都买私盐食用。政府为增加税收,强迫村民买官盐,盐警来村挨户搜查私盐,凡搜查出私盐的便要罚款,因此,常常激怒村民而群起殴打盐警。全面抗战开始后,由于时局动荡,盐市也就逐步销声匿迹了。

值得后人骄傲的几件大事

在历史上,大俞村的先人们曾经做过几件值得后人骄傲的大事:造桥、建庙、修谱、盖祠堂。而三修永春桥,则是大俞村人合力办的最具代表性的大事。

图 9-3 照片背景即为永春桥廊桥

横跨大俞溪的永春桥,是昔时余姚和鄞县的界桥,也是宁波府和绍兴府的界桥。在永春桥建造之前,大俞村两岸诚如沈嘉则《四明山游记》所言,仅以"步石作渡",一到夏季,洪水泛滥,两岸便成阻隔。明万历二年(1574),沈嘉则到大俞村时曾有记载:"至大俞溪,溪东、西皆居人,西俞姓,东即寺庄。溪阔数寻,步石作渡,水纹縠,坐良久。时山桃作花,瓣流罅中锦错。"据民国《鄞县通志·舆地志》记载,永春桥最早建于清咸丰元年(1851),"跨大皎溪上游。大皎溪之桥皆木桥,惟此桥为石桥,长四五十公尺"。永春桥是一座三孔横跨大溪的石洞桥,桥址在今大俞村正德长廊的亭子处,由村人俞安位负责监工建造,桥面建有桥屋,全部上漆,据说还绘有三国人物故事,东桥头有三间凉亭屋。永春桥建成后,经历了同治十三年(1874)洪水的考验。民国十一年(1922),桥被洪水冲毁,仅存东桥头上的凉亭。由于大俞村特殊的地理位置,东邻鄞县,南通嵊新奉,北往姚慈等地,属交通要道,为此,大俞村人又于民国二十二年(1933)开始募建新桥。那一年,正好陆友驯率《鄞县通志·舆地志》采访组到访大俞村,在县志中留下了"里人募建石桥"的记载,并在其《四明山游记》中说:"溪上架桥,曰'永春',长约三十公尺。"新建的永春桥,桥址向村北下移了60多米,东抵红岩头脚下,西靠威灵庙前,先在30多米宽的溪流中建成两个石头桥墩,再用村中砍伐的大树作桥梁,铺设而成。同时,桥上还建造了13间木结构桥屋。由于建桥工程浩大,发生了经费困难,后由北溪村人卢运法、卢纪和两人出资相助,于次年才最后完成。大桥完工之日,适逢八月十九庙会,又举行了隆重的庆祝仪式,由嵊县(今属宁波奉化区)葛竹人、蒋介石小娘舅王贤裕走"头桥"。直到1956年,"八一"台风肆虐浙东大地,山洪暴发,溪水猛涨,汹涌的洪水先是冲毁了上流北溪村的大木桥,大量木料顺流而下,堵塞了永春桥的三个桥洞,水位突然猛涨到大俞村溪两岸人家,大桥连同凉亭和威灵庙都被滔滔洪水席卷而去。为了建造永春桥,大俞村人把沙场、上墙门屋后、大俞祠堂后及今银杏树旁的香榧树和柳杉树等大树砍伐殆尽,现下墙门有770余年树龄的香榧树和银杏树,还是当时由俞长祥个人用十块银圆给"保"下来的。1961年,人民政府拨款开始了永春桥的第三次建桥。这次是在1933年的桥址上重建,在两个石头桥墩上用槽钢作桥梁,用钢筋混凝土浇筑桥栏而成。永春桥近170年的历史,从石拱桥到木梁大桥再到水泥钢梁大桥,历经几多艰辛,凝结了大俞村几代人的心血。

而今,钢梁永春桥已经锈迹斑斑,如何第四次重建永春桥、再现昔日永春桥的辉煌,已成为许多大俞村人的一个心结。

说到修桥,有一个有趣的故事。大俞村坑角头有条麻车溪坑,从杖锡山上的麻车而下,经坑角头注入大俞溪。以前跨越麻车溪坑,只有一条独木小桥,且经常被洪水冲毁,影响行人过往。民国十七年(1928),四明山上有个土匪头子叫陈天宝,他突然心血来潮,居然个人出资,在麻车溪坑建造了一座石拱桥,取名为"顺兴桥",意为顺利兴旺。直到20世纪70年代,因修建公路所需,在原址上重建成公路石拱桥。

大俞村俞氏宗祠"忠义堂",始建于清咸丰元年(1851)八月,由门厅、戏台、正厅和两侧厢房组成,布局规整,风格简朴,总占地面积约400平方米。大俞村俞氏宗祠现为余姚市文物保护点、大岚镇爱国主义教育基地。中华人民共和国成立后,在俞氏宗祠内办起了大俞村小学,两侧厢房成为教学

图 9-4　建造于 1961 年的永春桥

用房。1970 年暑期,村小另择新址搬迁,原址又改成了大俞村茶厂。2010年,由于年久失修,损坏严重,村集体一方面争取余姚市文化局支持,申请到文物重修经费 11 万元,另一方面,发动全村 150 余户村民捐款,集资 38万余元。总投入 70 余万元,开始了忠义堂的修缮工程,并于 2011 年 10 月顺利完成重修。大俞村现有人口 150 余户、423 人,其中俞姓人口占 80% 以上。历史上,俞氏宗祠为大俞村村民所共用。清咸丰元年初建时,本村邓氏村民曾拥有一个厢房包间。2010 年开始重修时,以俞氏为主、其他各姓村民积极参与,全村户户捐款、人人出力,充分体现了忠义堂精忠报国、遵道秉义、开放包容的族风、村风。

大俞村小学校

大俞村从清朝后期起,就办有一所初级小学,除满足本村儿童(包括大元基、半岭等)就读外,还招收来自一山相隔的鄞县(今宁波市海曙区)百步阶村的孩子,学制到初小四年级,学的是百家姓、三字经、四书之类。就读的学生只负担自己的书簿费,不交学费。学校老师的工资及办公经费由村组织支付,主要来源是村内庵产、庙产的收入,部分由余姚及鄞县政府补助。老师工资按年度以稻谷计算,一般为每年 1200～1400 斤。其膳食由生活较好的学生家庭负担,一般一个月或十天、半月地轮流,贫困学生不用负

图 9-5　俞氏宗祠

担。有意思的是,村校为领取政府更多的教育经费补贴,常常利用一村占两县的独特优势,在校址上玩起了"猫捉老鼠"的游戏:鄞县督学来检查学校时,把静心庵里的学校搬到对岸俞氏祠堂里,而余姚督学来检查时又搬回静心庵,平时则基本上在庵里不动。因学校利用地跨两县之优势,变着法地领取两县的经费补助,所以学校的课桌椅都用油漆刷过,十分考究。1943 年 12 月,侵华日军及伪军趁三五支队展开第二次反顽战争的机会,集结 1500 余人的兵力,分别从余姚、宁波、上虞和奉化四个方向进攻大岚山,"扫荡"四明山革命根据地。[①] 12 月 8 日,从奉化出发的日伪军由雪窦岭经北溪,路经大俞村。这天 8 时左右,等大俞村人在坑角头屋下发现了日军尖兵时,想逃已经来不及了。幸好大队日军忙于去大岚会师,只是从溪东新路过永春桥,没有停下来进村。只有小股日伪军在威灵庙前作短暂休息,把设在静心庵内的学校课桌椅给烧掉了。这着实让大俞村人心痛了好一阵子。就是在这一天,日伪军火烧夏家岭,洗劫丁家畈、黄家庄等村,犯下累累恶行。笔者幼时常听大人讲起,那一天经过大俞村的日伪军不仅人数众多,而且人高马大,把大俞村溪边的岩石也踏出了一个又一个的马蹄印子。

大俞村能人、奇人

近代大俞村曾出过几个能人、奇人。

---

① 　中共余姚市委党史办公室:《中国共产党余姚历史大事记(1919—1995)》,宁波出版社2000 年版,第 58 页。

俞大德,又名俞尚永,大俞村下墙门上坎人,其生卒年不详,大俞村俞氏十二世祖,"五峰俞氏"三十九世祖。据传,在俞氏兄弟到来之前,村里散居着唐、竺、高等姓氏人家。俞氏兄弟到来之后,俞氏势力逐渐强盛。有一种说法——大俞村之名是由俞大德最早拟定的,这显然是一种误传。因为早在明万历二年(1574)沈嘉则的《四明山游记》中,就有"大俞村"之名。而俞大德生活的年代,距今也就200多年光景。俞大德之出名,在于其聪慧且暴戾的个性。当时,四明山一带流行一种行礼拜的"社",大俞村所在的"沈家社"包括柿林、百步阶、大俞、蜻蜓岗、石鼓和西岭下等村,代表人物就是俞大德,他给沈家社取了个"天齐社"的社名。那时在余姚西南石婆桥山上有一所"高庙",各社每年都要派代表到"高庙"去开会,称作"三十六社上高庙"。有一年俞大德"上高庙"回来时,路经丁家畈的岳殿,那里正在演社戏,曲目是《封神榜》中的"张奎斩五岳"。俞大德看到后,悄悄走上台去,把戏班的铜锣给摘了下来,唱戏被迫中断。台下观众一片喧哗,纷纷责问他为何捣乱。俞大德不慌不忙地说:"这戏是谁点演的? 东岳大帝原是殷商纣王的大将武成王黄飞虎,因纣王荒淫无道,致使黄飞虎的妻子和妹子惨遭杀害,武成王为此反出五关,投奔西岐周文王,后在反朝歌伐纣中死于纣将张奎之手,这就是张奎斩五岳! 难道你们不知道吗? 在封神榜上,黄飞虎封为东岳大帝,在五岳之首。今天你们在他面前演这一出戏,不是敬重他而是出他的丑、揭他的老底,所以不能演!"台下观众听俞大德如此一说,都觉得有理。从此,俞大德在大岚山一带名声大振,人们纷纷称赞他才华出众。但是,俞大德性格暴戾,后来还成为地方一霸。据传,今华山村东湾附近有一个叫湖家的地方,原居住着一户仙居人,一家老小勤劳生产,种的六谷(玉米)也很好,生活过得还算不错。一天,俞大德把家中的几枚花六谷暗藏在自己的袖筒里,然后来到湖家仙居人家做客,假意要看看仙居人家已收获的六谷。仙居人是老实忠厚人家,没有防范他的阴谋,就让他去看。但俞大德在观看六谷的过程中,将预先准备好的花六谷偷偷地放进仙居人的六谷堆中,随即翻脸说自己家的六谷被偷,并诬陷仙居人,要其赔偿。由于俞大德以霸道成名,仙居人自知大祸降临,便连夜携一家老小逃走。由于行路匆忙,8岁的女儿在屋下小溪的水潭中淹死了。从此之后,据说每当阴雨天气,在湖家溪坑里便有"等等我、等等我"的冤鬼哭喊声,一直至今。俞大德为敲竹杠,丧尽天良而遭后人唾骂。

俞一善,又名俞作舟,大俞村上墙门里边人,生卒年不详,大俞俞氏十六世祖，"五峰俞氏"四十三世祖。约在民国二十八年（1939）正月初二，就是年是否出社行礼拜，在大岚丁家畈岳殿进行"拿主"（即开会）。经各村甲旗单位商议决定，是年照常出社行礼拜。代表大俞出席"拿主"的俞世忠回村后，便把行礼拜的告示张贴在村头。俞一善看到告示后很气愤，认为年景不好，行礼拜会加重村人负担，而且与当时全国上下节衣缩食共同支援抗日的时局不符。为此，他同俞世忠发生了激烈的争吵。此后，俞一善一张状纸，把俞世忠控告到鄞江桥警察所。不久，鄞江桥警察所派来8名警员，逮捕了俞世忠。当时正值清明时节，在押解去鄞江的路上，碰到了一大群清明上坟的人群，俞世忠便趁机大喊救命，人群越聚越多。当问清楚俞世忠是为了行礼拜之事而受罪后，一众人就把俞世忠从警员手中给抢了下来。因沈家社（即"天齐社"）是以柿林村为主的，这下俞一善算是把整个"天齐社"给得罪了。当日下午三四时，柿岭村近200人赶到大俞，要吊打俞一善，为俞世忠"出气"。俞一善只身逃到北溪，不久以土匪和毁人财物的罪名，一张状纸将俞世忠控告到奉化县。奉化县法院在连传三次不到庭受审的情况下，发出了对俞世忠的通缉令。俞一善拿了通缉令回到大俞。在众乡亲的调解下，俞世忠杀鸡备酒，向俞一善赔礼道歉，事态总算暂时平息。而事实上，俞世忠内心一直愤愤不平，伺机报复。一天夜晚，俞一善到俞世忠开的小店闲坐，俞世忠从家中出来，手拿尖刀，要刺杀俞一善。此时幸亏有旁人阻拦，俞一善才未遭其害。俞一善带上通缉令，连夜逃到北溪，向北溪剿匪部队控告俞世忠行凶杀人。于是，北溪部队根据通缉令，当即派人到大俞村，将俞世忠逮捕，在祠堂里动了大刑，并准备在祠堂边的桂花树脚下处决。这时，俞一善算是良心发现，亲自出面将俞世忠保释下来，保全了性命。后来，俞世忠被押到北溪，吃尽了苦头，经多方设法，先后花费200余银圆，在众乡亲的保释下被放了回来。他因此倾家荡产，一蹶不振。这就是大俞村历史上流传颇广的"行礼拜案"。

另一个故事，则展示了俞一善的正面形象——他利用自己的胆识和威望，维护了大俞村人的利益。大俞村人俞存松承租了李家坑人李志标在大俞村境内的一块竹山。后来李志标没有同俞存松商议，便将竹山卖给了百步阶村人沈元水。按照当时规矩，出卖时应先与原租户协商，原租户有优先购买权。而买主沈元水是一个地道的老实人，没有征求原租户同意就买入了。俞存松妻子获知自己的租山被山主出卖后，一时气急，便将山上的毛竹一刀一支，砍倒了几十支。沈元水知道后，将此情况告诉给李志标。

李志标听说后,仗着自己有钱有势,邀请住在柿林村的娘舅沈宗昌,二人乘着轿子到了大俞村,将俞存松用绳子捆绑起来,想押解到李家坑去。当俞存松被押经太岭时,恰巧被俞一善看见了,他当即高喊道:"沈志标、沈宗昌,吊人打人也要问问当方土地!抓人容易放人难,我看你们有多大本领!"当即吩咐俞存松家人备好轿子,准备到余姚去控告沈志标、沈宗昌。俞一善是远近有名的人物,据说由他出面打的官司从未输过。在俞一善的威慑下,沈志标和沈宗昌竟呆呆地站在原地,既不敢把俞存松带走,又不甘心放人,进退维谷。此时由大俞人出来打圆场,把沈志标、沈宗昌唤回大俞,双方协调此事,最后放了俞存松,双方各自承认错误。

大俞村里的邓家人

说到大俞村人,就不得不说到邓家。在上墙门和下墙门之间靠近溪边的位置,有一排坐北朝南的二层楼房,大俞村人称其为"邓家"。邓家尊东汉将军邓禹为先祖,其后人先居上虞南门,号曰川堂,后又迁至下管聚族而居。明万历间,从管溪而上,在一个名为乌石陇(又称前溪)的地方,绵延数百年。相传很早之前,邓家有十八堂兄弟,居住在大俞山斗崖谷之上的杨梅树湾,个个精通拳术,武艺高强,常被他人雇佣去打架斗殴。据传,有一次或是被人雇用,或是为个人利害,到北溪村去打斗,不料北溪人早有防备,设置陷阱,在村中主要屋脊里架设石头廊棚,待邓家十八堂兄弟进村后,石头便迎头劈脑地砸向邓家十八堂兄弟的头顶,将邓家十八堂兄弟都活活压死在弄堂里。从此之后,邓家便一蹶不振,开始衰败。到全面抗战前夕,邓家只剩下邓阿富等少数几户人家,且大多为单身一人。

邓阿富是远近闻名的传奇人物。相传他的本领堪比《水浒传》中的燕子李三,走起路来似马一样飞奔,只需两枚钉子,便可在风火墙上自由行走。有一次,来抓他的警察和他一同看戏文、吃夜餐,又同床共眠,而第二天一早,邓阿富已从60余里外的下管偷来了一担老酒,二人同时起床并无异样。这使来抓他的警察也不敢相信,认为是别的窃贼冒名或者故意陷害他。邓阿富还精通木工手艺。相传大皎有一富户要造一幢大楼房,找寻四方木工高手,于是四乡八邻来了很多木工师傅。主人想了一个办法,叫各批木工先做一张八仙桌子,然后在各人做好的桌子上面放上石磨和米袋,在桌子的四个脚上系好绳子,在地面上来回拖圈子,看谁的桌子牢固。这样,有的桌子没拖上几圈,便四脚分开支离破碎,而邓阿富所做的桌子完好无损。这让其他木匠都心服口服,邓阿富便承接了包工。从此,邓阿富名声大振。晚年的邓阿富以木工维持生计,并带出了不少高徒。

发生在邓家人邓传身上的故事,着实令人嘘唏。邓传,又名邓曾传,是大俞村于1938年加入中国共产党的三位地下党员之一,担任过大俞村党支部书记、大岚区委书记,为四明山革命根据地建设作过贡献。1945年三五支队北撤时,因贪恋优裕的家境,不愿随部队北撤,一度对革命事业失去信心。1946年,坚持四明山斗争的游击队员假冒国民党梁弄区公所人员,趁鲁相贤在雅庄请客的机会,抓捕并处决了大岚乡乡长鲁明治等二人。此事震惊了四明山。当时驻扎在晓岭的"浙保"将鲁相贤逮捕。在软硬威逼下,因鲁与邓传此前曾有龃龉,便供出邓传是共产党员。1946年9月,"浙保"派出一个排的兵力连夜赶到大俞,在拂晓时包围了邓传家。鲁相贤被捕后,邓传已觉大事不妙。是夜邓传先是躲在一个叫兴头的看管六谷的草舍里,既看管六谷不被野兽吃掉,又防不测之事。由于这一晚后半夜特别冷,他就回家来添衣服。不料就在进屋后不久,"浙保"就包围了他的家。邓传想从后窗跳窗出逃时,被包围在后门的"浙保"乱枪打死。

当时的游击队员曾担心邓传投靠国民党,对革命不利,对大俞村这个"红色堡垒村"造成严重危害,但邓传最终是被国民党以追杀共产党员的名义而枪杀的;尽管邓传曾对革命失去信心,而且脱离了革命队伍,但他在三五支队北撤后到被国民党枪杀的整整一年时间里,从未做过任何对革命有害的事情。所以,邓传是一个脱离革命队伍的人,而绝不是出卖革命的叛徒,对于他曾经为革命事业作过的贡献,我们不应该忘记。

大俞村民俗文化

大俞村人在历史上创造了许多独特的民俗文化。举办威灵庙庙会,行礼拜、行青苗和蓝盆会等,都是大俞村人重要的精神文化活动。

大俞村北有一座古庙,叫威灵庙,据传一开始建在红岩头半腰的石穴内,供奉的是王判官菩萨和关公菩萨。清咸丰三年(1853),村人在与红岩头遥遥相对的永春桥西侧,重建威灵庙。关于威灵庙之名的来历,徐兆昺《四明谈助》引述的余寅《四明山游籍序》有云:"中穴石上有小石牌,高不过二尺。中书'四明洞中得道,威灵显应,天仙诸圣',左书'无为居士李觉广',右书'行伴姚觉明同立'。"大俞村口的威灵庙与这一说法相关。关于王判官菩萨,有一个流传甚广的故事。说的是当初塑判官菩萨泥身时,那天是八月十九,大俞村人请来的师傅正在为判官菩萨塑像,就差最后一道工序。这时恰好有一个王姓郎中路过,塑像师傅觉得王郎中器宇不凡,忍不住边看了几眼王郎中的模样,边塑就了判官菩萨。后来这个王郎中在路上死了,人们认为他的灵魂已经附在判官菩萨身上,于是庙内的判官菩萨就被叫作"王判官"。说来奇怪,此后,王判官真的做到有求必应,能治百病,尤以医治毒疮恶疾最为出名。每年农历八月十九日是王判菩萨生日,这一天成了大俞村威灵庙举办庙会的日子,来自毗邻县乡的烧香拜佛、求医问药、祈福还愿各色人等,熙熙攘攘,庙内香烟缥缈,红烛熠熠,人山人海,成为四明山上最为热闹的一个庙会。

图 9-6　威灵庙

在离大俞威灵庙 15 公里左右的今海曙区章水镇字岩下村①境内,细夹线在一座叫俞山庙的祠庙和叫俞山的小山之间穿行而过。据民国《鄞县通志》记载:俞山庙于清乾隆三十四年(1769)重修,嘉庆十一年(1806)复圮,道光九年(1829)再次重修。而俞山庙始建于何时,县志并无明确记载。据戴姓护庙人说:俞山庙建庙至今已有 360 多年历史。据此推测,当始建于清顺治年间的 1650 年前后。俞山庙倚山而建,面东朝俞山,祠庙正殿供奉的是一位叫俞吉庆的大俞村人。据传,当年俞吉庆行走在四明山的村村落

---

①　其村后山上有一绝壁,镌有"四明山心"四大字。字岩下村之村名,当与此四字相关。

落,为黎民百姓问医送药。俞吉庆经常在字岩下村一带治病救人,被当地百姓奉为医神。俞吉庆去世后,当地百姓便在俞吉庆经常行走的山路旁立祠供奉,山称"俞山",庙叫"俞山庙",至今香火不断。因大俞村俞氏家谱已毁,我们今天已无从了解俞吉庆的生平事迹和生活年代,但俞吉庆的行医年代要早于王判官的故事,则是确定无疑的。

图 9-7　以大俞村先人俞吉庆为庙主的俞山庙

行礼拜是旧时大岚农村最大的民俗文化活动,一般安排在农闲的农历二月初七、初八日举行。这种大型的活动每年或数年才举办一次。大岚丁家畈有一座东岳殿①,统辖整个大岚,下分沈家社、鲁家社和朱夏社三大社系。沈家社包括柿林、石鼓、西林下、李家坑、大俞、百步阶、黄家庄、西岚、西岭下、石鼓、蜻蜓岗等村,其社名叫"天齐社",意为天上玉皇大帝;鲁家社以鲁姓为代表,包括余家横、大路、观下、下芝庄、下庄、大陈等村;朱夏社以后朱、夏家岭、邱庄、四孔头等村为主。社区内设"头旗",各村以村为单位设立"甲旗",而"头旗"则在社区范围内轮流。每年正月初二日,各甲旗(村)单位派一代表去大岚东岳殿"拿主"(开会),共商决定是年是否出社,即"行礼拜",并提出具体方案。行礼拜背头旗的人一定要有钱有势,因为

① 光绪《余姚县志》卷 11 作"东岳庙"。

出社前祭祀东岳大帝、请"杂番"演戏,以及行礼拜所需的一应支出,都得由背头旗之人支付。出社行礼拜那天,凡社区范围内的男子,包括会走路的男孩,都得出去行礼拜。出社前一天,由甲旗统领本单位的男子到东岳殿集中。出社这天,各村以甲旗为单位,秩序井然,人们吹吹打打,抬着岳帝,有舞龙的、放铳的、拿着大小旗幡的,锣鼓喧天,铳炮齐鸣,浩浩荡荡地开始了行礼拜。第一天从丁家畈东岳殿出发,经观下、大田下,到老屋基吃中饭,下午经柿林到李家坑过夜;第二天早上到大俞、百步阶,吃完中饭后,经韩采岭到黄家庄、西岚,在石鼓过夜;第三天上午返回丁家畈东岳殿,历时三天两夜,行礼拜结束。沿途所到之处,都要以素斋供应,素斋好坏以各自家庭经济条件而定。背铳的香客大多让人喜欢,因吃斋之后在他家放上几铳,以示驱除妖邪,保佑家族太平安康。头旗老佛被视为东岳大帝的化身,因而格外受欢迎,他到村后早被村里有钱有势的显赫人家邀请去了,活菩萨到了谁家,就显示了谁家的荣耀。在过夜的村庄,夜晚场景格外热闹,在菩萨面前贡奉着丰盛果品,要上香酒,细吹细打,读祭文致祭,"杂番"要整夜吹打唱戏,全村人都能过上一个欢乐的节日夜晚。

大俞、百步阶两个村因户口少,且经济不富裕,对于几千人的一餐中饭,实在无力筹备。大俞村作为一个甲旗单位,为了出社行礼拜,设有几个组织:一是武旗会。武旗是一面很大的大旗,有的地方称为"大旗会",要由数人扛着,用绳子拉平。大俞村的大旗一般是从上虞租赁来的,为支付租旗费用,专设有一亩田产,称武旗会田。二是龙会。大俞村有用布制成的布龙一条,由身高体壮者把龙头,个子矮小灵活者把龙尾,还有锣鼓、龙号子,每到一地都要舞龙戏耍。三是铳会。铳是一种用生铜铸成的有三个直孔的土枪,灌上火药,用纸线点燃,能放出三响。出社行礼拜时,到谁家吃斋,待走时放上几铳,以示驱除邪神恶鬼、妖魔鬼怪之类。四是响器会。由数种敲打乐器组成,如铜锣、鼓、钹、箫、笛、梅花(唢呐)等。每当冬季和新春,村里的年轻人自愿学乐器、唱绍兴戏,曲目有《渔樵会》《玉麒麟》等,平时也是村文娱活动的重要内容。五是太平会。太平会上,有武判官、黑无常、白无常,几个小鬼分别牵着秦桧及其妻王氏,还有一个撑旗的。武判官身穿红袍,头戴纱帽,手执扇子,肩背武靴,后面有一顶旗子;黑、白无常头戴高帽,帽上写"一见生财"字样,脚上画着烂脚疮疤,据传是在捕捉鬼魂时被黄狗咬伤的;小鬼们手执钢叉,用铁链吊着秦桧和王氏,走动时发出铁链声和钢叉声,阴森恐怖,胆小者会受到惊吓。出社行礼拜时,上述各个组织各司其职,各显所能,热闹非凡。

蓝盆会是鬼节的纪念活动。民间流传,每年农历七月半,阎王会把各种小鬼、野鬼等鬼魂从鬼门关中放出来,任其在阳间游荡,寻觅吃食。由此,在阳间的人们每到七月半时节,凡有子孙的都要做上"七月半羹饭",祭祀祖先;但无子孙的冤魂野鬼、小鬼等无人祭祀,无处觅食,便由村组织成立蓝盆会,请道士拜祭念经,敲锣打鼓,吹吹打打闹上一天一夜,村里年老者做了许多纸衣裳,放焰口时烧给那些无家可归、缺衣少食的野鬼,像人世间一样予以施舍和救济,以确保一方平安。大俞村的蓝盆会为每年的农历七月十三日(灵溪庙七月十二,百步阶七月十四日)。这一天,从早上开始设立祭坛,由三个道士拜祭,会同村里的老年人诵经念佛。下午,人们敲锣打鼓,从威灵庙后出发,沿后山屋后至上墙门,走一个圆圈返回庵里。沿路用毛竹劈成丝条,插上白纸条以作小旗,走一段路在路边插上一面小旗,以为路标。晚上,在庵里放焰口时,再次敲锣打鼓地去请各类小鬼、野鬼,让他们背了小旗来赴蓝盆盛会,道士则细吹细打地迎接鬼魂的到来。在焰口会上,摆设各种水果、糕点设宴款待。待一小时后,小鬼们已吃饱了,可分到纸衣纸裤,还可分到纸钱。此时,道士便开始催促小鬼们急速离去,返回原处;如有不愿回去者,便用威吓手段,用宝剑进行威逼,迫使小鬼们速返原处。这就是道士的"善请恶送"。大俞村的蓝盆会组织置有专门田产,由其会员轮流种植,这一年谁种会田,此年的蓝盆会就由谁负责操办和经费开支。

行清苗是大俞村人为了当年的农作物丰产丰收,祈求风调雨顺、驱病除虫而组织的一场活动。每年春节过后,村董事会就会组织一批青壮年,用几把木制椅子,再把柳条扎成门框状,捆在木椅上面,装扮成轿子状,轿子上放着"小大王""风调雨顺"等小菩萨,抬着这些泥塑木雕,敲锣打鼓地由高池经凫愁岭上高山,到白莲庄、坭坪岙、船底湾,在田畈上走一圈,下午到大元基,再经百步阶返回大俞。这样,把整个大俞山走了个遍,这就是"行清苗"。此外,每当大旱不雨、万物枯萎时,还得请龙求雨。有时奉化人到龙潭村的黑龙潭请龙求雨,需要路过大俞,大俞村人也会做上一个"贡",请求龙王爷把雨分一点给大俞;当田畈上稻苗发生稻瘟或虫害时,有的在田中插上一把扫帚,祈求以此驱除稻瘟虫害。在农业生产技术十分落后的时代,人们只能通过行清苗这样的方式,祈求上天保佑,获得人畜两旺、五谷丰登。

十、红色足迹

　　四明山是抗日战争时期共产党领导的 19 个革命根据地之一,也是解放战争时期中国南方七大游击区之一,是浙东游击纵队的主要活动地区。

　　在由中共余姚市委党史研究室所著《中国共产党余姚历史》第 1 卷中,有如下记载[①]:

> 　　在姚南、慈南的四明山区,随着武装斗争的开展,武工队活动的扩大,在坚持时期的隐蔽点周围建立一批红色堡垒户、堡垒村的基础上,进一步开辟发展红色堡垒户、堡垒村。由点到线、由线到面,逐步形成了跳跃式的、星罗棋布的红色据点群,从山区逐渐扩大到平原,甚至在敌人碉堡周围,也建立了武工队活动的红色据点。这些红色堡垒户、堡垒村,是党开展工作的立足点,发动组织群众开展抗丁、抗粮、反"清剿"斗争,发现和培养积极分子,发展和巩固党的组织,并保证游击活动开展的隐蔽根据地。……南岚乡的上马、大俞、大元基,晓云乡的大山、陈天龙,白鹿乡的茶山马家坪等,都是连片或连线的堡垒村。

　　大俞村是个"红色堡垒村"。自 1938 年 6 月俞存香、俞昌基、邓曾传等 3 位热血青年投身党组织的怀抱、随后建立村党支部起,大俞村一直未曾中断过党的支部组织和革命活动。特别是 1945 年 10 月三五支队北撤后,国民党反动派伺机疯狂报复,抗战时期的红色区域大多笼罩在一片白色恐怖

---

　　① 中共余姚市委党史研究室:《中国共产党余姚历史》(第 1 卷),中共党史出版社 2004 年版,第 186—187 页。

之中,有些甚至成为国民党特别加强统治的"模范区"。在整个四明山区处于一片白色恐怖的情况下,古老的大俞村依然保持着党支部组织,巍巍大俞山依然是游击健儿"盘柴山、打游击"的红色土壤,共产党点燃的革命火种在大俞村从未熄灭。在抗日战争到解放战争的峥嵘岁月里,仅52户、200多人口的大俞村,先后就有23人加入中国共产党组织,30多人参加了革命队伍,另有3位烈士血洒人民解放战争战场。党的活动持续之久、群众参与面之广,这在浙东革命根据地史上,都是极其典型的!

图 10-1　解放战争时期浙东革命根据地嵊新奉县工委成员
在大俞村口永春桥下合影
(前排左起:朱之光、范正明、丁大章、虞鸣非、黄连
后排左起:马平、俞存潮、褚克才、王超)

发生在大俞村的三次战斗

在大俞村,曾先后发生过3次战斗。这就是:1943年11月20日的大俞反击战、1948年11月18日的"大俞大捷"和1948年12月下旬的大俞反敌探战。

大俞反击战:1943年11月20日

1943年4月,国民党顽固派在全国掀起第三次反共高潮。蒋介石对于自己的家乡四明山和三北地区有共产党的抗日根据地非常恐慌,先后7次急电指令黄绍雄、何应钦、顾祝同、李默庵和竺鸣涛等,要求第三战区"指派有力的部队限期解决三北游击队"。浙东国民党三十二集团军李默庵于1943年7月拟定"浙东绥靖方案"要点,"以何静一股为主要目标","限三十二年(即1943年)底完成"。日伪部队及根据地附近据点的日伪驻军也得到情报,想乘国民党顽固派对共产党"清剿"之机夹击。当时浙东游击纵队主力部队只有2000人,而国民党顽固派包围四明山的部队有2万多人,力量对比悬殊。敌人进攻的主要力量是第三挺进纵队贺钺芳部,浙东游击纵队将五支队部署在"挺三"正面,阻止其向四明山进攻,三支队则迂回到"挺三"侧面,消灭其后续部队。

　　11月4日,国民党第三十二集团军天台前进指挥部,向挺进三纵、四纵、五纵下达了"务将奸军包围于四明山内歼灭之"的作战命令。"挺四"田岫山部、"挺五"张俊升部接到命令后,积极配合"挺三"贺钺芳部向四明山推进;贺钺芳部突击第一总队第三营配合国民党新昌县县长张晓崧所辖的地方保安部队,向四明山西南方向挺进;俞济民部与"浙保"等部由鄞奉向四明山推进,形成了三路围攻四明山革命根据地的态势。

　　11月18日,田岫山部进占梁弄,"挺三"贺钺芳部南部逼近蜻蜓岗第五支队阵地。19日,向第五支队阵地发起猛攻。第五支队坚守阵地,击退敌人多次冲锋,毙伤顽军百余人。战斗激烈时,张俊升部从北侧夹击第五支队。在两面受敌、敌我力量悬殊的情况下,第五支队撤出蜻蜓岗阵地。

　　面对国民党顽固派的猖狂进攻,浙东游击纵队奋起反击。1943年11月19日,这天是农历十月廿二,四明山区初降瑞雪,天气格外寒冷。为配合蜻蜓岗阻击战,大俞村的青壮年都去鄞西运送军粮去了。下午,从北溪方向开来了"挺三"贺钺芳部的主力第二支队的一个大队,在大俞村驻扎下来,并派出一个排的兵力到榨湾岭察看地形,打了一阵排枪就回来了。当晚后半夜三点多钟,大俞村民听到前山、红岩头和庙外方向传来了一阵阵激烈的枪声,原来是三五支队一大队主动发起了攻击贺钺芳部的战斗。贺钺芳部第二支队大队长赵志芳慌忙带队向高池方向逃窜,被三五支队从前山方向打来的子弹击中,当场毙命,其余大部从对岸水坑经长湾逃往唐田、北溪一线。此战第三支队击毙敌大队长以下10余人,俘20余人,缴获步枪10余支。[①] 而据目睹此战的大俞村老人所述,因当时战斗来得突然,赵志

---

　　① 中共余姚市委党史研究室:《中国共产党余姚历史大事记(1919—1995)》,宁波出版社2000年版。

芳部带队的人选错了逃跑路线,没有退往后山竹林,仅在高池山崖下留下的尸体就有二三十具,在小溪坑角里还有十多具。所以,许是当时三支队战后撤退匆忙之故,未及精确统计,此战仅毙敌就在40人以上。关于此战,大俞村人还流传着一个小插曲。说的是敌方大队长赵志芳带部队进驻大俞村后,住在下墙门的一户百姓家中,这户人家有个三岁多的小孩,看到赵晚餐吃的是大鱼大肉,很是嘴馋,又很是内心不忿。这时,赵对那小孩说,你知道我明天早餐还要吃什么吗?小孩脱口而出:"明早给你吃'花生米'(意即吃枪弹)!"怎料一语成谶,赵志芳果然在第二天清晨命丧黄泉。

此战,三支队第一大队奉命突击驻守在大俞村的国民党"挺三"部。11月20日凌晨,第一大队大队长蓝碧轩带领全体战士,爬上海拔700多米高的杖锡山顶,经过燕子窠,从冷湾、仰斗竹山直下前山,挺进大俞村。大俞有条大溪,分成东西两边,敌人驻扎在溪西,前山在村东。当第一大队战士悄悄下到前山,突然发现右侧红岩头有个敌排哨,大队长蓝碧轩立即指挥兵分两路,大部攻击溪西敌军,自己带领小队战士直扑红岩头的敌排哨。开始冲锋前,蓝大队长帮小战士陈灵系好鞋带,带头冲锋在最前面。在离敌人排哨不足50米时,敌人机枪响了,蓝大队长不幸中弹,壮烈牺牲。在攻击溪西敌军时,另有3名战士牺牲在晒场和庙里的战斗中。

关于大俞反击战的背景和结果,谭启龙在《浙东第二次反顽自卫战》[①]一文中,曾作如下记述:

> 区党委确定的战略方针是:如顽军进攻,我即予以反击,争取田岫山和张俊升中立,集中力量在北溪消灭贺钺芳的挺三。军事上作了如下部署:以五支队在蜻蜓岗建立防御工事,阻止贺钺芳部的正面进攻,而以三支队出击大俞之顽敌。开始,田、张也表示中立,但正当我军向贺钺芳部发起反击时,他们就变卦了,田岫山和张俊升从各自的驻地北犯,向我军进逼。11月18日,挺四进占梁弄、横坎头。19日,挺三向我蜻蜓岗阵地的第五支队发起猛烈进攻,我军坚守阵地,击退敌人多次冲锋,毙伤敌百余人。战斗激烈时,挺五却从侧翼向我夹击,我军因两面受敌,被迫撤出战斗。当晚,我三支队向大俞出击,将挺三主力第二支队一个营击溃,毙俘其营长以下40余人,战斗中我三支队一大队

---

① 谭启龙:《浙东第二次反顽自卫战》,宁波市新四军暨华中敌后抗日根据地研究会:《反顽自卫　坚持抗日》,中共党史出版社2001年版,第171页。

大队长蓝碧轩不幸牺牲。贺铖芳被迫退往唐田、北溪一线。大俞战斗后,我军为了表示不愿内战,主动转移至周公宅一线,并发出第三次呼吁团结冀挽危局的通电。

大俞反击战是浙东第二次反顽自卫战中三五支队第一次主动出击国民党顽固派的战斗,击溃了国民党顽固派"挺三"部的进攻。

"大俞大捷":1948 年 11 月 18 日

1948 年下半年,刚从浦东挺进四明山并新组建的浙东人民解放军第五支队驻扎在大俞村。11 月初,"浙保"兵分两路,向五支队驻地奔袭。"浙保"一团团长钱则鸣率主力经杜岙、周公宅挺进至商量岗一线,指挥部设在商量岗,二区(宁波)专员吴求剑率专署独立营从梁弄出发,拂晓前到达柿岭村,向李家坑、羊沟坑一线堵截,妄图南北夹击,一举歼灭第五支队。因大俞村地下党员俞存香受陈布衣委派,曾秘密打入过国民党地方部队,对敌方部队情况十分了解,同时,又对大俞和北溪一带的地形十分熟悉,所以第五支队陈布衣政委、储贵彬支队长就与俞存香共同研究,拟定了阻击国民党围剿部队的作战方案。11 月 18 日拂晓,五支队巡逻小组与敌接火,支队部按部署向北溪转移,并命令"铁马中队"沿北溪南侧高地警戒。"浙保"先头部队一个连紧追不舍,于是支队领导命令"铁马中队"正面阻击敌人,"钢铸中队"一个排迂回拦腰反击。敌先头部队遭五支队猛打猛冲后溃不成军。此战,俘敌 17 人,缴获步枪 17 支,而五支队无一伤亡,取得"大俞大捷"。

陈布衣在《风雨历程——四明山革命斗争岁月》[①]中,是这样记述"大俞大捷"的:

> 11 月 8 日,第五支队在大俞村宿营,敌从五十里外分两路向我奔袭:浙保一团团长钱则鸣率主力,经杜岙、周公宅挺进至商量岗一线,团指挥所设在商量岗;二区专员吴求剑率专署独立营从梁弄出发经蜻蜓岗于拂晓前到达峙岭附近,向李家坑、船底湾、阳沟坑一线堵截,妄图聚歼我主力。拂晓,第五支队巡逻小组与敌接火,支队部随即集合部队向北溪转移,并命令"铁马中队"沿北溪南侧高地警戒。敌先头部队向我紧追不舍,于是,支队部命令铁马中队正面阻击敌人,同时,命

---

① 陈布衣:《风雨历程——四明山革命斗争岁月》,东方出版社 2001 年版,第 174—175 页。

令"钢人中队"一个排迂回过去拦腰反击,乘此迅速撤出战斗。此时,敌后续部队尚未赶到,先头部队只有一个连,遭我猛打猛冲后,溃不成军。我俘敌17名,缴获步枪17支,而我无一伤亡,待敌大部队赶到时,我早已转移。

大俞反敌探战:1948年12月下旬

新四军浙东纵队北撤后,地处四明山腹地的大俞村成为游击健儿最为活跃的地区。这里党组织健全,群众觉悟普遍很高,嵊新奉县联络站就设在大俞村,国民党"浙保"势力已难于在大俞村公开活动。1948年12月下旬,为搜集三五支队活动情报,"浙保"组织便衣队冒充三五支队来大俞村刺探军情,谎称"我们要找领导"。"浙保"便衣队的行为,被大俞村群众一眼就看破了。当时,第五支队七中队就驻扎在离大俞村不到3公里的杖锡山顶,村党支部立即秘密派人到七中队驻地,向队长俞世鉴报告敌情。俞世鉴即刻率小分队,从前山猛扑大俞村,用机枪一阵猛烈扫射,毙伤敌数人后,"浙保"便衣队便狼狈逃窜回北溪、唐田去了。[①]

大俞村革命遗迹

大俞村人民在中国共产党的领导下,经过了10多年的革命斗争实践,留下了许多红色遗迹。主要有:"青年救亡室"遗址、"战时社会服务团"遗址、大俞反击战和蓝碧轩烈士牺牲处遗址、大俞山"公馆"遗址和"嵊新奉县交通站"遗址等。

"青年救亡室"遗址:静心庵

1937年7月7日,日寇发动全面侵华战争。在国难当头、民族危亡的时刻,1938年2月,国民党浙江省政府主席黄绍竑赞成共产党抗日统一战线主张,在全省组织以青年知识分子为骨干的"战时政治工作队"。3月17日,在余姚县县长林泽的支持下,余姚县"战时政治工作队"正式成立,林泽任队长,郭静唐任副队长(后任队长),下设6个区队,深入各区、乡、保,宣传抗日,组织群众,武装群众,建立"青年救亡室"。4月,全县已有13个"青年救亡室",成员3000余人。到9月,全县有30个"青年救亡室",成员逾

---

① 中共余姚市委党史研究室:《中国共产党余姚历史大事记(1919—1995)》,宁波出版社2000年版,第201页。

万人。

楼明山、朱之光率领第四区队 13 人深入南岚乡,走村串户,发动群众,宣传抗日。1938 年 6 月,俞存香、邓曾传、俞昌基加入中国共产党。随后,大俞村"青年救亡室"成立①,俞存香任组长。"青年救亡室"成立后,主要活动地点在下墙门靠溪边的静心庵内。在政工队帮助下,召开村民大会,动员全民抗战,宣传减租减息。著名的四明山区茶农请愿运动,在楼明山、朱之光等统一领导下,就是从大俞村开始的。

1938 年底,村党组织开始发动村民,开展了提高茶价、平抑米价、打开茶叶销路的请愿组织工作,全村每户一人,组成了 50 多人的请愿队伍。1939 年 3 月的一天清晨,请愿队伍在俞氏宗祠"忠义堂"召开动员大会,随即请愿队伍就向余姚出发。一路上,各村鸣锣为号,晓云、白鹿等乡群众都汇集到左溪乡菱湖村,总共万余人,然后浩浩荡荡向县城进发,沿途高呼"提高茶价,反对牟取暴利""平抑米价,反对囤积居奇"和"打倒日本帝国主义"等口号。余姚县政府派警察在城南阻拦,请愿队伍组成几十人的突击队,一拥而入县城,迫使县政府派员谈判,并作出了提高茶价、调整茶米比价、打开茶叶销路、救济山民的承诺。茶农请愿运动取得了胜利。②

由余姚市委党史研究室编著的《中国共产党余姚历史》第 1 卷中,是这样记述茶农请愿运动的③:

> 在山区,党还组织领导茶民开展了提高茶价、平抑米价,打开茶叶销路的请愿斗争。1938 年底,政工队四区队进驻大岚山区以后,在发动山民成立救亡室,开展抗日救亡运动的同时,十分关心山民生活。这年由于灾荒,茶叶减产,又由于战祸,茶叶、山货滞销,商人由此压价,原一斤茶叶换三斤米,压为斤茶斤米。到次年上春,情况更加严重,山民贫病交迫,在死亡线上挣扎,饿死人的情况常有发生。党为解决群众的生计问题,1939 年 3 月,开展了一场"提高茶价,平抑米价,反对操纵囤积,救济山区人民"为主要内容的请愿运动。政工队四区队

---

① 最早的"青年救亡室",由俞震带领的余姚政治工作队驻道林乡的第三区队发起建立,并得到县府当局支持,后迅速在全县铺开。

② 中共余姚市委党史研究室:《中国共产党余姚历史大事记(1919—1995)》,宁波出版社 2000 年版,第 33 页。

③ 中共余姚市委党史研究室:《中国共产党余姚历史》(第 1 卷),中共党史出版社 2004 年版,第 62—63 页。

在队长朱之光带领下,深入山村,召开各种会议进行发动,有时从梁弄到大岚一天来回跑数次。通过一周时间准备,建立了严密的组织,确定了20余人的突击队和20余人的谈判代表,带领山民进姚城向县府请愿。其时,宁绍特委书记杨思一也亲赴山区指导。请愿这一天清晨,队伍从南岚大俞村开始,各村鸣锣为号,晓云、白鹿等乡群众都汇集到左溪乡芰湖村,总共万余人,沿途高呼"提高茶价,反对牟取暴利""平抑米价,反对囤积居奇"和"打倒日本帝国主义"等口号,最远行程五十余公里,浩浩荡荡向县城进发。队伍到南门头时,遇到早已等候在那里的警察和保卫团的阻拦,请愿群众一面与之评理,一面组织突击队冲破阻拦。县政当局在郭静唐等推动下,接受与请愿代表谈判。山区谈判代表悲愤地诉说了山区灾情,控诉了奸商乘机操纵茶价、抬高米价的不法行为。他们掌握有理、有利、有节的原则,终于达成了"提高茶价,规定茶米比价,茶叶由政府设法销售;致电省府,调拨粮食,救济山民;减少租税,取缔奸商;动员民众,共同抗日"的协议,斗争取得了胜利。县工委还在全县范围内发动救济山民,推销山货,慰问山区灾民,同时组织山民生产自救。

通过上述反对经济剥削的经济斗争,不仅在一定程度上解决了群众生活问题,更促进了抗日救亡运动的蓬勃发展,在斗争中还涌现和培养了大批积极分子,为发展党员,建立党组织创造了条件。

"战时社会服务团"遗址:大俞村祠堂"忠义堂"

面对日渐兴起的群众运动,国民党当局十分害怕。1940年8月,政工队郭静唐队长被钱江南岸左地指挥部非法扣押,余姚县县长林泽辞职,县政府当局被迫改组政工队,形势开始逆转。11月起,为适应形势,掩护自己,"青年救亡室"逐步改名为"战时社会服务团"。县设总团,区设区团,乡设支团,全县共40余个支团,成员2万余人,形成了一支声势浩大的抗日救亡群众力量。

于是,大俞村的"青年救亡室"更名为"战时社会服务团"。"战时社会服务团"主要活动地点在大俞村俞氏宗祠"忠义堂"。"忠义堂"始建于清咸丰元年(1851)桂月,由门厅、戏台、正厅和两侧厢房组成。大俞村支部书记俞存香按上级指示转入秘线,不再担任公开职务,邓增传任大俞村"战时社会服务团"支团长。"战时社会服务团"的骨干定期活动,经常开会。通过活动,凝聚和培养了一批抗战骨干,地下党员队伍不断扩大,为建立浙东抗日游击根据地、建设"红色堡垒村",打下了良好的政治基础和群众基础。

大俞反击战和蓝碧轩烈士牺牲处遗址:红岩头

1943 年 11 月 18 日,国民党顽固派"挺三"贺钺芳部南部逼近蜻蜓岗第五支队阵地,于次日向第五支队阵地发起猛攻。在击退敌人多次冲锋,毙伤顽军百余人后,第五支队撤出蜻蜓岗阵地。面对国民党顽固派的猖狂进攻,11 月 20 日凌晨,三五支队主动出击,向临时驻扎在大俞村并试图合围第五支队的"挺三"主力的一个大队发起了猛攻。"挺三"第二支队大队长赵志芳慌忙带队向高池方向逃窜,被三五支队当场击毙,其余大部溃逃往唐田、北溪一线。三支队第一大队大队长蓝碧轩在歼灭盘踞在红岩头的敌人时,不幸壮烈牺牲。①

战斗结束后,由于恶劣的战争环境,部队又急于转移到鄞西周公宅方向,大俞村和百步界村群众将大队长蓝碧轩及三个战士的遗体抢运到沙鹿坊村。后又由杖锡鹿窠群众主动在附近茶山上挖坑,把四位烈士分别入土安葬。

1997 年的清明节,大俞村党支部齐心协力,在红岩头永春桥边,设立了"蓝碧轩烈士纪念碑"和"红岩战斗烈士纪念碑"。1997 年 10 月,杖锡乡人民政府在"四明山心"右侧重建蓝碧轩等在大俞反击战中英勇牺牲的四烈士陵园。2019 年底,为缅怀革命先烈的光辉事迹,传承红色文化基因,余姚市人民政府拨款在红岩头扩大重建大俞反击战纪念碑和纪念亭。为此,大俞村还特邀著名诗人俞强撰写《四明山赋》《大俞山赋》,由著名书法家马华林执书的赋碑矗立在纪念亭左侧,并在红岩头绝壁上镌刻了王羲之体"四明之窗"四个大字。

蓝碧轩(? —1943)②,福建省龙岩市上杭人(一说广西人),是红军长征后,坚持艰苦卓绝的南方八省三年游击战争的老红军。1937 年,抗日战争全面爆发后,国共合作抗日,坚持三年游击战争的八省红军游击队跟着陈毅、粟裕改编成新四军,转战大江南北。1942 年 8 月,蓝碧轩随何克希司令员、张文碧主任,来到浙东三北游击司令部。9 月,担任首期司令部教导队队长,以短训班形式培训连、排干部和地方基层干部。后调第三支队第一大队任大队长。

---

① 中共余姚市委党史办公室:《中国共产党余姚历史大事记(1919—1995)》,宁波出版社 2000 年版,第 57 页。

② 据当年在蓝碧轩牺牲前曾帮助系上鞋带的小战士陈灵回忆,蓝碧轩牺牲时约 28 岁。

图 10-2　新四军老战士陈灵在蓝碧轩烈士纪念碑前

图 10-3　红岩头

　　在《余姚革命英烈》一书中,收录了苏德明写的文章《四明山心埋忠骨——记兰(蓝)碧轩烈士》[1]:

　　　巍巍四明山,连绵的山峰盘亘蜿蜒在云雾之中,气势磅礴,她纵卧在浙东,逶迤在余姚与鄞、奉、嵊、虞、慈等县。余姚四明山镇东北不远

————————

[1]　《余姚革命英烈》编辑委员会:《余姚革命英烈》,内部资料,2001年,第270—273页。

处的山岗上,有一块高 5 米、宽 4 米的天然巨岩矗立在岗顶,蔚为壮观,巨岩正面刻着"四明山心"四个暗红色篆体大字,显得格外醒目。在巨岩附近有一座当地很少见的圆形墓穴,此墓做工比较讲究,既有花岗石墓碑,又有石抱对。但是走近一看,怎么也找不到墓碑上、抱对里的一个字,犹如泰山上的一块无字碑,这更引起了人们的新奇和注意。

1943 年 11 月,浙东爆发了第二次反顽自卫战争,国民党挺进第三纵队贺钺芳顽匪盘踞在大岚的大俞村,他们在村子里横行不法,公开抢劫,纵火烧屋,强奸妇女,无恶不作。群众无一日安宁,对顽匪恨之入骨。11 月 19 日,挺三贺部突然向我五支队驻地——蜻蜓岗发起猛烈攻击,我军坚守阵地,沉着应战,击退敌军多次冲锋,杀伤顽敌百余人。

正当蜻蜓岗激战之际,我三支队全体指战员早已摩拳擦掌,咬牙切齿,决心要除掉这批民族败类。纵队领导得知三支队战士求战心切,便命令三支队向驻守在大俞村的国民党挺三主力出击。

当天晚上,三支队战士在一大队大队长蓝碧轩带领下绕过陡壁冷湾,爬上仰斗竹山到达四明山的中心地带杖锡山,占领了制高点,在"四明山心"巨岩旁略作休息。蓝碧轩大队长身着半旧军装,腰带上挂着一支木壳枪,脚穿白粗布袜子和土布鞋,浑身透出虎虎生气。此时的蓝大队长哪里顾得上休息,他聚精会神地观察着附近四周地形,考虑着作战的具体行动方案。这位出生在广西一个贫困山区苦大仇深的农家子弟,15 岁就当上红小鬼,他作战勇敢、果断,经常受到领导称赞。不久,从一个普通红军战士提升为班长、排长……1942 年,他奉令调来浙东,起始担任三北游击司令部教导队队长,后又调到第三支队第一大队任大队长。

经过侦察员的了解,蓝大队长知道挺进第三纵队驻在大俞的有一个营的兵力。从军用地图上看,大俞村就在杖锡山下,地理位置处在二边高山的中间,一条大溪从村子穿过,敌军驻在村东头及红岩岭头下。

月黑风高,竹林发出飒飒响声,一切显得如此静寂。蓝大队长按照预定时间,不失时机地向全体战士发出了快速前进的命令。战士们像猛虎下山似地扑向大俞村的敌驻地。顽敌挺三部尚在熟睡之中,猛听一阵枪响,怎么也没想到有游击队在半夜里从深山中打进来,敌人立即乱作一团，失去指挥，分头突围。我军大胆楔入敌群，猛打猛冲，当场击毙顽敌营长以下10余人，俘敌20余人。由于天黑，不利于追击，大部分顽军撤到二边山上逃跑了。侦察员从被俘的敌人那里知道，离大俞不远处的红岩岭头尚有一个排的兵力驻防，该地形势险要，扼守着从杖锡方向过来的一条必经大路。当大俞村上枪响之后，敌人知道，我军已从小路绕道偷袭大俞驻地，驻红岩岭头的敌人顽固地作了回击的打算，加强了哨兵的力量。蓝大队长知道大俞村一打，肯定惊动了红岩岭头之敌军，要消灭红岩岭头之敌军，不宜正面袭击。蓝大队长寻找战机，经过侦察获知，红岩岭头背后有条太阳岭，俯瞰着红岩岭头村。了解了地形之后，蓝大队长决定分小部分部队作正面佯攻，把敌军兵力引向正面，他自己带领部队翻太阳岭占领制高点，再来一个偷袭，打它个措手不及。太阳岭光秃秃的，很少有竹木可隐蔽。此时天虽未大亮，可是下弦的月儿时隐时现，我们的部队在太阳岭明处移动，已在敌军的视线中。蓝大队长身先士卒，带领三名战士，首先潜入离敌约50米处。敌哨兵立即鸣枪报警，双方开展了激烈的枪战，我后面部队立刻冲了上来，把他们的火力压了下去。就在敌前沿阵地一阵机枪射击中，我蓝大队长不幸中弹倒下，同时牺牲的还有三名战友。全体战士为蓝大队长及三名战友的牺牲而感到无限悲痛。

这次战斗，因我出击力量不足，未能达到彻底消灭该部之目的，只打了一个击溃战。我军为保持实力，主动转移至周公宅一带。由于部队急于转移，战士们把牺牲的蓝大队长及另三位战士抬到杖锡山沙鹿坊村的茶树地里（属鄞县），部队出钱请当地保长鲁元金负责安葬，并给他作了交待：如果不照我们说的去做，以后找你算账。可是反动的保长当面答应，一转背什么都不管，竟暴尸于空旷的茶树地。杖锡群众悲愤之余，痛恨元金保长只捞钱不办事。当地群众出于对革命烈士的崇敬之心自发地出钱、出力，由村民李富才、李旺怀二人就地埋葬了烈士的遗体。

解放后，广大山区群众翻了身，老区人民翻身不忘流血牺牲的先烈，鹿窠村农业高级合作社刚成立，支部书记李金奎带领群众把四位烈士尸骨一具具挖出来，按照当地民俗建造了一座做工比较讲究的烈士墓。由于战争年代，部队转移得快，他们无法知道四位烈士的姓名，墓碑上空无字，成了四明山上罕见的有碑无字墓。

　　蓝大队长的光辉形象犹如四明山的一块巨岩,永远挺立在云雾缭绕的大山中。

　　大俞山"公馆":斗崖谷、四窗岩、包裹岩

　　抗日战争胜利后,1945年9月底10月初,新四军浙东纵队和党政机关及地方工作人员共1.5万余人奉命北撤。按照"树立旗帜、保存力量、等待时机"的方针,四明山地区留下县级正、副特派员11名,区级特派员30名,留守在南山、鄞县、嵊新奉、慈镇、上虞、余上等县区,党组织全面进入秘密状态。

　　三五支队北撤后,国民党第三十二集团军和"浙保"发起了一次又一次的"清剿""清乡"行动,企图在军事和政治上彻底扼杀我党力量。

图10-4　当年三五支队在大俞山上的"公馆"

　　1945年11月初,国民党第三十二集团军即将发起"清剿"行动,共产党留下刘清扬负责四明山革命斗争。为更好地转移、隐蔽,刘清扬和陈布衣等派游击队员、大俞村人俞存潮到屏风山侦察地形,随后决定从徐鲍陈出发,经南黄、大俞向屏风山转移。经过三天的秘密行军,刘清扬和陈布衣等17人[①],来到了地处姚、虞、新、嵊、奉五县交界的屏风山上。屏风山方圆数十里,人迹罕至。刘清扬有三年游击战争的经验,他指挥大家搞来毛竹和茅草,搭建草棚,"公馆"就这样建成了。后来,大米吃完了,大俞村的三位游击队员俞存潮、俞世鉴、俞川流从大俞挑来三担玉米,一直坚持到国民党

――――――――――――

　　①　即刘清扬、陈布衣、黄连、谢台长、陆子型、鲍仁甫、杨伯千、沈功甲、褚克才、俞存潮、俞世鉴、俞川流、马新民、王长夫、何仁标、贾奎和老田等。

第一次"清剿"结束。

在中共余姚市委党史研究室所著《中国共产党余姚历史》第1卷中,有如下记载[1]:

> 1946年1月,隐蔽在屏风山的刘清扬、陈布衣等地县级领导和骨干,在避开国民党大规模的"清剿"后,派黄连、鲍纯甫分别下山去陆埠找朱洪山等了解敌情。之后,刘清扬、陈布衣等研究,为接近和发动群众,更好地开展反"清剿"斗争,决定离开屏风山。1月下旬,刘清扬、陈布衣等17人从屏风山下来,先在大俞住了八九天,2月2日,在左溪乡南黄村过春节。他们住宿都在"公馆"。接着,刘清扬、陈布衣、朱之光和朱洪山四人在冠佩村召开了三天会议,称为"冠佩会议"。

大俞山的"公馆"主要有三处,一直使用到1948年底。一处在著名的四窗岩旁的种洞岗上,叫"四窗岩公馆"。"四窗岩公馆"在大俞山的南侧,离大俞村三四公里。种洞岗山深林密,只有羊肠小道蜿蜒相通,即使是当地山民也很少到此劳作。"四窗岩公馆"曾是游击队的机关所在地,存放有武器弹药和文件资料。在大俞村村民的掩护下,"浙保"的一次次"清剿"都未能找到这里。另一处"公馆"在斗崖谷[2]。大俞村上墙门有一条小溪坑,自大俞山缓缓而下,流入大俞溪。沿小溪坑西上大俞山,忽见山岩如帘,潭倚着瀑,瀑扯着潭,层层叠叠,环环而上。行一二公里,便来到了斗崖谷。斗崖谷三面陡岩壁立,高数十米,宽仅二三米,深达五六米。游击队员就地取材,在斗崖谷右侧的危岩绝壁之上搭起了"斗崖谷公馆"。此外,游击队员们还在大俞山上的包裹岩、凫头等地搭建过"公馆"。浙东革命根据地的主要领导人刘清扬、陈布衣、朱之光、薛驹、黄连等,都曾经战斗和生活在大俞山上的"公馆"中。[3]

"公馆"是三五支队北撤后,党领导四明山人民坚持艰苦卓绝的革命斗争的见证。从1945年底到1947年初,国民党组织过三次大规模的"清剿"、两次"雪天清剿",我们的游击健儿就是凭借着深山密林中的这些"公馆",与敌人巧妙周旋,保存了革命的火种。游击队员白天在"公馆"学习、生活,

---

[1]　中共余姚市委党史研究室:《中国共产党余姚历史》(第1卷),中共党史出版社2004年版,第152页。

[2]　土名斗崖水坑谷里。

[3]　陈布衣:《风雨历程——四明山革命斗争岁月》,东方出版社2001年版。

晚上下山组织、发动群众,打击反动势力。

薛驹有《咏四明山竹》一首:

> 满山竹林满目青,竹杖扶我登四明。
> 暮行不怕蛇豸扰,晓倦常卧公馆中。
> 无镬便烧竹筒饭,有菜多是盐笋丁。
> 最能令人舒心事,夜听陕北电讯声。

有游击队员作《"公馆"歌》一首:

> 深山密林"小公馆","金毯"铺顶"银条"围四边。
> "不动椅子""自动桌",圆圆眠床"沙发垫"。
> 长年不断"自来水",煮饭做菜不冒烟。
> 不是无聊享清福,只为革命做神仙。

四明山人民颂"公馆":

> 四明山,山连山,
> 山上英雄交交关,
> 造起"公馆"来造反。

在大俞村革命老人俞存朝的笔记本中,记录了一首叫"送信"的歌谣,生动描述了小牧童的机智勇敢,反映了共产党领导的游击健儿和人民群众的鱼水深情:

> 兰花开来盆里栽,
> "浙保"围了大俞村。
> 穷人心里似油煎,
> 忙叫牧童去报信。
> 一路走来一路奔,
> 踏进"公馆"说连声:
> "浙保烂眼"已进村,
> 角角落落找你们。
> 队长抱起小牧童,
> "小鬼小鬼"赞连声。
> 牧童下山回村走,
> 半路"浙保"来盘问:

　　他妈的,小土匪,

　　三五支队在哪里?

　　不知三五啥事情,

　　牧童摇头不作声。

　　下次乱跑枪毙你,

　　今天给我赶快滚。

　　牧童急急往家奔,

　　大人一见喜在心。

　　好孩子,有勇气,

　　今天做了好事情。

　　陈布衣著《风雨历程——四明山革命斗争岁月》一书中,有"隐蔽在屏风山"一节[1],摘录于下。

　　1945年11月初,当国民党即将发动"清乡"时,我再次跑到刘清扬的"公馆",商量转移问题。我最担心的是四明特派员机关的安全,那里有电台,手摇马达发出的声音很容易暴露目标。刘清扬也正考虑转移问题,他派俞存潮到屏风山侦察地形。据俞存潮汇报:屏风山东靠奉化,南接嵊县,西通上虞,北连余姚,坐落在四县交界处,人烟稀少,当地群众以烧炭、种玉米为生,是一块面积很大的深山老林,也是理想的隐蔽地。我们随即决定向屏风山转移。我和刘清扬率领17名工作人员从徐鲍陈出发,到南黄的"公馆"站脚,又到马家坪筹集了四五百斤大米和咸菜、盐及炊事用具,分挑上山。这条山路崎岖不平,荆棘丛生,从山脚到山顶,足足走了四个多小时。刘清扬有三年游击战争经验,每行走一步都叫大家用竹棒把草扶直,不留痕迹;到了山上,刘清扬搞来一些小竹和茅草,搭起草窝子,铺上布毯,告诉大家,人钻进去就可睡了。我感到草窝子虽可栖身,但不能学习、开会,于是四处寻找,终于找到了一个管毛笋人住的革舍,我们就在那里安顿下来。我们17个人组成一个队,刘清扬任队长,我任支部书记。北撤时,留下纵队司令部的通报台和《新浙东日报》的新闻台,因部队从苏北向山东转移,通报台功率小,接不上联络讯号,只靠新闻台抄录新华社明码电

----

[1]　陈布衣:《风雨历程——四明山革命斗争岁月》,东方出版社2001年版,第74—75页。

讯。我们就靠乐子型抄收的新闻,组织大家学习时事形势,统一认识,提高斗争的信心。

不久,大米吃完了,家住山脚下大俞村的三位同志就从村里挑了三四担玉米上山,我们用铁皮脸盆煮着吃,一天两餐,每人一餐两碗,因为煮不烂,人人吃得牙齿酸痛。玉米吃完了,我发动大家采集野菜、野果充饥。山上不时有野猪、野兔等出没,还有山鸡,但我们不能开枪,只好让这些猎物逍遥自在地生活。天气渐冷,我们大多衣衫单薄,为了御寒,由两位在家烧过炭的同志搭建一个小炭窑,砍伐薪炭林烧木炭取暖。刘清扬带了一把理发刀和针线上山,头发长了,由他给大家理;衣服破了,自己补。这段时间,我们的生活非常苦,但相互间关系融洽,始终保持坚定的斗志,共度艰难岁月。

"嵊新奉县交通站":俞存葵、沈荷花旧居

大俞村地处余姚县的最南端,嵊县、新昌、奉化、鄞县、上虞五县交界,在浙东四明山根据地的位置十分重要。自晚清以来,大俞村曾经有一个十分活跃的食盐交易市场,来自三北的食盐经大俞村,销往嵊、新、奉地区。因此,大俞村消息灵通,地形又十分隐蔽。

1943年夏,党组织就在大俞村建立了秘密交通站。1945年春,经地下党员、堂兄俞存潮介绍,俞存葵从宁波回老家参加了浙东游击纵队三五支队,沈荷花随丈夫回大俞村,成为交通站的炊事员,兼事通信工作。三五支队北撤后,交通站的工作曾一度完全转入地下。

进入解放战争时期,随着四明山根据地的恢复、三五支队的重建,嵊新奉县交通站又重新活跃起来。沈荷花家跨出后门便是竹木参天的后山,是游击战士隐蔽的理想场所。1948年11月,沈荷花家便正式成为嵊新奉县①秘密交通站,站长范正明。交通站的主要任务,一是人员的迎来送往,从浦东、三北来的同志中转到嵊新奉地区,嵊新奉地区的同志中转到浦东、三北地区;二是信件和各种信息的发送转达,浙东工委的各种指示和命令,通过交通站转达到嵊、新、奉地区,《四明简讯》等书刊通过交通站发往嵊、新、奉

---

① 1948年4月,山心县工委改建为嵊新奉县工委,其所辖有:大岚区、里东区、奉西区(至年底,奉西区改为奉西乡,隶属大岚区管辖)和虞南区。其中大岚区辖南岚、白鹿、杖锡、晓云四个乡。

和会稽山、金萧地区。交通站平时还是游击队员开会和学习的重要活动场所。①

嵊新奉县交通站站长范正明(1923—1949),慈溪市范市(今龙山镇新西村)人,1944年11月参加革命队伍,1945年加入中国共产党。新四军浙东纵队北撤后,先后任嵊新奉县特办负责人、嵊新奉县交通站站长。1949年4月12日,也就是蒋介石造访四窗岩的前一天,在俞济时的蒋介石卫队提早清剿设在沈荷花家的嵊新奉县交通站时,于大俞山上一个叫船头岙(今华山村境内)的地方,被机枪击中。生命垂危之际,范正明将机密文件埋藏地下,并引开敌人,避免了战友的牺牲。被捕后,在抬回敌方驻地柿林村途中因流血过多而牺牲,后来被战友埋在柿林村后的黄泥岭上。中华人民共和国成立后,范正明烈士墓迁入余姚胜归山革命烈士陵园。

大俞村三英烈

大俞村有三位英烈献身于中国人民的解放事业,他们是:俞存葵、俞存夫、沈荷花。

俞存葵(1913—1946)　1942年底,经堂兄俞存潮介绍参加革命队伍,1944年加入中国共产党。1945年10月初,俞存葵告别妻子沈荷花和两个年幼的儿子,随新四军浙东纵队北撤。后任山东军区第一纵队第一旅机枪连连长。1946年6月,在山东泰安战役中英勇牺牲,年仅33岁。②

俞存夫(1928—1946)　1942年底,经堂兄俞存潮介绍参加革命队伍,1944年加入中国共产党。1945年10月初,随新四军浙东纵队北撤,任山东军区第一纵队第一旅排长。1946年6月,在山东泰安战役中英勇牺牲,年仅18岁。③

沈荷花(1913—1949)　1943年夏,参与党组织在大俞村设立的秘密交通站工作。1945年10月,毅然挑起家庭重担,积极鼓励丈夫俞存葵随军北撤。1948年加入中国共产党后,党组织在沈荷花家设立了嵊新奉县交通站,负责迎送革命同志、转发信息文件。1949年6月1日,随浙东游击纵队自卫队去奉化亭下缴国民党乡公所的枪支,为掩护其他队员安全撤离,不

---

① 朱之光:《战斗在四明山上——朱之光回忆录》,中共党史出版社2000年版,第205页。

② 《余姚革命英烈》编辑委员会:《余姚革命英烈》,内部资料,2001年,第403页。

③ 《余姚革命英烈》编辑委员会:《余姚革命英烈》,内部资料,2001年,第403页。

幸被反共救国军刘志良部抓捕,坚贞不屈,于次日英勇就义,年仅 36 岁。[①]

图 10-5　沈荷花烈士

图 10-6　俞存香

大俞村老革命

在整个抗日战争和人民解放战争时期,大俞村先后有很多年轻人投入革命队伍中。他们是:俞存香、俞存潮、俞世鉴、俞川流、俞昌基、邓曾传、俞一鸣、俞志瑞、俞世昌、俞存苗、俞存龙等。

俞存香(1914—1988)　1938 年 6 月,与邓曾传、俞昌基一起加入中国共产党,并担任大俞村地下党支部书记。随后,在大俞村成立"青年救亡室"和"战时社会服务团",组织茶农请愿运动,凝聚和培养了一批抗战骨干,积极发展党员队伍,为大俞村建设"红色堡垒村"打下了良好的政治基础和群众基础。1940 年,任大俞村巡逻队(即民兵组织)队长。1942 年 8 月,受"第三线工作"(也称"秘线工作")特派员陈布衣委派,打入国民党王良贵部队任分队长,从事地下情报工作。1948 年 11 月 18 日,协助第五支队政委陈布衣、支队长储贵彬,研究拟定了阻击国民党围剿部队的作战方案,取得了"大俞大捷"。中华人民共和国成立初期,担任南岚乡人民政府委员、民兵队长。后被错误打成"历史反革命",1987 年平反,恢复党籍,享受"三老"待遇。作为大俞村首任党组织负责人,俞存香的革命活动堪称是"红色堡垒村"大俞村的一个缩影:1937 年,参加"青年救亡室""战时社会服务团"活动,任南岚乡大俞小组组长。1938 年 6 月,经南岚乡峧岭村沈功田、沈功一介绍,认识楼明山,并加入中国共产党。同时入党的有邓曾传、俞昌基。随即中共大俞支部成立,任支部书记,负责做地下工作。1939 年

---

① 《余姚革命英烈》编辑委员会:《余姚革命英烈》,内部资料,2001 年,第 405 页。

春,四明梁弄区政工队发起茶农运动,负责大俞村工作。1940 年,组织建立大俞村巡逻队即民兵组织,任巡逻队队长。1940 年下半年,南岚乡建立合作社,任社干。1941 年,介绍俞存表入党。1942 年 8 月—1943 年 10 月,在国民党王良贵部队任分队长。① 1942 年 12 月,在北溪密会陈布衣。陈派刘泽为联络人,把王良贵部的武器、弹药及兵力部署等以书面形式密交刘泽。后来,通过陈布衣的介绍信,联络五支队邱相田,邱指派一位姓应的同志负责具体联络工作。1942 年 10 月,介绍俞存潮入党。1943 年底至 1944 年初,受大俞村支部指派,在南岚乡伪乡公所负责壮丁训练工作,及时掌握"清乡"情况。1945 年 8 月—1946 年,受三五支队北撤、村支部书记邓传脱党并被国民党枪杀影响,在家做箍匠。同时,执行和完成陈布衣委派的一些工作任务。1947 年,陈布衣和储贵彬(1948 年 5 月 15 日从浦东到达余上)来俞家,俞与储有了直接联系。1948 年下半年,陈布衣和储贵彬来大俞,与陈、储共同研究了在北溪阻击国民党围剿部队的作战方案,取得了"大俞大捷"。1949 年,南岚乡成立人民政府,任乡委员、乡民兵队长。

俞存潮(1910—1990)   1942 年 10 月,加入中国共产党,参加革命工作。1943 年 11 月—1945 年 10 月,任中共大岚区委委员。1944 年 7 月,任大俞村党支部书记。1945 年 11 月初,三五支队北撤后,受留守四明山地区的特派员刘清扬委派,到屏风山侦察地形,17 名游击队员先后转移隐蔽在屏风山和大俞山。随后与俞世鉴、俞川流一起,跟随刘清扬、陈布衣、朱之光等留守四明山区,坚持艰苦卓绝的游击战争。1948 年初,任中共梁弄区委委员。1948 年夏,任中共大岚区委组织委员。1949 年 8 月,任大岚山剿匪总指挥,率领 500 余名民兵,在宁波和绍兴军分区部队的支持下,为彻底

---

① 　陈布衣在东方出版社 2001 年出版的《风雨历程——四明山革命斗争岁月》一书中说:"1943 年 3 月、4 月,中共浙东区党委调我负责姚南县第三线工作,又称秘线特派员。调我工作时,谭启龙、罗白桦两同志找我谈话,我记得是在兰山乡(当时叫左溪乡)石门村。谭政委分析了四明山和浙东的形势,说敌伪顽三方勾结,妄图在我四明立脚不稳时,向我大举进攻。我们必须做好万一的准备,所以要建立第三线工作,把部分党员做到彻底群众化,采取单线领导。说着,谭在白纸上画了两种单线领导的图案,核心是更严密党组织,不使党组织遭到破坏,即使出事,也只是极微的损失。所以凡规定划入三线的党员,不参加公开活动,一切行动都以群众面目出现,首先要群众化。在我的记忆里,陆埠区特派员是张和芳,大岚区是谷光和李阿福,梁弄和沿江我记不起了。当时第三线的党员,都是从农村支部中选来的,政治上比较坚定,党员身份没有暴露过,采取单线领导。党员同党员都不能发生横的关系,只能同指定的领导人发生关系,第三线党员的分布都在交通线的两侧及小城镇,所以也叫点线工作。我们的立足点都不靠近机关。"

图 10-7　俞存潮

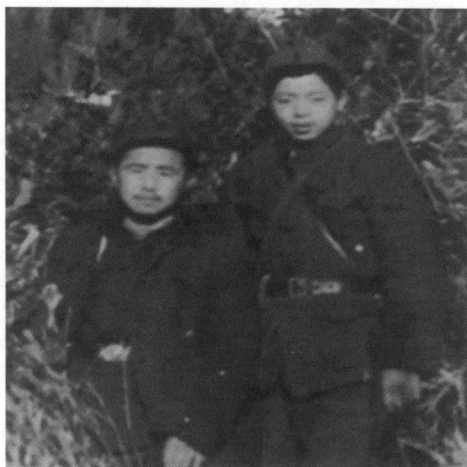

图 10-8　俞世鉴(右)和朱之光

肃清四明山区的国民党残余武装,做出了重要贡献。中华人民共和国成立后,历任余姚县果木农场党支部书记、余姚县农场党支部书记、余姚县农业生产合作社、县文化站、县委办档案馆等干部。1979 年 9 月自余姚县委办离休。

　　俞世鉴(1925—1967)　1943 年 8 月参加革命队伍,同年 12 月加入中国共产党。1945 年 11 月,三五支队北撤后,与俞存潮、俞川流一起,跟随刘清扬、陈布衣、朱之光等留守四明山区,坚持艰苦卓绝的游击战争。1948 年 11 月,任三五支队"小钢铁"部队队长;同年 12 月底,指挥"小钢铁"部队取得大俞反敌探战的胜利。1949 年后,参加中央公安学院西安分院学习,后任苏北万人农场、浙江省公安厅干部。1966年,调任宁波林场干部。

俞川流(1919—2000)　1943年12月加入中国共产党,并参加革命队伍。1945年11月,三五支队北撤后,与俞存潮、俞世鉴一起,跟随刘清扬、陈布衣、朱之光等留守四明山区,坚持艰苦卓绝的游击战争。中华人民共和国成立后,参加浙江省委党校学习,毕业后留校工作。后在新安江水电站、四明山区手工业社、余姚县交通局等机构任干部。1981年退休(离休)。

俞昌基(1915—1946)　又名俞大顺。1938年6月,与俞存香、邓曾传一起加入中国共产党,积极参加"青年救亡室"和"战时社会服务团"活动,后与王援军对调到大陈村任教,继续投身抗日救亡运动。1942年7月,响应村党支部号召,与俞存龙一起,随时任大岚区委书记姚亨尧赴三北,加入第三战区淞沪游击纵队,后在新四军浙东纵队后方医院工作。1945年10月随军北撤,到南京附近时因身体不适返回宁波。因积劳成疾,于1946年病故于鄞县姜山其弟家中。

邓曾传(1911—1946)　又名邓传。1938年6月,与俞存香、俞昌基一起加入中国共产党,积极参加"青年救亡室"和"战时社会服务团"活动,投身于抗日救亡运动中。1939年,大俞村建立"战时社会服务团",任支团长,积极组织和发动姚南山区茶农请愿运动。1942年8月—1943年6月,接替姚亨尧任大岚区委书记(负责人),并兼任大俞村党支部书记。1945年10月三五支队北撤后,一度对革命事业失去信心。1946年9月,被国民党枪杀在大俞村邓家的家中。

俞一鸣(1927—1963)　又名俞守贞。1943年参加革命,中华人民共和国成立后赴安徽合肥军校学习,毕业后任南京工程兵学院战术系教员。1962年转业后到象山区委工作,为营18级干部。1963年,因突发心肌梗死殉职,象山县政府追授其为"革命烈士"。

俞志瑞(1926—2017)　1948年7月参加革命,并加入中国共产党。参加革命后,先后任奉化县奉西区武工队员、四明工委警卫员、慈溪县委通讯员。1950年6月起,先后任慈溪县陆埠区武警干事、解放军华东公安团警卫大队战士、南京市公安总队战士等。1956年1月,复员回乡;同年3月,任余姚县农产品采购员、人事股干事。1957年后,先后在余姚县供销系统工作。1958年10月,担任余姚县四明湖水库建设指挥部开山队负责人。1961年7月,任梁弄区供销合作社菱湖分社主任。1962年1月起,先后任大岚公社人民武装部副部长、公社党委委员、人民武装部部长。1978年

6月,任华山公社党委委员、保卫干事。1981年4月退休;1983年3月改办离休,享受科级生活待遇。

俞世昌(1921—2006) 1944年参加三五支队,成为地下交通员。1948年7月加入中国共产党,随陈布衣、黄连等在梁弄区中队从事革命斗争。1949年后曾任柿林村土改工作队队员、城北粮管所仓管员、农产品采购局采购员等,并先后任白鹿乡干部、乡长。1962年,响应政府机构精简号召,主动申请回乡务农。此后长期担任记账员和村治保主任等职务。

俞存苗(1930—1994) 1944年参加三五支队,先给黄连当通讯员,后为奉西武工队队员、梁弄区中队队员。1951年4月后,为浙江军区新兵九团战士,6944部队二团战士、干部,其间曾荣立四等功1次。1954年退伍后,在大俞村从事农业生产。

俞存龙(1925—) 1941年参加三五支队,任司令部武装通讯班班长。1942年加入中国共产党。后脱党,于1948年再次入党。1948年在南岚乡工作,中华人民共和国成立后在梁弄区政府工作,任土改工作队副队长。1952年,调任余姚县城北区高风乡土改工作负责人。1955年,任余姚县浒山区小学教师。1956年,调余姚县委纪律委员会任纪检员。

中共大俞村党支部历任书记一览

1938年下半年,建立党小组,组长俞存香。

1939年—1942年8月:俞存香

1942年8月—1944年7月:邓曾传

1944年7月—1948年3月:俞存潮

1948年3月—1949年5月:俞存表

1949年6月—1955年1月:鲁育明

1955年1月—1958年1月:俞存表

1958年1月—1959年2月:鲁育华

1959年2月—1961年3月:俞志定

1961年3月—1977年1月:俞世位

1977年1月—1981年3月:俞志定

1981年3月—1987年1月:俞存立

1987年1月—1990年2月:俞世林

1990年2月—1994年8月:俞全江

1994 年 8 月—2010 年 11 月：俞根良

2010 年 11 月—2020 年 11 月：俞东升

2020 年 12 月至今：俞建荣

1938—1949 年大俞村新加入党员一览

1938 年 6 月：俞存香、邓曾传、俞昌基

1940 年：俞存仙、俞世传

1941 年：俞存表

1942 年 10 月：俞存潮、俞存龙

1943 年 12 月：俞世鉴、俞川流、俞一鸣

1944 年：俞存葵、俞存夫、俞长土、俞存庄、俞长泉

1946 年：鲁忠本、鲁世昌

1947 年：鲁育明、鲁育华

1948 年：沈荷花、俞存龙、俞世昌、俞志瑞

大俞村革命活动大事记

1938 年夏，楼明山率余姚县"战时政治工作队"第四区队进驻南岚乡，大俞村建立"青年救亡室"，俞存香任大俞小组组长。

1938 年 6 月，俞存香、邓曾传、俞昌基加入中国共产党。随后，大俞村党小组成立，俞存香为负责人。

1938 年底，朱之光接任余姚县"战时政治工作队"第四区队队长，来大俞村组织革命活动。

1939 年，中共大俞村党支部成立，俞存香任党支部书记。

1939 年，大俞村建立"战时社会服务团"，邓曾传任支团长。

1939 年春，姚南山区茶农发起请愿运动，请愿队伍从大俞村开始出发。大俞村（含大元基和华山自然村）有近 80 人加入请愿队伍，负责人俞存香。

1940 年，大俞村建立巡逻队，俞存香任巡逻队队长。

1940 年，俞存仙、俞世传入党。

1941 年，俞昌基到大陈村任教，王援军来大俞村任教，开展革命活动。

1941 年，俞存香介绍俞存表入党。

1942 年 7 月，村党支部动员俞昌基、俞存龙随姚亨尧赴三北加入第三战区淞沪游击纵队。

1942 年 8 月—1943 年 6 月,大岚区时任区委书记姚亨尧领队参军后,邓曾传任大岚区委书记(负责人)。

1942 年 8 月,受"第三线工作"特派员陈布衣委派,俞存香到国民党王良贵部队任分队长,邓曾传接任大俞村党支部书记。

1942 年 10 月,俞存香介绍俞存潮入党。

1942 年底,俞世绵、俞存金、俞一鸣、俞存夫、俞存葵参加革命队伍。

1943 年夏,党组织在大俞村设立秘密交通站。

1943 年 11 月 20 日,在浙东第二次反顽自卫战之大俞反击战中,三支队第一大队大队长蓝碧轩及三位战士英勇牺牲。

1943 年 11 月—1945 年 10 月,俞存潮任中共大岚区委委员。

1943 年 12 月,俞世鉴、俞川流、俞一鸣入党。

1944 年 7 月,俞存潮任大俞村党支部书记。

1944 年下半年,俞长土、俞存庄、俞长泉入党。

1944 年,俞存苗参加三五支队,给连长当通讯员;俞存葵、俞存夫入党。

1945 年 10 月初,俞存葵、俞存夫随三五支队北撤。

1945 年 11 月初,三五支队北撤后,刘清扬派俞存潮到屏风山侦察地形,决定向屏风山转移隐蔽。

1945 年 12 月,俞存潮、俞世鉴、俞川流从屏风山回大俞村,挑了三担玉米到屏风山,解决了留守四明山的 17 名游击队员的粮食问题。

1946 年 1 月下旬,刘清扬、陈布衣等 17 人,在大俞山上搭起了"四窗岩公馆""斗崖谷公馆"和"包裹岩公馆"等,住了近 10 天。此后,刘清扬、陈布衣、朱之光、薛驹等经常在大俞山"公馆"中战斗和生活。

1946 年,大元基人鲁忠本、鲁世昌加入中国共产党组织,参加革命工作。

1946 年 6 月,俞存葵、俞存夫在泰安战役中牺牲。

1947 年,俞存潮介绍大元基鲁育明、鲁育华加入中国共产党,参加革命工作。

1947 年 11 月,鲁大花机智勇敢地只身引开"浙保"的"清剿"部队,掩护"四窗岩公馆"的游击队员安全转移。

1948 年初,俞存潮任梁弄区委委员。

1948 年 3 月,俞存表任大俞村党支部书记。

1948 年 4 月,俞存苗参加余姚县梁弄区中队;山心县工委改建为嵊新奉县工委,新的工委全体成员在大俞村永春桥下合影。

1948年夏,俞存潮任大岚区委组织委员。

1948年9月,沈荷花为掩护游击队员杨维明被捕,坚贞不屈,最后被组织营救脱险。

1948年11月,在沈荷花家设立了嵊新奉县交通站,站长范正明。

1948年,沈荷花入党,俞存龙、俞世昌、俞志瑞入党。

1948年11月,俞存香协助五支队陈布衣、储贵彬研究拟定作战方案,取得"大俞大捷"。

1948年11月,俞世鉴任"小钢铁"部队队长。

1948年12月底,取得大俞反敌探战的胜利。

1948年,俞世德等参加革命。

1949年4月,嵊新奉县交通站站长范正明在华山唐绕岙牺牲。

1949年6月1日,沈荷花随浙东游击纵队自卫队去奉化亭下缴国民党乡公所的枪支时,不幸被捕,于次日英勇就义。

1949年夏,大俞村成立民兵组织翻身队,俞存龙任队长。

1949年,俞存香任南岚乡人民政府委员、乡民兵队长。

1949年8月,梁弄区委委员俞存潮任大岚山剿匪总指挥,率领500余民兵,在宁波和绍兴军分区的支持下,先后俘获长期盘踞在四明山区的匪首刘子良、钱金法、沈明凤、王良贵、王云能等,彻底肃清了四明山区的国民党残余武装。

大俞村的几则红色故事

陈布衣在所著《风雨历程——四明山革命岁月》一书中,讲到了他亲历的一个故事:在三五支队北撤后,大俞人民用三担六谷(玉米)帮助留下坚持革命斗争的游击队员,度过了最为艰难困苦的岁月。

三担六谷的故事①

不久,困难来了,带来的一点粮食吃完了,荒山上又找不到什么东西好吃,我们研究了一会后,决定一方面派人到阿川②同志的家乡去搞

---

① 陈布衣:《风雨历程——四明山革命岁月》,东方出版社2001年版,第233—236页。

② 阿川即俞川流。

粮食,一方面又派阿见①等两个同志到新四军浙东游击纵队留守处的驻地——左溪乡去了解情况和拿钱。

太阳还在西山顶上时,两路同志兴致勃勃地出发了。

第二天大清早,阿川等四五个同志满头大汗地挑着六谷(玉米)回来了。

"啊,你们回来了? 辛苦,辛苦!"

在家的同志高兴地招呼着回来的同志。粮食十分紧张的时候,不管大米或六谷,大家一样表示热烈欢迎。但是回来的同志脸孔紧绷绷的,似乎有什么心事。

"怎么啦,你们闹情绪了?"同志惊讶地问。

"闹什么情绪! 你知道这六谷的来历吗?"

其中一个同志擦去脸上的汗,一屁股坐在一块大岩石上,重重地叹了一口气。

"我们怎么知道?"

"事情是这样的:昨夜我们出发后,路上倒还顺利,到了目的地后……"

"你真多嘴! 拿来了就算了,还讲什么?"阿川同志打断了他的话,似乎不高兴暴露这六谷的秘密。

看到这情景,更引起大家的怀疑,十几双眼睛盯着坐在岩石上的同志,催着他讲。

"好,讲就讲吧!"

他停顿了一下,终于向我们说了这件事情的始末。

昨夜,他们到达目的地,已经是半夜12点了。这是阿川同志的家乡。阿川同志轻轻地敲了敲自己家的门。阿川的老婆惊醒了,没有马上开门,一直到弄清楚门外是阿川的声音后,门才悄悄打开了。

"你回来了……"看到背后还有几个同志,她把话咽了回去。

她无声无息地张罗着烧夜点心。阿潮②同志乘空回到自己家里去了。不久他回来了,后面还跟着他的老婆。大家轻声地谈着近来敌人和地方上坏蛋的活动。

① 阿见即俞世鉴。
② 阿潮即俞存潮。

"你们都好么?"阿川的老婆收拾好碗筷后,坐下来了。她仔细地把大家的脸看了好久,忧郁地问道。

"很好,只是……"

阿川回到家里,看到了年轻的妻子和熟睡的孩子后,一直很高兴,但一讲到粮食问题,就觉得有些碍口了。他知道,这村子穷得很,有余粮的只有保长一户人家。向他去借吧,现在不是时候,即使借来,他还要在老百姓身上打算盘的;向老百姓借吧,现在正处在冬天,借去了他们仅有的一点雨雪粮,那么老百姓吃什么呢? 问自己的家里要吧,家里的情况,阿川心里一清二楚,自己参加革命后,山上地头都是老婆一个人干,父亲已有六十多岁了,不能劳动,娘更不用说,这份家的重担都压在老婆一人身上,今天再要挖家里的粮食,怎么说得出口呢?

"什么事情?"老婆见丈夫说不下去,关切地问道。

其他同志看到这个情况,心里有了数,都不响了。

青油灯发出吱吱的声音,屋里的空气沉闷得很。

"只是口粮成问题。"阿川垂着眼皮,终于说了出来。

"噢,原来是这样。"她说。

粮食,这个大问题呀! 要么把家里的拿走,然而家里的日子怎么过呢? 她一抬头,又看到了坐在她面前的丈夫和其他同志憔悴的脸庞。她心一横,说:

"吭啥! 把家里的六谷拿去吧!"

"那家里怎么办呢?"

"不要紧,我会想办法的!"

"我们家里也有。"阿潮的老婆也羞怯地开口了。这是一个看到陌生人就要脸红的农村妇女。

大家感到极度的兴奋和激动。

"粮食放在哪里?"阿川轻轻地问。

两个妇女交换了一下眼色后说:

"放在后山的岩洞里。"

原来,她们为了防止敌人抢劫,又防坏蛋告密,在黑夜里慢慢摸索着,把粮食运到岩洞里去了。敌人来时,她们自己也成天成夜地躲在岩洞里。

这几担六谷,就是这样弄来的。

　　大家听完了这段故事，都感动得说不出话来。

　　一个清瘦的年轻妇女，整天忙着挖土、播种、施肥、除草、收获。病着的公公、年老的婆婆、四五岁的孩子，吃的、穿的、用的，一家全副的担子都要她承担下来。除此以外，她还要防备敌人的突击检查和抢劫，防备坏蛋的敲诈和欺压。这一切，她都熬得住、忍得下。她最担心的，还是在艰苦环境中战斗着的丈夫和同志们的命运；她知道，敌人像饿狼一样地窥伺着她的亲人和同志们。她的命运和党的命运紧紧地联系在一起。只要有党在她的身边，即使眼前是十分黑暗，但在她看来仍旧是光芒万丈的！因此，当同志们碰到困难的时候，她毫不犹豫地把粮食贡献出来…

　　大家的眼睛湿润了。多么勇敢、坚强无私的人民啊！

四明山上沈荷花①

　　沈荷花的家住大俞村，在四明山主峰山脚下，这里是余姚、慈溪、上虞、鄞县、嵊县、新昌、奉化等七县交界的地方，交通十分不便，生活和外界隔绝。沈荷花幼年亡父，因为在家里生活过不下去，小小年纪就到舅父家里去做童养媳。旧社会做童养媳，再加她舅父穷，苦上加苦。她做的是重活，吃的是剩羹冷饭，还要恪守妇女的封建规矩。幸亏她吃得起苦，起早摸黑都不怕累，剩羹冷饭都吃得下去，身子还长得结结实实。她能干，做活脚勤手快，日常家务都应付得了，家里或邻居之间发生摩擦，牵连到她的时候，她能忍让不还口，受得起委屈，因此家里公婆兄嫂都说她好，邻居称道她是忠厚能吃苦耐劳的好媳妇。

　　她与表兄俞存葵结婚以后，生下几个子女，但因生活贫苦，又因丈夫抽壮丁中签，被逼去当兵，儿女中，一男一女相继病死，一女送进余姚镇天主教会育婴堂，以后下落不明。后来俞存葵流落宁波，她曾到宁波与俞存葵一起苦度光阴，她目睹日军的大炮飞机狂轰滥炸。日军占领宁波后，很多人被杀，财产被毁，自己也险些送命。

　　1945年春，俞存葵由堂兄俞存潮介绍，回老家四明山参加新四军浙东游击纵队，沈荷花也跟着回来，在本村共产党的联络站当炊事员，兼做通信工作。她想到自己能为革命队伍做事，又看到革命同志像亲

---

① 《余姚革命英烈》编辑委员会：《余姚革命英烈》，内部资料，2001年，第374—378页。

人一样待她，心里十分高兴，这是她从来不曾体验过的生活，慢慢地，她懂得些革命道理，因此工作更积极，同志们都钦佩她的吃苦耐劳精神。

抗战胜利了，荷花心里非常欢喜，她满以为从此天下太平，夫妻可以安居乐业了，想不到国民党反动派发动内战，新四军浙东纵队奉命北撤，而且命令下来，时限紧迫。当时沈荷花身边还剩两个孩子——八岁的世华和八个月的发根。如果弃掉孩子，跟着丈夫北撤，孩子难活下去。让丈夫一个人去吗？到什么时候他会回来？最后，领导上决定，动员她留下，她自己也认为只能如此。夫妻分别的时候，丈夫没有什么东西可以留给她，也想不出一句可以安慰她的话，只摸出了一支铅笔和一本笔记簿交给世华，叫孩子乖乖地听妈妈的话。而她却鼓励丈夫说："为了革命，你安心去吧！我反正吃惯了苦的。"俞存葵去后，写来过四封信，最后一封是写给兄弟们的，嘱托他们多关心荷花。但是兄弟们个个都很穷，也没法照顾荷花。不久，兄弟分家了，他们问荷花有什么意见。荷花从不低声下气向人求情，只说了一声"分就分吧！"结果，她分到了三斗麦，这是她分到的唯一财产。因为生活实在难过，她就把小儿子发根，送给本村一户姓邓的做养子。她丈夫后来一直没有来信，实际上，俞存葵已在1946年的山东泰安战斗中牺牲了，当时他是炮兵连连长。但家里一直不知道他是死是活，她只有在晚上睡觉的时候，梦见丈夫存葵穿着灰色军装回来看望她，醒来时泪水湿透被角。

新四军浙东纵队北撤以后，白色恐怖十分严重，但四明山上的革命队伍没有被消灭，反而不断壮大，革命同志又到大俞村来了，沈荷花家里后门跨出便是山，退路极好，而且山上竹木茂盛，是游击队隐蔽的好地方，因此同志们都喜欢住在她家。沈荷花自然也很欢迎。1948年11月开始，她家里正式成为革命联络站。站长叫范正明，沈荷花仍旧当炊事员和通讯员。从此她正式参加工作，不久加入中国共产党。要当好联络站的炊事员很不容易，因为站里吃饭的人没有定数，粮食没有保证，小菜没有地方买。但有沈荷花在，这些困难都能克服，用不着当领导的操心。米没有了，她会去借；菜没有了，她会上山去挖笋，割野菜，剪马兰。为了把伙食办得好一些，她还常常自己去砍柴，种芋艿，并把菜腌起来，以备日后需要。沈荷花说："为同志辛苦心里甜。"

她就是这样不怕疲劳、不怕艰苦当了联络站的后勤。工作有空的时候,她常到鄞县李家坑去卖柴,柴是她家里唯一的商品,用来换米吃。但卖柴的主要目的却是以此掩护去探听消息,观察敌情,保护革命同志的安全。李家坑村子很大,光地主有十几户,早上有集市,与外面交通也比较方便,国民党的军队常驻在那里。大俞村到李家坑有十里岭路,挑着柴担去,自然是辛苦,但她一想到革命,就不觉得苦了。她没有文化,做革命联络工作比人家困难,后来同志们想出办法,凡是密件经过她的手,就在规定的地方画一个"丁",告诉她画有这个记号的东西要保守秘密。这样,许多重要资料、重要信件经她手里送出去,就万无一失。同志们都说:沈荷花办事办得很认真,很可靠。

她很关心同志们的生活,同志们有小病小痛,她就跑到山上去采草药,同志们换下衣服,她就主动洗涤和缝补,连同志们冷暖也照顾到。一天晚上,天气突然变冷,大家坐着开会冷得跺起脚来,想生个火堆,但没有木柴,她知道后,就拿起柴刀跨出门去,一会背来足有一百多斤毛竹,说道:"山里头有的是竹木,你们只顾烧吧,把火堆生得旺旺的。"她边说边劈毛竹,很快劈了一大堆。

家里成为革命联络站是很危险的,因为敌人来了"走得了和尚,走不了庙"。所以有人为沈荷花担心,说她是把一揪火倒到自己头上。但沈荷花毫不害怕,凡有情况发生,她总是叫同志们先离开,然后自己才走。

1948年9月,有一个叫杨维明的上海人,因为初上四明山,心情过分紧张,又失落了心爱的手表,忽然精神失常,吵吵嚷嚷,组织上一时想不出好办法。沈荷花是好心人,让他住在自己家里,用草药给他治疗。一天敌人来了,这个精神病号,不但不知隐蔽,反面跑了出去。沈荷花不顾自身安危,追上去拼命拉他。精神病患者力气大,沈荷花拗不过他,敌人把杨维明和沈荷花都包围了,结果荷花被敌人捉到李家坑,严刑逼供,坐"老虎凳",做"水漫金山",要她供出共产党和游击队的活动情况。她咬紧牙关,任凭怎样用刑,不承认与游击队有联系。因为没有口供,最后敌人只好同意找保释放。于是组织上通过关系,叫大岚乡伪乡长去保释出来。

解放战争形势发展很快,1949年5月,人民解放军渡过长江后南下,势如破竹。5月23日,余姚解放,四明山游击队积极配合大军攻击小股敌人，接管地方机关。6月1日，沈荷花在当地武工队领导下，到奉化县亭下，去缴伪乡公所的武器，晚上宿住在那里。第二天早晨，冷不防被盘踞在余姚、奉化交界处的国民党残部四明公署反共救国军刘志良部包围，机枪对着他们猛烈扫射，我们部队当即冲出去了，沈荷花因为正在做饭，来不及冲出，不幸被捕。敌人要她投降，她坚决拒绝，敌人拷打她，她破口大骂："你们是卖国贼，反动派！……"敌人就下毒手：剥掉她全身衣裤，用极为残酷的"五竹分尸"，把她活活杀害，鲜血淋淋地挂着。次日晚，联络站派人将烈士遗体安葬在大岚丁家畈。

沈荷花虽然牺牲了，人民深深地怀念她，每年清明节，有成群结队的群众和中小学校的师生，到她的墓前，敬献花圈，致哀悼念。

一次难忘的回忆①

1947年11月的一天，对鲁大花老奶奶来说是刻骨铭心的日子，惊心动魄的一幕幕时时闪烁在她的眼前。事情的缘由要从鲁大花老奶奶的生活环境和身份说起。鲁大花老奶奶那时生活在四明山革命根据地之一的大俞村，由于大俞村特殊而优越的地理环境，于是成为我革命游击队——三五支队经常出没和获取重要情报的前哨。在红色革命的熏陶和影响之下，大俞村的许多村民有的不是参加游击队，就是时常为游击队递信和送粮，这里成了不灭的红区。敌人对此恨之入骨，所以小扰不断，大扰不少。而我们的鲁大花老奶奶那时是我三五支队组织员——大俞村人俞存潮同志的爱人，存潮同志的大名敌人是早有耳闻，时常为能够抓捕存潮同志而绞尽脑汁。再加上鲁大花老奶奶为我游击队送信、送粮等事敌人也有所听说，鲁大花的日子可想而知再也不会有安宁的一天了。在万般无奈之下，她离开了刚出生3个月的女儿，跟着游击队开始过上了宿营生涯。

游击队在离大俞村不远的山上有一个平时用来办公的公馆——四窗岩公馆，那里是游击队的机关所在地，存放有重要的器械和资料。一天拂晓，趁村民还在睡梦中，敌人对大俞村来了个突然袭击，他们对全村进行了地毯式的搜查。在一无所获的情况下，敌人开始发了疯似地进行了抄山，希望有所收获。就在那一天，鲁大花老奶奶碰巧就躲

---

① 《丹山赤水话大岚》编委会：《丹山赤水话大岚》，内部资料，2002年，第208—210页。

在山里过夜。当她从敌人搜村时跑出的村民中,听说敌人在向四窗岩公馆方向抄山时,二话没说就径直向公馆狂奔去,急切地希望在敌人到达公馆前能提早通知公馆的同志撤离。秋天正是万物凋敝的时节,人在山中奔跑难免会发出不小的摩擦声,加上那时鲁大花老奶奶年纪不大,可头上却银丝不少了,她在山中跑还是有点醒目的。跑了一阵子后,突然,敌人的狼狗在远处发现了奔跑的人影,开始不停地嚎叫,敌人的注意力也转向了鲁大花老奶奶。敌人朝着山柴摆动的方向大声地叫喊:"谁?给我站住,不然开枪了!"接着就是机枪的一阵扫射声。鲁大花老奶奶并没有搭理敌人的叫喊,一转身向着反方向奔跑。敌人见喊话和打枪都不见效果,就认定是遇上了游击队员,于是沿着鲁大花老奶奶跑的方向拼命地追赶。在敌人紧追不舍时,鲁大花的脚步没有慢下来,相反,那种想救同志于危险的崇高想法和本能的生存欲促使下,她跑得越来越快,简直是健步如飞。在经过了大约一小时的周旋之后,渐渐摆脱了敌人的追赶,终于在一个水库边彻底甩掉了敌人。那时的鲁大花已是上气不接下气,衣服也已大部分被野刺划得破破烂烂,所幸的是她和公馆的同志都脱离了虎口,使公馆的同志在得到他人提供的消息后能够及时撤离,保存了可贵的革命力量。

飞石崖[1]

大岚夏家岭龙角山上有块奇形怪状的石块,它从大山腰里横生出来,像一条巨龙,腾空而起,抬头仰望,遮天蔽日,非常惊险。过去谁也没有给它取过名字。自从三五支队北撤以后,老陈和同志们留在四明山上坚持斗争就隐蔽在这里。

天傍晚,老陈与小俞[2]从山下回"公馆"时,突然被一个连的"浙保"兵盯了哨,领头带路的是一个"地头蛇"。匪连长命令士兵不要打枪,要抓活的。他自己带领两个排紧紧咬住老陈俩,另派一个排从左边绕过去包围,自以为是双手捉田螺——十拿九稳的了。

这时候,老陈心里好像十五只吊桶打水——七上八下,想甩掉后

---

① 《丹山赤水话大岚》编委会:《丹山赤水话大岚》,内部资料,2002 年,第 213—215 页。本文作者沈华坤。

② "老陈"即陈布衣,时任浙东根据地特派员;"小俞"即俞世鉴,时为陈布衣的警卫员。

面的尾巴,已不大可能;如果先打枪射击窜进深山密林,但寡不敌众,有点冒险。他抬头望望横在半空中的石块,不觉计上心来,与小俞商定,将计就计,引虎上山。老陈随手解下缠在手臂上的毛巾,朝石块方向一挥,接着两人到溪边洗脸休息。匪连长远远望见,得意忘形,紧紧追赶。老陈眼见敌人越逼越近,就往石块方向跑去。敌人赶到石块下,抬头望望高插云间的这块怪石,暗暗惊叹。突然,一阵飓风,吹落了帽子。刚想去拾,不妨拳头大的石块从上面落了下来,不偏不倚地砸破了几个匪兵的脑壳,霎时四脚朝天,脑浆直流。士兵们见上面没有人影,认为落下来的是风化石。这个匪连长很讲迷信,就"扑通"一声跪倒在地,暗暗祈祷山神爷保佑,旁边小兵也纷纷跪地求饶。谁知又一阵飓风,石块像冰雹般打下来,打得"浙保"抱头鼠窜。匪连长急了,忙命令上山,非抓活的不可。这时,老陈俩故意在半山腰的柴丛里亮了一下子,又往山上跑,匪连长牙齿咬得咯咯响,逼着匪兵紧追。老陈跑到半山腰,敌人追到半山腰,眼看老陈快被抓住,突然,树林中闪出一个人影,举起柴刀用力一砍,顿时"轰隆"一声巨响,随着一排排树木架的倾倒,无数块百来斤重的大石头直滚而下。匪兵们死的死,伤的伤,那个匪连长特别"优待",被大石头压得鲜血直流,肚肠拖地。侥幸活命的几个"烂眼浙保",连滚带跑逃回梨洲,向伪营长报告说:"山神爷显灵,石头生眼睛,弟兄送了命⋯⋯"

其实,山上早有民兵等着,他们平日搬拢了石块,东一堆,西一堆,作为榴弹使用。另外,他们砍来树木,用葛藤绑成三脚架,上面放了大石块,葛藤一斩断,石块就滚了下来。当老陈一挥毛巾后,民兵马上行动,这叫巧布"飞石阵"。从此,当地群众把这块怪石取名为"飞石崖"。

十一、韩采古今

　　从大俞古村出发,沿大俞溪往北,经黄沙潭、石条坑、罗汉谷,不到三公里,便到了大俞山的左侧韩采岩。在 20 世纪 90 年代初开通从西岭下到大俞村的西大公路前,人们从大俞村前往大岚,只能沿大俞溪往北步行,经沈家屋基到一个叫岭脚的地方。在这里,溪水突然迎头撞上前方的山崖处,折而往东北而去。20 世纪 90 年代,原鄞县在这个叫作榧树潭的地方建起了一座水库,沈家屋基和岭脚的十几户人家都被迁移到了宁波近郊。那山崖的顶上,就是半岭自然村,21 世纪初前曾居住着 20 余户龚姓人家。后因此处存有地质灾害隐患,半岭村被整体搬迁至余姚城南。如今,大俞村邓氏后人引进外资,正在韩采岩进行创造性的开发建设,一个最具四明山水特色和人文情怀的罗汉谷(四明岚舍)风景区,已横空出世。韩采岩正撩开她那神秘的面纱,迎接着四面八方游客的到来。

韩采岩

黄宗羲在《四明山志》卷一"名胜"中,是这样记载的:

　　寒草岩,俗讹为韩采岩,而别出寒草岩于东面,非也。岩石嶔崟临溪,溪阔数十丈。左为寒草洞,初伛而入,徐可仰视。右为钓台。

徐兆昺《四明谈助》卷二中,对韩采岩的记述有两条:

　　寒草岩:亦名韩采岩。岩石嶔崟临溪,溪阔数十丈。左为寒草洞,初伛而入,徐可仰视。右为钓台(《四明山志》)。岩在大阑之东,杖锡之北。

　　韩采岩·樊榭·包裹岩：余汉臣《游记》云：游大小岩坑之后，居弥月，复思踪迹樊榭。客曰："韩采岩钓台，即樊榭也。"一日，天稍凉，由百步阶经箱笼潭①。潭两岸并潭底，青石正方如箱者，如笼者，大小不一，约十丈地皆然。涉大水坑，登韩采岩。岩形特异，秀出群峦。上平区为钓台，下有棋盘石。坐望群峰，屏列一面，洋洋大观。大水坑有白砂，凡患病者拾投剂中煎饮，辄有验。最上一石屋，曰"包裹岩"，昔有僧缚茅守山。下至孔道，隔大阆止六七里矣。道上有寒翠亭，今废。

　　姚燮《四明它山图经》"今水源委上"②，对韩采岩的记述如下：

　　又转黄沙潭、狮子岩下，约三里许。又一里，循寒草岩，或作韩采岩，有寒草洞，有钓台，有棋盘石诸胜，闻春时多桃花。

　　韩采岩之名，见诸古籍的就有"韩采岩"和"寒草岩"两种说法。其实，有一些当地的地名，常为游览探胜者对土音所做的音讹记述，并不足奇。如"韩采岩"之名，曾令宋末元初的戴表元颇为不解，发出了"问着踪由多懒说，相逢莫有姓韩人"的感叹。因为四明山中之地名，大多与姓氏相关。唯此"韩采岩"，周边没有韩姓人，只有龚姓、沈姓等。事实上，"韩采岩"之名还真的与韩姓人有关，只是戴表元碰到的人不知其典故而已。据传，"八仙"之一的韩湘子，当年经常在大俞山上采一种叫作"寒草"的药，久而久之，其经常休憩的地方就被叫做"韩采岩"，自山脚到山巅的那条岭就被叫作"韩采岭"。"寒草"，书名垂盆草，学名 Sedum sarmentosum Bunge，是景天科景天属多年生草本多肉植物，我国南北均有分布。垂盆草一般生长在山坡岩石石隙间、山沟边、河边湿润处，对环境要求不高。可全草入药，性凉、味甘淡微酸，有清热解毒之功效，是治疗肝病的重要药材。在家家户户养鸡、养鸭、养猪的年代，寒草是极好的猪饲料。韩采岩这个地方，似乎特别适合寒草的生长，每到春夏之际，遍地寒草，淡黄色的花瓣开遍岩石旁、树丛间，煞是好看。所以，戴表元的"韩采岩"也好，黄宗羲的"寒草岩"也罢，其实说的不仅是同一个地方，而且是同一码事。

　　其实，倒是当地有人将韩采岩称为"汗出岩"，是古人以当地土音"汗

----

① 即石条坑。
② 宁波市鄞州区地方志编纂委员会：《鄞州山水志选辑》（第 1 册），宁波出版社 2009 年版，第 133 页。

出"谐"韩采""韩草"而命名。叫"汗出岩"的缘由有二:一是此岭为大俞去大岚山的必经之地,自溪至岭顶虽只约一公里,但山高岭陡,人越此岭必然是大汗淋漓,故谓"汗出岭";二是半岭之上有绝壁悬崖,是为棋盘岩和钓台,自下望去,每每天气转阴,便有水渍外渗,如人之"汗出",故谓"汗出岩"。

对韩采岩或寒草岩之名,光绪《余姚县志》卷二"山川"有概括性的记述:

> 韩采岩在石窗后(《成化通志》)。"岩石嵌崟临溪,溪阔数十丈。"(《四明山志》)乾隆志案:《四明山志》云:"寒草岩,俗讹为韩采岩,而别出寒草岩于东面,非也。"夫韩采、寒草诚为一岩,至定作"寒草"则徒据铁厹之诗耳。然通志、府志俱作"韩采"。以诗而论,则前有戴表元,后有杨珂,亦俱作"韩采"。厹之一诗孤证,不可尽改诸书也。①

韩采古寺

从岭脚上韩采岭,有一条山涧小溪,在韩采岩与韩采岭的夹岫中,激湍而下,注入榧树潭。到半岭小溪旁,古时建有一亭叫"韩翠亭",已圮,今凉亭为后人所建,供人们休憩。凉亭脚下,架有一座看起来并不起眼的小桥,横跨小溪,名曰"月秀桥"。但是,细细考来,这月秀桥颇有来头。月秀桥两头桥墩相距 3.1 米,高 2.35 米,两块桥板石长 3.7 米、宽 0.55 米、厚 0.25 米。千百年来,月秀桥默默伫立于此,像一个地地道道的山里人,殷勤地迎来送往。但人们只知有韩采岩、包裹岩,还有棋盘岩、钓台甚或凉亭,对她的存在和担当,却从未留下过只言片语!

月秀桥究竟建于何时?桥板石东侧镌刻着"月秀桥"三字的两侧,原是刻有文字的,或许是所建年代,可惜的是今已漫漶不清,疑为"□□戊戌年"和"□三月"。在月秀桥左侧下方约 50 米处,今西大公路上方,曾建有一庵,名"月秀庵"。那么,这月秀桥与月秀庵有关,当属无疑。

从月秀庵沿公路约 50 米,转过山脊一个 90 度大弯,豁然见一平地在公路下侧。这块平地足有 10 余亩大小,就是当年半岭村整体搬迁后,由原宅基地改造而成的农用地。这里正是大俞溪溪水突然迎头撞上前方的山崖处的那崖顶,与鸡冠岩正好隔溪相对。在这里,不知道是何朝何代,曾建有

---

① (清)周炳麟等:光绪《余姚县志》(一),上海图书馆藏本,第283页。

图 11-1　韩采岭上的月秀桥

图 11-2　韩采岭上的月秀庵旧址

一座寺院。半岭曾经建有一寺一庵,这是大俞一带的人们世代口口相传的故事。讲的是,在很久很久以前,在韩采岭半岭处来了一帮僧人,他们开山肇基,建起了一寺一庵。本欲在此晨钟暮鼓,大宏讲席,无奈寺庙一直香火不旺。多年后,有一高僧到此,在细察了寺院地形后,指点说:半岭这地形是一鸡槽(与鸡冠岩正好隔溪相对),而且是一个破鸡槽(大俞溪溪水突然迎头撞上山崖,岩形皲裂破碎),寺院须迁他处,方可香火兴旺。再后来,寺废众散,不知另迁何处而去。

十八罗汉的故事

为证实半岭这一古寺古庵的历史故事,2019 年 10 月 23 日,笔者约同高中同学俞存力、龚良法、朱志方、朱吉开和俞沛钱,一起考察了大俞山韩采岭一带的寺庵旧址、月秀桥、棋盘岩和钓台,寻找十八罗汉,登上韩采岩顶,一睹包裹岩的真容。这次考察,发现了古寺和古庵曾经存在的诸多实物证据。除了月秀桥,我们还找到了传说中的十八罗汉中的几个摩崖石雕和石刻,虽已年代久远,但仍然依稀可辨。

图 11-3　韩采岭上的大罗汉摩崖岩雕

说到十八罗汉,这里还有一个美丽的传说。在韩采亭旧址之上,有一巨大石壁高耸入云,形似一把撑开的雨伞,当地人称为雨伞山。这就是韩采岩。在韩采岩石壁顶部,有一方石长宽各丈余,平整光滑,叫棋盘岩。传说有一次韩湘子正在此地采寒草,恰好吕洞宾自东海龙王处返回天庭,途经韩采岩,师徒二人就在棋盘岩上摆开阵势,对弈消闲。正杀得天翻地覆

图 11-4　韩采岭上的小罗汉摩崖岩刻

之时,吕洞宾忽然记起回天庭时间已到,便匆匆而去,却遗落了东海龙王带给玉皇大帝的一包裹财宝在棋盘岩旁。韩湘子也等不及吕洞宾来再取包裹,就把那一包裹财宝藏到韩采岩右侧的石洞内,并派十八罗汉日夜守候在此。这个石洞就是包裹岩。此后,民间一直流传着这样的说法:谁能找齐十八罗汉,并能一手挡住大俞溪边一块巨石上的偌大石刻"佛"字,谁就能得到这个包裹。可惜这巨石至今已剥蚀得难见"佛"字了。

据说当时有一王姓西岭下村卖柴郎,看两位仙人杀得痛快,竟一时忘了伐薪回家。等突然想起回家时,发现砍柴的刀柄已经腐烂,刀已无法砍柴,只得快快而回。到了家中才发现,父母早已过世多年,兄弟姐妹的子女也都已白发苍苍。

2005 年,半岭村整体搬迁后,原宅基地被还土造田。据当时参加造田工程的龚良法回忆,当挖掘机挖到古寺院地基时,曾挖出了一个大瓦罐,高可及腰,形似酒坛,里面还有完整的人骨尸骸,另外还有数十块石板、石条。由于事涉寺庙,也就没人顾及有无石刻、碑文等,均匆匆回埋到深土之中去了。根据龚良法的描述,笔者推测,那大瓦罐有可能是某位大和尚的翁棺葬茔。

图 11-5　罗汉谷风景区脚下曾刻有"佛"字的巨石

图 11-6　韩采古寺旧址

传说归传说，但大罗汉摩崖石雕、小罗汉摩崖石刻、月秀桥，还有翁棺葬、石板石条，无疑都是古寺古庵曾经存在的实证。

韩采古寺之文献考略

为证实半岭这一古寺古庵的历史故事，笔者遍查各种方志文献，诸如《宋元四明六志》《绍兴府志》《余姚县志》《鄞县志》《鄞县通志》及《四明山志》等，几无所获。按理，对寺院庙堂进行详尽的记载，是我国历代地方志的一个传统。也许是因为此寺此庵建造的年代久远，且在韩采岭的时间不长、影响不大吧。

黄宗羲的《四明山志》卷八"文括"载有乌斯道的《仗锡寺碑》一文，从中我们或许可以找到一点蛛丝马迹，现录于后。徐兆昺《四明谈助》卷十七"东四明正脉（上）"称该文为"乌春草《纪绩碑铭》"，并在文后有铭，现补全之：

> 古之逃空虚者，必灵境奥区择而居焉。至山水之气，闷而不泄，神呵鬼禁，人不能迹，而见者尤为佛者所专，若仗锡寺是已。其地南去郡治可二百里，山深入万壑中，蛇盘斗折而上，重峦叠巘，峭峻际天，胜概绝世。至峰顶，顶圩而爽垲，可庐。清流散飞，灌木层翠，晴必沾润，暑必挟纩，虽樵者靡常至。四际又有峰二百八十有一，回合起伏，云霞蔽亏。内七峰尤瑰异，郡诸山咸莫之与抗。唐龙纪元年(889)，有石霜下长、政二尊宿去藤湖，肇基于此，寺建徒集。天祐三年(906)，吴王钱氏赐今额，十传迨宋之天圣四年(1026)，太白己禅师由天童飞锡而至，上栗荐羞，猛虎驯伏，学者景从，寺以增观。后其徒以禅师德隆名重，足以开先裕后，尊之为第一代祖师。宝元二年(1039)，额加"延胜"，继兹席者，类多硕德，云栖雾食，灯传香衍，实东南之望刹。历岁滋久，寺或毁或复。传五十二代，遭时孔艰，窘于徭役，费如丘山，资产垂罄，僧日窜匿，寺日摧毁。至仁让公，负荷法任，痛念诸祖创业之难，倡导不匮，苟不攈本，枝叶以亡，虽有智力者出，求兴复如故，恶可得哉！于是殚心瘁容，躬走官府，招亡植坏，保守先业于纲纪糜烂之后，甫七岁，珠还璧全，俾圆领方袍之士不觖望。今住山起予公又力缵遗绪，荐扬前休，托章蟾书走永新，请于予曰："寺旧有颠末，载诸乐石，以灾而不存。兹不纪述，则建初之绩，图存之功，咸泯灭无传，敢辱先生之文，明始显今，以贻厥后。"余谓昔诸祖必处夫高深静僻地者，盖以明心缮性，非远

纷去哗,一耳目之官不可也。若兹山者岂易致,基业岂易图哉? 自佛法入中国,法有沮行,寺有兴废,莫有常者。元运既圮,天下大弗靖,寺悉废于兵燹。吾郡幸无恙,而废于艰难者又十九焉。兹仗锡寺将绝而复振,虽诸祖之愿力深重,亦让、予二公之力也。以世间相论之,寺有兴有废。以正法眼视之,寺未尝有兴废也。然不有世间相,何以明正法眼哉? 自兹以往,比主是山者,鉴往惩来,使是寺益以永久,得以考钟伐鼓,大宏讲席,以正群妄,则其功德又岂忝于诸祖也耶! 寺之栋宇土田与夫山所入之利,具刻诸碑阴。系以铭曰:

> 东南之山,惟明为盛;惟明之山,仗锡为胜。
> 高设于天,闳司于神。其在元古,预俟哲人。
> 哲人伊谁? 张于佛氏。藤湖之长,太白之己。
> 有廓其址,有岧其庐。建业之始,倡道之初。
> 名闻雷厉,学徒云集。继兹席者,代逾五十。
> 非山之灵,胡底于成? 非祖之圣,胡底于宁?
> 元运之末,根柢几绝;让予者出,式茂其藁。
> 以隆于淑,斯永其传。克懋于后,斯昭于先。
> 伐鼓考钟,环居列食;心祖之心,庶几朝夕。
> 有章有程,有声有辉。俾四方士,于焉是归!

乌斯道所撰《仗锡寺碑》一文未署日期,但极有可能撰于"知奉化"期间。细读《仗锡寺碑》,下面这段话引发了笔者的无限遐思:"唐龙纪元年(889),有石霜下长、政二尊宿去藤湖,肇基于此,寺建徒集。天祐三年(906),吴王钱氏赐今额,十传迨宋之天圣四年(1026),太白己禅师由天童飞锡而至,土栗荐羞,猛虎驯伏,学者景从,寺以增观。后其徒以禅师德隆名重,足以开先裕后,尊之为第一代祖师。"既然公元889年就已经"肇基于此,寺建徒集",那又何来公元1026年的"太白己禅师由天童飞锡而至",并"尊之为第一代祖师"之说?

其实,黄宗羲早就发现并提出了这一问题,见其《四明山志》卷二"伽蓝"中"仗锡延胜寺"条:

> 唐龙纪元年,石霜下长、政二僧肇基。天祐三年,吴越王赐金额。十传迨宋之天圣四年,修己自太白山来主寺事,人奉之为第一代祖。宝元二年,敕名仗锡延胜院。传五十二代,至元末,困于徭役,僧徒散亡。有仁让者起而兴复,起予继之,求慈溪乌斯道补撰碑文。《宁波

志》云："唐龙纪元年，天童山纪禅师飞锡至此建立。"按，天童修己为谷隐聪之法嗣，宋天圣间人。经始于龙纪者，自是僧长，悬隔异代，乃牵合为一，失其实矣。

并且，《四明山志》对仗锡寺"第一代祖师"修己禅师的记述颇详：

> 旧传修己初与浮山远公游，尝卓庵庐山佛手岩。后至四明山心，独居十余载，虎豹为邻。尝曰："羊肠鸟道无人到，寂寞云间一个人。"其后道、俗风闻而至，遂成禅林。

> 流传修己建寺之时，剧土以充乏匮。其后，寺僧皆于修己讳日，鸣鼓集众，展钵食土，以为故事。永乐中，古春兰《送元中趣住仗锡》诗云"香土美如馓"，即此事也。

另外，对"太白己禅师由天童飞锡而至"的"太白"所指，笔者亦觉存疑。徐兆昺的《四明谈助》卷三十七"东四明正脉（上）"有"太白塔"一条，云：

> 太白塔向来以为太白祖塔。而天童宏觉禅师著《义兴祖塔铭》，其序中有云："四明山有仗锡寺，旁有太白塔院，世人相传，谓义兴祖塔。及考《郡志》：仗锡建于唐龙纪元年，由天童纪禅师仗锡于兹，故得今名。则太白塔实纪塔，非义兴祖塔无疑矣。"考《宝庆志》，于"桃花坑"下，有"太白禅师纳交于竺隐君"之语。余思义兴在晋而不在唐，相距百余年，所称太白，决非义兴，当别有一太白。今塔中像下伏二虎，灵显，常指动则虎现，要亦神物之所为欤！（《仗锡寺志》）余汉臣游记云："居仗锡月余，辞主人南出，便途礼太白禅师塔。禅师号山纪，唐龙纪元年自天童飞锡至此[1]。所置寺产以四溪为界。能伏虎，使寺界内无虎患，偶见亦不伤人。千余年来，夜行不忌。寺内塔上、像前皆有虎侍侧，不过土木形骸。无知者或摩弄，虎便现形，虔祷则仍屏迹，亦足奇也。"

读完这段文字，笔者不揣冒昧：莫非，当年建于半岭处的那寺院，肇基于晋、名"太白院"抑或"太白寺"？

最早记载杖锡寺的是南宋《宝庆四明志》[2]："仗锡山延圣院，县西南一

---

① 此处余寅游记有误。

② （宋）罗濬等：《宝庆四明志》卷13《鄞县志》卷第二"寺院"，《宋元方志丛刊》（第5册），中华书局1990年版，第5168页。

百二十里,唐龙纪元年(889)建,皇朝宝元二年(1039)赐额,常住田五百五十六亩,山二万二千亩。"而记述杖锡寺最全的则是徐兆昺的《四明谈助》,在其卷三十七"东四明正脉(上)"的"仗锡山"条下,不仅有"乌春草《纪绩碑铭》",以及王阳明、僧传慧、陆放翁、沈嘉则等人的诗作,而且有杖锡寺历代名僧的生平事迹及其诗文等。其中,"仗锡禅寺"条载:

> 唐龙纪元年(889),石霜下、长政二僧肇基。天祐三年(906),吴越王赐金额。逮宋天圣四年(1026),纪禅师修己自太白山来主寺事,人奉之为第一代祖。宝元二年(1039),敕名"仗锡延胜院"。传五十二代,至元末,困于徭役,僧徒散亡。有仁让者,起而兴复,起予继之。求慈溪乌斯道补撰碑记。(《敬止录》)

> 明洪武十五年(1382),诏定天下寺额,而本寺始名"仗锡寺"。永乐三年(1405)佛殿毁,至宣德六年(1431)重建,郡守郑珞为记。正德间(1506—1521)废,有僧文纲与徒德滋相与兴复,大司成戴洵为记。(朱余古《仗锡寺志》)

> 据《宝庆志》,常住向有田五百五十六亩,山三万二千亩。元、明以来,屡败屡兴。至本朝乾隆间(1736—1795),旧产被顽僧花废殆尽。嘉庆初,始稍稍兴复。丙子(1816)四月,游其地,见殿左新建客堂、祖堂、禅堂、斋堂二十余楹,窗户洞达,器物俱极华美。询之游伴,则住持达山所为也。达山于旧产不尽复,而独留心于梵舍,以为产业易致顽僧花废,而梵舍可世守,所见亦是。佛阁在左,而寮房、厨灶俱在右。另辟一门,题曰"尘飞不到",板联题曰"指挥如意天花落,坐卧闲房春草深",笔势超脱,款字莫辨,恐是国初时隐于僧者所书。

在"仗锡寺内外诸胜"条下,徐兆昺引用今孤藏北京大学图书馆的《仗锡寺志》,记有《宝伞峰》诗一首,"千佛阁"和"寒翠亭"均在今罗汉谷风景区内。

僧行正(生卒不详)诗一首:

宝伞峰

四山尽拱空王殿,宝伞峰宜踞上流。
不待展开翻有意,任他雨露下阎浮。

"千佛阁":在绝顶峰下,因名其岩为"千佛岩"。可知千佛之名,其来久矣。

"寒翠亭"：在包裹岩里，今圮。（《仗锡寺志》）又有佛隐堂、五庵、五庙，今不知所在。

"宝伞峰"即棋盘岩，站在半岭村旧址仰望，棋盘岩活像一把撑开的雨伞，当地人也称"雨伞山"。对《宝伞峰》诗作者"僧行正"，黄宗羲《四明山志》和徐兆昺的《四明谈助》均无记载，笔者也未查找到其他任何有关"僧行正"生平的资料。

"绝顶"为"石窗"或"四明"之山巅，即大俞山之巅华盖山，旧称干山、覆船山。由是推之，"千佛岩"即棋盘岩左侧的韩采岭、钓台处，那里刻有众多罗汉（佛）像。姚燮《四明它山图经》"今水源委上"①有云：

天台之脉，自南而东而迤逦而北者，四百里有奇，为四明之干山，是惟它山水源之祖。（四明山由天台北面起，向东北一百三十里，涌为二百八十峰，中之突起而诡者，三十六峰。东面山有七峰，相去各六十里，云雾纠连，状如惊浪。山之峰五朵，其中峰高出三十里，周广十里者，即干山，可环视八百里。其去平地已三百余里，东出句章，西连舜窟，南包天台，北包翠嫭，丹山赤水洞天之第九也。……干山如釜，故土人呼曰镬盖山，又曰覆船山，复有小华顶石、太乙池之胜。）

关于"绝顶"，《四明谈助》引《仗锡寺志》云：

绝顶，在寺背山上，名为绝顶。其高莫测，远望见郡城及浮屠。凡往来名公，无不作绝顶诗者，独句章游记不言绝顶。甚哉！游不可促，不可不同土人游也。司成戴愚斋再游仗锡，作《四明辨》，谓石窗非四明，虚冒其名耳。此峰最中、极高，四望通彻如一，可称为"四明"。因有《登仗锡千佛岩绝顶》诗。读《司成集》，遂知有千佛岩、千佛阁。今僧不识不言，其泯没者多矣。后吏部公斐君，司成公宗过人也，因得闻所未闻，遂有《登过云绝顶》诗。又邀黄、周二公同入"过云"，遍寻幽窈，所吟字琢句险，足传不朽。

将杖锡山顶称作"绝顶"，原因在于宋代有好事者寻四明石窗不得，便在杖锡寺边三峡处的岩石上刻了"小四窗"三字，千百年来颇让游石窗者伤

①　宁波市鄞州区地方志编纂委员会：《鄞州山水志选辑》（第1册），宁波出版社2009年版，第133页。

脑筋。《仗锡寺志》曰"寺背山上,名为绝顶",显然是以讹传讹,以至于即便对四明山之掌故稔熟如徐兆昺者,也对"绝顶"之所在莫辨一是。

徐兆昺《四明谈助》卷三十七"东四明正脉(上)"载有戴澳《登过云绝顶得顶字》诗一首:

> 云容高更肥,峰色近初醒。
> 日脚在徐㿠,渐破四山暝。
> 地迢真气动,天近云光炯。
> 众壑尽呈睫,群岫皆见顶。
> 石窗定何处? 晴岚没丹鼎。
> 深岩闭人家,绝嶂叠绿酊。
> 水石相幽赏,竹树互援拯。
> 人世畔援情,云中君不肯。

"寒翠亭"即韩采亭,在棋盘岩(即宝伞峰)脚下、韩采岭半岭小溪边、月秀桥旁,后人重修凉亭,但未加命名。今仍有凉亭在此,供上下韩采岭的人们歇脚休憩。由于西大公路(西岭下至大俞)开通后,韩采岭古道已废,今韩采亭和月秀桥均遭废弃。

由此,如果联想到半岭古寺古庵的有关传说,或许我们可以从中找到某种答案。本来,"杖锡"之名就来源于太白己禅师"飞锡而至",杖锡山因杖锡寺而得名。据此,笔者斗胆做如下揣测:唐龙纪元年(889),有石霜下长、政二尊宿肇基于韩采岭半岭处,建"太白院",寺建徒集;天祐三年(906),吴越王钱氏赐额;经十传,寺院依然香火不旺,北宋天圣四年(1026),太白己禅师由"破鸡槽"半岭越大俞溪上鸡冠岩,"飞锡而至"四明山心(今杖锡),"独居十余载,虎豹为邻。其后道、俗风闻而至,遂成禅林",其后被尊为第一代祖师……当然,这仅仅是一种推测,姑且存之。期待着有朝一日有新的史料被发现,期待孤藏于北大图书馆的朱余古《仗锡寺志》能开放,更期待深埋于半岭地下的石板中也发掘出一块石碑,或许真相就可大白于天下了。

韩采岭之胜

古人自余姚入四明山,探四窗岩之胜,必经韩采岩。从大岚经金鹤孵蛋自然村到韩采岭头的那一片山凹,叫千人屋基,相传是当年太平军结寨之地,因人数众多,故称。从千人屋基下韩采岭,南望大俞山,一条大俞溪磅礴而至,溪中巨石如箱,青鲦优游,两岸层峦叠翠,秀出群峰,不由得让人心旷神怡。

韩采岩之胜,曾令许多文人墨客流连忘返,吟诗高歌,留下了不少脍炙人口的诗篇。

铁充之(生卒不详,元代人)一首:

韩采岩

寒草岩前春色稀,桃花无数映清溪。

吾行已到仙家窟,不比渔人此路迷。

戴表元(1244—1310)二首:

韩采岩

洞深烟树碧氤氲,只采灵苗不采薪。

问着踪由多懒说,相逢莫有姓韩人。

晚投韩采岩①

冬日寒难暝,岩溪浅易冰。

猿飞红果嶂,人度白云层。

望屋多依竹,逢樵半采藤。

艰难吾甚厌,何处学孙登。

杨珂(生卒不详,明代人)一首:

游四明盘桓韩采岩

雅性耽幽寂,仗锡游四明。

山深多麋鹿,古路无人行。

云端见凤影,松际飞泉声。

荒林满黄叶,落日寒风生。

越溪复登岭,列石多纵横。

---

① (元)戴表元:《戴表元集》,吉林文史出版社2008年版。

　　仙岩采名药,缤纷皆落英。

　　愿言蹑奇踪,九转还丹成。

黄璋(1728—1802)一首:

寒草岩

　　长松巨壑映沙清,寒草讹传韩采名。

　　璀璨金光涌四际,东南缺处挂铜钲。

姚燮(1805—1864)一首:

鸡冠岩[①]

　　敛翅不得飞,延颈莫知向。

　　淮南埘已芜,日轮自天上。

　　祥宝嗣西秦,贞寿禀东亢。

　　一袭青苎衣,文采绚殊状。

　　雄表凌众顽,仙籁激孤唱。

　　岩岩削森秀,戛戛谢依傍。

　　构巢重云巅,止阅万里旷。

　　偶来鹰隼翔,夺风翅斜让。

　　至灵不受羁,枯隐节逾亮。

　　啄木篱下禽,安能测高尚。

罗汉谷风景区

　　2019年10月23日下午,在罗汉谷风景区主人邓永强的陪同下,我们一行五人向包裹岩进发。入罗汉谷大门,沿景区游步道而上,在龙舌景点旁,拐向右侧山坡。罗汉谷土名石岩岙,在包裹山和太师山的两山挟峙中,怪石嶙峋,飞流激湍。源于大俞山巅的华盖山和白玉坪头的两股溪流,一东一西,分别绕过东湾山,在罗汉谷风景区的玻璃天桥处相会,顺着包裹山和太师山两山形成的山坳,时而飞流直下,时而细流潺潺,将亿万年前形成的火山岩冲刷得千姿百态,将溪流两旁的山地滋润得苍翠欲滴。

---

　　①　从大俞村北望小横山尽头山岗,韩采岭对面,其状酷似鸡冠,故名。

图 11-7　从白玉坪西望华盖山

四明山夷平面大概形成于晚白垩世至中新世,主要分布在大岚镇的白玉坪头、蜻蜓岗、后朱等地,2006 年为地质学界发现后,被命名为"四明山面",是中国东部沿海最宽阔的高海拔夷平面遗迹。白玉坪头夷平面海拔752 米,主要切割由上体罗统和下白坚统的各类火山碎屑岩、火山沉积岩和侵入其中的燕山期花岗岩类岩石。夷平面形成后被上新世玄武岩覆盖残存的玄武岩以下保存有较完好的古夷平面,而外围的平缓山坡为玄武岩遭受侵蚀剥蚀后出露的夷平面及其古风化壳的一部分。[①] 白玉坪头处四窗岩山顶,与大俞山巅的华盖山相对。明万历二年(1574),余寅站在白玉坪头,写下了如下观感:

> 徐眺大阙诸山外,一片白光,茫茫无际,不知是云是海。老松满山,或高或低,或大或小,或俯或仰,或如虬龙,或如偃盖,皆苍古森秀,怪怪奇奇,恐非毕宏、韦偃辈不能措笔也。观之竟欲忘返。逾岭一二里,见山下土田、茅屋,已知路不由此。然山顶着山,分枝蜿蜒,势若游龙。远睎仗锡,群峦攒聚,状如芙蓉,寺居其中,故云"四明山心"也。

① 卢炳生、张环、林金波:《四明山夷平面特征及成因》,《现代矿业》2013 年第 3 期。

　　白玉坪头之奇还在于,在海拔 750 米的山顶,有一股清流终年不断,东侧泉水灌溉了小坛和高山的数十亩农田,最后流经大俞村上墙门,汇入大俞溪。而西侧则筑成小水库,成为华山自然村人的饮用水源,并灌溉着白莲庄数十亩农田,最后分成两股水流,西流汇入华山水库,东流绕过东湾山,在罗汉谷景区相会。

　　整个罗汉谷风景区瀑布激流,幽谷深涧,奇花异草,密林翠竹。经罗汉谷主人五年多的精心打造,已然成为四明山上极具自然特色和人文情怀的旅游休闲胜地。

图 11-8　罗汉谷风景区

　　包裹岩自古成名,黄宗羲的《四明山志》亦有记载。包裹岩难寻、难攀。记得在 2008 年的春夏之交,那时年近八旬的家父腿脚还算硬朗,我便陪同家父世林、堂叔炳熙,还有存祥公一起,想爬山登上包裹岩,一探究竟。那时罗汉谷风景区的建设尚未开始,这石岩岙一带完全处于原始状态,乱石横亘,荆棘丛生。我们从西大线沿溪流边的小径而上,爬到龙舌处时已经是汗流浃背了。我们仔细察看了一番龙舌,发现所谓龙舌者,原来是一块巨大的石板(条)从山脊间伸出,伸出部分有两米多长,离地面也有两米多高。这石板伸出部分的头上呈圆弧形,活像舌尖,"龙舌"便由此得名。稍作休憩后,我和父亲等四人便折向山脊,往包裹岩方向攀爬。但一进入这山脊才发现,这里尽是横七竖八的倒竹烂枝、野藤枯蔓,我们十分艰难地向上攀爬了十多分钟,在即将走完竹林到达树林时,实在无法继续往上了,只得放弃。从此,攀上包裹岩一睹真容,成了我久藏于心中的一个愿望。

图 11-9 包裹岩

　　这一回,由多次上过包裹岩的罗汉谷风景区主人邓永强陪同,我们一行五人的攀爬行程就简单多了。从龙舌右转,我们在竹林中开始向上攀爬。这时我才发现,与十多年前相比,虽然倒竹和荆棘依旧,但显然是有人时常在此行走了,已生生踏出了一条小路,当是一些铁杆"驴友"所为。沿着这条小径,我们在竹林中艰难地行走了三五百米,又向右侧斜穿过一个小山坳,便来到了另一个山脊。这里,竹林已尽,沿山脊向上望去,依稀之间,可见那沿山脊笔直向上的小路淹没在密密的丛林之中。山脊的小路陡峭,坡度大多为四五十度,更陡处在六十度以上,加上落叶碎石,一不小心就会攀上三步又滑落两步,甚至来个鼻子与山脊的亲密接触,真有"抬腿蹭膝盖,弯腰碰鼻尖"之忧。我们攀枝援藤,手足并用,爬一程歇一会,汗流浃背,气喘吁吁。约莫爬了半小时,已是天高云淡,东望鸡冠岩,它仿佛已与我们的脚下平齐。这时,走在前面的邓永强突然惊喜地蹦向右侧,大喊:"包裹岩到了!"

图 11-10　罗汉谷一景

　　一听喊声,我们顿时忘却了一路疲惫,齐刷刷奔向一排矗立在山冈间的绝壁前。只见包裹岩面东而立,一排绝壁宽有 40 余米,高 20 余米,跟四窗岩一样,属火成岩构成的丹霞地貌。整座山崖似被某种神力按在山坡之上,只是崖底与山坡尚未完全被压实,露出长长的一排洞口,足有 10 多米宽。不过,最大的洞口在山崖的右侧,当是黄宗羲所称的“寒草洞”即“包裹洞”了。包裹洞洞口高约 3 米,宽 5～6 米,深 10 余米。包裹洞之大,足可容三四十人或坐或立。洞口与洞底呈明显的“剪刀口”,至洞底,上下两边岩石交合在一起。这与黄宗羲在《四明山志》中的记载“初伛而入,徐可仰视”刚刚相反,初可举手而进,继而稍伛可入,至洞底只能趴着向前了。由此可见,黄宗羲亦据传闻,未尝亲至也!沈嘉则游记中未见包裹洞的记录,徐兆昺的《四明谈助》也仅引用了余汉臣游记,曰:“最上一石屋,曰包裹岩,昔有僧缚茅守山。”没有更多细节记述,应当也只是照录。

　　包裹洞所在的包裹岩其实并不高,海拔仅 553 米。我们一行从包裹岩下来后,站在罗汉谷风景区门口仰望包裹洞,唯见山峦之中,包裹岩仅露出小小的一片岩石。笔者不禁感叹：在这千山万壑的四明山麓、密林深处，古人是如何发现这包裹岩还有四窗岩的？当年吕洞宾遗落在包裹岩洞中的珍宝，看来今天的我们是再也寻觅不到了。但是，我们无不期盼着有朝一日，罗汉谷风景区与包裹岩、棋盘岩一起，形成一个更大的景区；甚或将整个大俞山的景点四窗岩、包裹岩、罗汉谷、斗崖谷，还有华盖山，都整体予以开发建设，那么，四窗岩这颗宁波本土"世界级的宝石"将和包裹岩一道，闪耀出更加夺目的光彩，造福子孙后代！

参考文献

一、史籍

1. (唐)木玄虚撰、贺知章注:《四明洞天丹山图咏》,上海涵芬楼影印本,民国十三年(1924)。
2. (宋)高似孙:《剡录》,嵊州市地方志办公室重印本。
3. (宋)罗濬等《宝庆四明志》,《宋元方志丛刊》(第5册),中华书局1990年版。
4. (宋)史浩:《鄮峰真隐漫录》,《宋集珍本丛刊》(第43册),线装书局2004年版。
5. (宋)张津:《乾道四明图经》,《宋元方志丛刊》(第5册),中华书局1990年版。
6. (元)戴表元:《戴表元集》,吉林文史出版社2008年版。
7. (元)袁桷:《延祐四明志》,《宋元方志丛刊》(第6册),中华书局1990年版。
8. (元)曾坚、危素:《四明洞天丹山图咏集》,《正统道藏》洞玄部纪传类。
9. (明)陈函辉:《霞客徐先生墓志铭》,徐弘祖:《徐客游记》,上海古籍出版社1989年版。
10. (明)田琯等:万历《新昌县志》,天一阁藏本。
11. (明)宋濂等:《元史》,中华书局1995年版。
12. (明)萧良幹等:万历《绍兴府志》,李能成点校,宁波出版社2012年版。

13.（明）朱献臣：《杖锡寺志》，北京大学图书馆藏。

14.（清）曹寅、彭定求等：《全唐诗》，中华书局 1979 年版。

15.（清）胡文学：《甬上耆旧诗》，《四库全书》文渊阁本。

16.（清）黄炳垕：《黄宗羲年谱》，中华书局 1993 年版。

17.（清）黄璋：《大俞山房诗稿》，上海古籍出版社 2010 年版。

18.（清）黄宗会：《四明山游录》，藜照庐丛书本。

19.（清）黄宗羲：《四明山志》，李氏藏本。

20.（清）全祖望：《句余土音》，《清代诗文集汇编》（第 303 册），上海古籍出版社 2010 年版。

21.（清）全祖望著，朱铸禹汇校集注：《全祖望集汇校集注》（中册），上海古籍出版社 2000 年版。

22.（清）徐兆昺：《四明谈助》，宁波出版社 2003 年版。

23.（清）姚燮：《复庄诗问》（上、下），上海古籍出版社 1988 年版。

24.（清）姚燮：《四明它山图经》，宁波市鄞州区地方志编纂委员会：《鄞州山水志选辑》（第 1 册），宁波出版社 2009 年版。

25.（清）俞先诚：敦本堂《俞氏家谱》刻本，俞建文家藏。

26.（清）周炳麟等：光绪《余姚县志》，清光绪二十五年（1899）刻本。

27.（民国）鲁迅：《古小说钩沉》，人民文学出版社 1973 年版。

28.（民国）《竹桥黄氏宗谱》，余姚市档案馆藏。

二、论著

1.陈布衣：《风雨历程——四明山革命斗争岁月》，东方出版社 2001 年版。

2.陈布衣：《四明山上》，浙江人民出版社 1959 年版。

3.丁文江：《明徐霞客先生宏祖年谱》，台湾商务印书馆 1978 年版。

4.傅璇琮：《宁波通史》，宁波出版社 2009 年版。

5.胡元福：《奉化市志》，中华书局 1994 年版。

6.胡正武：《刘阮遇仙故事与越中传统造纸发微》，《浙江师范大学学报（社会科学版）》2002 年第 3 期。

7.劫生寄尘：《刘阮遇仙的传说与新昌刘门山》，http://xcnews.zjol.com.cn/xcnews/system/2011/06/08/013841403.shtml。

8.金午江、金向银：《谢灵运山居赋诗文考释》，中国文史出版社 2009 年版。

9.卢炳生、张环、林金波：《四明山夷平面特征及成因》，《现代矿业》2013 年第 3 期。

10. 宁波市新四军暨华中敌后抗日根据地研究会:《反顽自卫　坚持抗日》,中共党史出版社 2001 年版。

11. 上虞县志编委员会:《上虞县志》,浙江人民出版社 1990 年版。

12. 嵊县志编纂委员会:《嵊县志》,浙江人民出版社 1989 年版。

13. 台州地区地方志编委员会:《台州地区志》,浙江人民出版社 1995 年版。

14. 谭启龙:《谭启龙回忆录》,中共党史出版社 2003 年版。

15. 天台县志编纂委员会:《天台县志》,汉语大词典出版社 1995 年版。

16. 王泰栋、薛家柱、李政:《武岭梦残》,宁波出版社 2016 年版。

17. 夏令伟:《论史浩的退隐及其间的诗词创作》,《宁波大学学报(人文社科版)》2010 年第 4 期。

18. 新昌县志编纂委员会:《新昌县志》,上海书店出版社 1994 年版。

19. 俞福海:《宁波市志》,中华书局 1995 年版。

20. 张兰花:《刘阮遇仙故事的流变及其文化意蕴》,《作家杂志》2009 年第 4 期。

21. 张日新:《蒋经国日记》,中国文史出版社 2010 年版。

22. 中共余姚市委党史办公室:《中国共产党余姚历史大事记(1919—1995)》,宁波出版社 2000 年版。

23. 中共余姚市委党史研究室:《余姚革命根据地》,浙江古籍出版社 2010 年版。

24. 朱之光:《战斗在四明山上——朱之光回忆录》,中共党史出版社 2000 年版。

25. 竺岳兵:《唐诗之路唐诗总集》,中国文史出版社 2003 年版。

26. 竺岳兵:《浙东唐诗之路》,中国文化艺术出版社 2008 年版。

27. 竺岳兵等:《唐诗之路综论》,中国文史出版社 2003 年版。

三、其他

1.《丹山赤水话大岚》编委会:《丹山赤水话大岚》,内部资料,2002 年。

2. 黄连:《坚持在姚南》,中共余姚市委党史资料征集研究委员会办公室编:《余姚党史资料》第 44 期,内部资料,1987 年 11 月 20 日。

3. 舒文、黄连等:《1943 年—1945 年在大岚工作的回忆》,中共余姚市委党史资料征集研究委员会办公室编:《余姚党史资料》第 36 期,内部资料,

1986 年 6 月 20 日。

4. 王援军：《1938 年—1943 年在大岚工作的回忆》，中共余姚市委党史资料征集研究委员会办公室编：《余姚党史资料》第 36 期，内部资料，1986 年 6 月 20 日。

5.《余姚革命英烈》编辑委员会：《余姚革命英烈》，内部资料，2001 年。

6. 俞存潮：《回忆录》。现存俞存潮儿子俞世剡处。

7. 俞存龙：《大俞村村史（上卷）》，1993 年春。现存大俞村村委会。

8. 俞存香：《要求恢复中共党籍的申请报告》，1986 年 10 月。现存俞存香儿子俞炳熙处。

9. 张文碧：《新四军浙东纵队政治工作的一些体会》，中共余姚市委党史资料征集研究委员会办公室编：《余姚党史资料》专辑，内部资料，1986 年 3 月 20 日。

10. 张肇良整理：《朱之光同志谈解放战争时期的斗争情况》，中共余姚市委党史资料征集研究委员会办公室编：《余姚党史资料》第 41 期，内部资料，1987 年 4 月 20 日。

11. 中共余姚市委党史办：《解放战争时期姚虞县（余姚）党、政军组织发展概况 1945 年—1949 年》（征求意见稿），中共余姚市委党史资料征集研究委员会办公室编：《余姚党史资料》第 46 期，内部资料，1988 年 4 月 20 日。

12. 中共余姚市委文件余市委〔1987〕179 号：《关于同意恢复俞存香同志党籍的批复》，1987 年 10 月 17 日。现存俞存香儿子俞炳熙处。

附　录

一、(唐)木华撰、贺知章注《四明洞天丹山图咏》

四明山名赤水天，灵踪圣迹自天然。

二百八十峰相接，其间窟宅多神仙。

按:《记》云:此山四面各有七十峰，计二百八十峰，相连如屏也。

其山东面如惊浪，七十高峰列烟嶂。

一条流水入句章，二仙圣德彰兹养。

二仙者，是董黯、鲍全。全有圣德之行，黯有孝道之功。《记》云:此乃四明山地仙，俱出后汉时。

秦皇神将有王鄞，驱山塞海溺其身。

葬于水底不填筑，号作鄞江今见存。

四明，山名;句章，其江，因鄞江，此通大洋也。

大雷山前静水洞，谢朓曾居兹读诵。

因名大慈属慈溪，泉源水脉皆相统。

大雷山昔多禽兽，每有猎人常污触其洞间，后有神仙偶为大雷雨阻之，因而为名。汉、晋时，多有贤人得道之士，皆隐此山中。内亦有金鸡洞。

数峰状似莲花叶，叶势与梨洲洞接。

一派清泉下小溪，数百余家安活业。

内有芙蓉峰，与梨洲洞相近。晋时有兴子孙公戍游此山，见道边梨熟，因吃三两颗,便觉饱。再来寻,已失其所,后因名之。

> 傍耸高峰形突兀,顶头石匣盛仙蜜。
>
> 下有龙潭湛百寻,藏书石室深牢密。

名蜜岩峰,上有石匣,盛仙蜜,曾动星象。下有龙潭,公私祷祀。向下更有一潭,名石质。内有石室,贮藏神仙秘典,禹时有逸士王真,亲曾开看,甚奇异也。

> 其山西面如奔牛,岩峣次第相连钩。
>
> 大峰小峰计七十,山足两岐通越州。

山脚下便是余姚、上虞两县,属越州,水陆皆通。

> 伏龟山如鸡子状,隐岫嵯峨百般样。
>
> 山中三朵五朵峰,仙人日日游其上。

西南山多异状,兼有三五朵奇峰,出没山岚中。

> 汉时曾有张平子,驻前割木呈其技。
>
> 版木余残三五堆,紫金声色真神异。

> 四角仞雕狮子守,坐劫虽移终不朽。
>
> 毛竹千丛生涧边,药苗仙果般般有。

张平子曾割木于此山,有板木三五堆,作紫金色,常有云霞覆之。昔时张充曾见此板,得五寸,往见会稽太守,令割作蝴蝶,其木充天去也。

> 翠岩中间有石壁,碍石遮云数千尺。
>
> 内生异果能饱人,兼有涧泉通海脉。

晋时葛仙翁到此,山涧中有鱼,长六七尺。以杖击之,勿见。山神曰:勿怪缘,涧水通大洋,此鱼常从海而来也。

> 魏时有人杨德祖,路傍曾与山仙语。
>
> 二仙把火觅金刀,像形剡字因兹起。

杨德祖游此山,忽见一老人云:前行见二仙把火觅刀,可详之。德祖果见之,乃言两火是炎字,更觅金刀是"剡"字,因名剡溪也。

> 其山南面如驱羊,七十峰峦形列张。
>
> 汉时刘阮迷七日,人间六代子孙亡。

有刘、阮二人同行采药到仙家,七日且回,人间已过三百年矣,归家犹见第七代子孙也。

> 中有大池数亩地,穴内仙蛇常吐气。

化为云雨作楼台,水应簟溪入数处。

因水流出仙簟,故老人相传名簟溪是也。

白岩瀑布如飞练,俱入紫溪流汗漫。

中有一山如覆盆,林木交加花卉乱。

两峰各名大小晦,蔽日阴沉轻雾翳。

樵夫应则昔时游,石床数丈祥云盖。

宋时有应则入山,忽遇境色秀丽,即复来已不见,但冥晦不敢久住,因名大小晦。紫溪即白水近观。

其间仙兽有犀牛,范颜捕得皮为裘。

服之对面人不见,隐藏形质无踪由。

梁时范颜到此山,见犀牛数头,捕得一头,裂其皮作裘服之,便失其形,人观不见,因号隐形裘。山在曰西山南是也。

其山北面如走蛇,危峦叠嶂无津涯。

七十之峰数亦足,八囊罾网相交加。

北而有八灵山,其状如罾网,加有走蛇之势是也。

又涌二山为两阵,引开长涧分墙仞。

抱子山头石室平,泉如甘露灵仙隐。

郑宏曾究山海经,经中具列此泉名。

名为圣水味甘滑,得而服之当长生。

有山两阵相向,中央涧水流分四面,今俗呼为大小皎是也。宋时郑宏曾寻得此泉水道,服之。其石室中见有圣像在焉,近代不闻神仙异迹。

四明山中如伏虎,遍生青石为其祖。

凿开七窍出祥云,窍中各可兴风雨。

四明山中心名伏虎山,有赤石,柏、梓之木,皆有七窍,皆泊龙神。按《山海经》云:山嵩无窍,不为名山也。

石库藏书仓贮盐,食之其味多甘甜。

一条槎木二百尺,光明夜照群山尖。

梅福曾宿此库,见书莫知其数。云齐时樵人何昕者,遇一仓盐,以少许归与母食,其味甘,不数日,白发再黑,韶颜如童。再往取之,已失其所也。又见一槎木,长二十余丈,横在山腹中,常吐光明,人皆见也。

东连句章西舜窟，南嗣天台通地骨。

北包翠竭爱其源，地圣天仙时现没。

此是四明山之四至也。

周回盘广八百里，古来灵瑞难遍纪。

梅福为仙居此山，刘纲作宰妻樊氏。

周景时，义士益昌游此山，先得升仙。梅福又游此山，一宿室内梦见一人，谓福之曰："周时益昌化于此山，其骨秘天井。"及明早，果于天井中获得，其骨未朽，遂与埋之。后汉刘纲，字伯经，任上虞令，与夫人樊氏云翘居四明山，皆得仙道。一日至大兰阜丘山上，登巨木飞升。

（根据黄宗羲《四明山志》辑录）

二、（明）沈明臣《四明山游记》

余生四明，余五十七年矣。尝走吴、楚、闽、粤间，凡佳山水处，率谋裹粮游，而顾于四明山未尝一陟其巅，何以称四明人哉！

今年二月十日，与汪生礼约期。是日雨，乃买舟至凤岙口，肩舆入山，逾藤岭，渡庄溪，又逾江村岭，过翠山寺。寺废。寺前桥，大石跨溪高，空谷中有此，自壮伟云。宋太师张卫国孝伯家所建卫国墓，在山之东。山麓有金鸡洞，仅仅石罅耳。稍入数里，旷焉土田，山盘水汇，是为大雷山，汪氏世居焉，然谢遗尘隐处不在是。雨不休，客汪生三日，日夕与生父参军仲安君对晤，讨论故实。参军不饮酒，余病，亦谢不饮，烧烛啜茗，甚适也。已而晴，与中表舅弟三四人及汪生，逾干岭，入魏岙，拜中表伯父墓。岙中清溪窈窕，白石瑶草满涧，声潺潺出竹树间，与松涛相答响，余乐而留之。移日，汪生曰："溪上山田，皆礼约家物，当跨溪结楼数楹，割田十亩，供先生隐具，先生愿赐可之。"余曰："诺，吾将托是老矣。"汪生乃姓是溪为沈溪云。午炊而还，参军乃治具挈铜铛，游叶公庙，云："此铛出贵竹，与吾俱二十年。客无当者，阁不试。乃今试，幸为我赋之。"余曰："诺。"是日望，归途月色如昼，少憩，东山之石，水木清华，湛然相照。

明日，与参军别。于是，汪生乃买两篮舆，舆人四人，从者各一人，结束问途。舆人曰："先往仗锡寺，乃可寻四窗。"仗锡去此尚八十里而遥，仍逾干岭西行。一大溪东注，纡回不知几折，石齿齿离立，水穿罅中，行若游龙走虬，杂以杜蘅、兰茝、菖蒲、射干之属。其源盖莫测所自，淙淙作响，东西谷应。两崖山秀丽幽峭，行二十里，所逾一高岭，山至此皆插汉，所谓大雷尖、小雷尖相联络而起。大雷尖一曰南雷，此正谢居士隐处。前汪氏居，盖借是名耳。始知前大溪源出此岭之西，万峰千壑，若惊涛怒浪，拥翠而来。岭西，水西行，又与一大溪会。大溪源盖出西北斤岭，至小皎南流，曲折而至它山，入郡城矣。溪中有行舟。岭上见西北诸山皆际天，远望极西南向走者，冈脊平衍，约可三四十里，云兴霞蔚，岂《志》所谓"过云"者邪？"过云"一曰云中，居云之南者曰云南，居云之北者曰云北。下岭而稍北折西，一溪凡两渡。北山之麓曰小皎溪，上有斋堂庙，庙额为张即之书，不知事何鬼，像塑出宋人手。小皎村尽，表石界余姚，为龚村，为石坛，为斤岭。而小皎溪一支南入，为蒜坑。小庵一，僧一，行者一，午炊而去。高下皆南行，高为蒜坑岭。又逾苦竹岭，行二三十里，见所谓大兰山者，若屏障然。而所行二三十里路，皆在冈岭之颠，险巇者四五里，腰山而路。高者出云上，四面峰矗起，下而壑者万寻，色赭而童，视之黯黮深闃，中斗绝若锅釜，然行者趾错锅际，心悸目眩，如履九折之阪，不能举足。乃诫汪生闭目定神，听舆人，不语，徐度乃济。回视大山，下有数十家烟火。出林麓，问舆人，曰："此正石坛龚氏居也。正、嘉间，有侍郎公名晖者，起家进士。"蒜坑东山，高可与南雷敌，山之阳即大皎，鄞属。而所行五六十里间，委蛇如蛇，山岭皆犬牙错，忽鄞属，又忽余属。忽界所纅分处，有大田同亩，土人略以小塍树封云。时野烧满谷，白烟起苍蔼中，望之茫茫然若涨海也。虽善画如吴、顾、王、李诸君，恐亦未易措手。又逾错愕岭，又名错愕岩，巉岩崒嵂，径路如线，穿云雾以上。磴累细石盘绕，趾跞磴隙，磴滑即堕，倾跌数四，始及颠。而下益峻险，手援竹树，足借朽株，蚁附而下。山颠石皆林立峭拔，列若屏者，挺若笋者。若兽而奔者，若鸟而翔者。龙而偃蹇若者，虹而盘旋若者。若洼者作坎，若柱者作突，若梁者作横，若袖者作舞，若手者作伸，若圭者可执，若刀者可割。人而若僧者，女而若鬟者。壁立而去尺许，复壁立而起，若巨斧劈者，不可枚数。山下巨溪南绕，溪中石亦大小错。高涧飞泉，蛇行而下，若雷，若风，若磬，若钟，若竽，若籁，若笙，若镛，若击，若崩，若扣，若撞，使人目不及瞬，耳不及审。乃坐大石，歌《沧浪》之诗以行。登一小岭，绕而南出，乃一旷土，宽数十亩者，有沈氏居焉。地曰柿岭，家户业纸，屋后山如屏。少憩，买酒饷舆人，野老一人欣然出酒肴相劳苦，乃为三醨而起。由错愕而东十里，所云有渔湖，在字岩下，今业已为叶氏宅，湖盖仅存一沟矣，未及游。又度一大溪，溪即南绕者，复折而北，问之，亦云出它山。溪上即又岭，行殆未十里，日没矣。是日蒸热若长夏，天朗朗霁，忽阴云一缕起日下，即大风震荡，山谷响应，若雷霆怒击，云涌出南走，顷刻幂六合。云黑如靛，野烧出山顶，状若列缺，光闪闪烁人，亦一奇观。舆疾走，首不及数回，咫尺不辨人马。舆人惧，奔逸，趣投仗锡寺，雨阁不下。仅入门，大雨澍，人皆云龙起耳。明旦，人从谷口来者云，江海覆舟以十数，溺死者如之，俱山中人，操舴艋出定海者，篾工耳。暮入寺时，三四僧出，迎客雨中。然枯竹，风廖廖在树，万窍怒号，竹光死，堂户皆震动。酒数行，雨罢乃罢。宿迁公房，迁，汪姓长文族属。

　　旦日，阴复风，旋作雪，旋止。僧云："天阴即雨雪，不问冬夏也。"盖平原至此，万三千丈云。饭罢，风不济，起策筇出，寺门有古松一。东南行，复东折，循山麓半里所，方石圭立道旁，曰屏风岩，高丈五六，四面称是，东面镌"四明山心"四隶，每字大二尺许，《志》谓出汉人手，诚然，非后代人所能办也。南面有"庆丰"字。风暴甚，不能久留，山颠亦有怪石，不能上，回寺中。午罢，风济，复策筇出寺门。西行，洞石作桥，寺前田百余亩，潴诸涧水，瀺瀺出桥下两山夹，而走岬如也。溪斗绝，率一里许，率二三里许，悬水数十尺，潺潺下。为级者三：最上者为洗药溪，一级镌"三峡"字，二级镌"潺湲洞"字，三级不镌字，镌字在南麓之立石，曰"过云岩"。岩下溪横一巨石如梁，梁上坐可十人。盖"过云"字虽镌此，此径路窄仄，无二十里，又南北鲜居人，当非云中，前所谓大兰山者无疑矣。僧云："云时，人到此，腰以上出云上，腰以下没云下耳。"僧晓、僧荣侍游，陈果核梁上，酒三醀，还三峡。北山之椒有片石突起，刻"中峰"，字如斗大，篆，下刻经语，楷，径寸，薜蚀不可读。云下有"再来石"，榛莽盛，不可寻。复攀崖上。稍西，复有片石突起，石背中穿，仰睇天，见一线划。一石刻"石窗"字，楷，大小如"中峰"。旁有款，仅"开庆"字可识，余亦薜蚀。会日暮，还寺中。

　　明日，戒舆人行，僧荣从，仍由三峡西出，南折过一山，若井陉然。至大俞溪，溪东、西皆居人，西俞姓，东即寺庄。溪阔数寻，步石作渡，水纹毂，坐良久。时山桃作花，瓣流罅中锦错。僧呼土人俞姓者一人先道，西上岭即四明山也。舆行殆里者十盘，而陡者数处，渐行渐高，见两崖皆有高涧落翠微中，或见或隐，树杪湿而四山益高峻。西大山端委而长，山椒石矗矗起，童色苍赤，是谓白岩头。土人语讹不可辨，详辨始解云。盖四明山之前山，相隔一巨溪，溪南绕而复北折，为大俞溪，去里二十踔远矣。然望之，山不复也。至是不可舆，土人前道者，斫荆榛取径。南入二三里许，山俯而复昂，崖穷壁立，盖几千仞，下睨潭水黑，临厕不敢窥，窥辄眩。厂稍西南向者，亦骨立，水滴滴垂，腰穴而岫者四，即石窗也，号称四明者。无径路，随道者纵横下上，援竹树，匍匐至厂下石确，稍陂陀，凸受手绾，凹内趾跖，横上十步，达岫口。是时，日正亭午，光不中入。中岫稍深丈，阔如之，中卧一石，隔为两岫。乃俯首入，躬曲不伸，出厂口伸。右岫仅容卧一二人者，左岫容三四人卧。石五色错，仰视若网状。乱石珠缀，大者鼓如，中者斗如，小者丸如，细者粒如。中岫石一鼓如而平者，题曰"悬鼓"，厂口石一磬如而折者，题曰"垂磬"，中卧者题曰"片云"，厂口平立如壁者而不下，尽题名及岁月。右岫半壁陷者，尺题曰"藏书处"。余拟著一家言，写副本托是以藏之，第恐山灵不我呵护矣。字皆汪生手书，分篆、楷、行、草具，惟"悬鼓"仰书，滴石乳作墨沉云。下视溪壑，虽斗绝淫鬻，然石蓁蓁□草树，以故不甚怖愕。第力罢，少嗷果饵，气稍充。《志》所称青棩子、鞠侯，俱寻不获。鞠侯，猴也，见人或深匿。问土人，虽老死亦无识青棩子者。鹿亭、樊榭亦不可寻，又云樊榭即白水宫，盖在西四明云。《志》称二百八十峰，四面各生一木，东生梓，西生松，南生柏，北生桱，今亦无所辨。莽莽榛榛，苍翠杂植，无不有也，无虑二百八十峰也。为峦、为嶂、为巘、为岩、为岫、为洞、为崦、为峻、为岑、为峤、为岭、为冈、为壑、为谷、为溪、为涧、为瀑、为潭、为渊、为埼、为崖、为坻、为陵、为阜、为洼、为皋、为垒、为台、为坛、为壖、为埒、为埠、为埋、为垄、为狭、为阬、为隔、为硪者，亦无不有之。望之斗绝，悬者嵃嵫，高者嶙峋，而节级者岭嵘，深邃者駊騀，而耸者嵲嵲，而雍者厜䍨，崒者，下侈上锐者，上盖下哆者，首昂足敛者，身缩手足舒者，腰细而股大者，棱罾而峭削者，端委而尊严者，奔腾而去不留者，怒发中止者，戴土而崔嵬者，戴石而砠者，土石半者，多草木而岵者，无草木而童者，苍壁者，赤而复者，黄白而上下截者，紫翠左右坼者，峄而属蜀而独者，上正章者，宛中隆者，卑大崈小众归者，岌者，岠者，堂者，室者，盛而防者，堕而困者，重甗而陳者，厒而岸分者，水之樛流者，澄而纡谲者，谿谷谺濆者，喷洒泄者，浩溔沸者，汩湟而漂疾者，渟潴渊墨者，澎湃訇礚者，盘纡岪郁，灏溔渗漓，又无不有之。会迫日暮，仍返寺。

明日，辞仗锡南出，高下坛曼，阻陌陂陀不知几百折，乃逾跰蹰岭、童岵。半至徐凫岩，一曰徐无岩，陡下千尺瀑，垂半壁，忽内陷，陷穷，复突削廉，故瀑溅作烟雾状，飞洒殊态，若白日走怒雷。三面壁匼匝廉，侧窥而头目眩煜，竦奢神悸矣。强起策而临厕，风倒激，珠雨射，霏霏湿人衣帽。思从狭中仰视，四山环阻，谷口南入，三十里回远矣，踌躇而去。去十里，复得一隐潭瀑，视徐凫岩，三面亦壁匣，小较徐凫四之一，级石而下，仰视殊快心目云。下复有二潭，潭俱龙伏，称灵焉。狭中石啮，人足不能去。去又十里，为雪窦，未五里，有上雪，不及游。雪窦山旷然四豁，纡纡城也。阙其南，阙外青峰屹起，若芙蓉扑翠，是为小晦山。寺曰资圣，殿毁，今存者不甚饰，亦不甚宏敞。一浮屠立殿石，云为雷火所烧。山门高四丈许，新立，十六夜为风坏，僧云龙怪也。寺前田宽二百亩，有含珠林，今赤地；有锦镜池，今田；有古松一，如马远画，视仗锡尤大，大可三四围。松下横石梁，两涧夹，左涧出梁下，合而南流为瀑布，泻千丈岩，稍不到岩十丈许，桥而屋者十楹，余题曰"瀑上桥"。千丈岩瀑亦视除凫岩，而下深过之半，石忽作盘，仰承瀑，瀑至盘，碎击而玉屑飞，声吼空谷，不雨而雷，日光荡射，恍恍电。上有飞雪亭，瞰崖之阻，故太守云间沈公作游记、作诗碑焉。风厉不可亭，亭碑亦仆。由亭西上为妙高峰，台如峰名，今毁。有平敞地，昔僧院，云僧有道术，虎伏就食，尝结藤龛栖其中。峰石隆然，平者三，尽处壁削奇峭，望之岩岩也。四面诸山，嵚崟险塞，交错如绣。时阴晴互异，色幻变，诚妙且高矣。南望为大、小晦，小晦近丹崖青壁，信当界之仙都。《记》有寺为奉慈，坑为桃花，俱不及寻。从妙高还，由瀑上而东，两山坳中亭碑，宋理宗"应梦名山"御书，入寺路由此。由山南转下白泥冈，下狭中，卧对瀑布，胜益奇，视隐潭宏而肆哉。潭受瀑，黝然沉沉，广可亩余，水湄芙蓉丛生，又云生雷公藤。白泥冈土独垩，余土丹。两僧日侍游，一戴姓，一陈姓，俱鄞人。

　　明日，辞雪窦出，由白岩至溪口，皆冈岭间行，不甚险，渐行渐下矣。有雪窦禅关亭。买舟溪口还，过萧王庙，过同山，过乌山，过江口，过徐家渡，过三江口，景清旷，饶水竹，土田肥美。故句章之墟在江口，山阴水阳，或湍，或濑，或浅，或深，或潮，或汐，至北渡暝矣。上眺江桥四望，北指大雷，示《礼约》曰："汝得无白云乎，思哉！"过三江时，读庐楠诗。楠诖误入法网，滨死者数，四十三年始出狱。读其诗，楚楚悲焉。至家，灯火荧荧起，是为二十一日也。明日，送汪生还山，乃命毛颖记事如右，里计二百七十有奇，日计十有奇。山中土色丹者计三之二，故古《记》曰四明为丹山赤水洞天，一曰赤水在象山。

　　万历二年岁甲戌，鄞人沈明臣记。

（根据黄宗羲《四明山志》辑录）

三、(清)黄宗羲《四明山寨记》

四明山,在汉、晋以前通谓之天台,其后分裂天台以为四明。盖周围八百里,连山叠嶂,豁险之极。唐咸通元年,裴甫之裨将刘从简率壮士五百,奔之大岚山,据险自守,诸将兵攻破之。大岚山即四明之山心也,则四明之为山寨也,旧矣。

丙戌六月(即顺治三年,1646年),浙东师溃,某时率师渡海,规取海盐、海宁而城,报至而还。十日,散遣余众,愿从者归安茅瀚(字飞卿)、梅溪汪涵(字叔度)二帅,以五百人入四明,屯于杖锡。某意结寨固守,徐为航海之计,因戒二帅联络山民,方可从事。二帅违某节制,取粮近地。二十日,某令二帅守寨,出行旁舍。山民相约数千,乘二帅不备,夜半焚杖锡寺。士卒睡中逃出,尽为击死,二帅被焚。

丁亥(即顺治四年,1647年),余姚人王翊、王江聚兵于沿海,为黄斌卿内应。斌卿攻宁波不克而去,翊遂入四明山中。

戊子三月(即顺治五年,1648年),破上虞,杀摄印官,浙东震动。北人合两郡之师,由清贤岭入,义师屯丁山以待之。待久而弛,按甲空眷,北师骤驰之,义师狼顾失措,一时为所屠者四百人。有孙说者,闻丁山败,救之,中流矢死,直立不仆。御史冯京第自湖州军破,亦间行至四明,与王翊合军杜夼,守关祸牙,军容甚整。北抚勒兵东渡,下教乡聚团练攻杜夼,破之,其别部邵伯伦亦见获。京第匿民舍,翊以四百人走天台,依定远将军俞国望。翊谓诸将曰:"是皆团练之罪也。北兵虽健,吾视其锐则避之,懈则击之,非团练为之向导,彼敢行险地如枕席乎?然北兵、团练岂能相守?吾卒虽残,其破团练尚有余力。"乃自天台至四明,击破乡聚之团练者,随道收兵,一月至万余人,而京第亦出。

己丑春(即顺治六年,1649年),又破上虞,走其知县,得县印。当是时,浙东山寨萧山则石仲方,会稽则王化龙、陈天枢,台州则俞国望、金汤,奉化则吴奎明、袁应彪,皆掳掠暴横;而平冈张煌言、上虞李长祥又单弱不能成军。惟王翊一旅,蔓延于四明八百里之内,设为五营、五内司。王江则专主饷,劝分富室,单门而下,安堵如故;履亩而税,人亦无不乐输者。平时不义之徒,立置重典,异时巡方访恶徒为故事。翊所决罚,人人称快。浙东列城,为之尽闭,胥吏不敢催租缚民,惴惴以保守一城为幸,皆荐诚讲解。翊计天下不能无事,待之数年,庶可以为中原之应也。自上虞出,东循奉化。北师方攻吴奎明,奎明力不支而遁,北师追奔至河泊所,翊猝遇之而战,北师大败。

六月,上驻跸建跳所,分使使山寨拜官,授翊河南道御史,王江户部主事左副都御史。某上言:"诸营文则自称都御史、侍郎,武则自称将军、都督,未有三品下者。主上嘉其慕义,亦因而命之。惟王翊不自张大,仅授御史。御史在承平时,固为显要,而非所论于今日。诸营小或不及百人,大亦不过王翊一部,今品级悬殊,以之相临,恐为未便。"大学士刘沂春、礼部尚书吴钟峦皆以为然,定西侯张名振持之不肯下。初,诸营迎表,皆因名振以达,独翊不关名振。名振不乐,曰:"俟王翊之来,吾为上言之也。"翊朝行在,睹其军容,升右佥都御史。翊曰:"吾岂受定西侯铃键哉!"山海久不宁,有为北人谋者曰:"此皆失职之所致,苟招抚而官之,鲜有不愿解甲者矣!"会稽人严我公知之,伪为告身银印,曰:"请自隗始。"遂俾以都御史,招抚山海。湖州柏襄甫、会稽顾虎臣皆降。我公将渡海,发使者入四明山。翊之前营黄中道曰:"严我公动摇山海,宁可使之达行在哉!"烹其使,分羹各营:"敢受招抚者视此!"我公踉跄去。

庚寅三月(即顺治七年,1650年),翊朝行在,升兵部左侍郎。

八月,破新昌,拔虎山。

九月,北师将攻舟山,恶翊中梗。金帅由奉化入,田帅由余姚入,会师大兰山,帐房三十里,游骑四出,以搜伏听者。翊避之于海,冯京第以病不能行,匿鹳顶山,为其降将所致,害于宁城。

辛卯七月(即顺治八年,1651年),翊还山中,所留诸将,降杀且尽。二十四日,大星坠地,野雉皆鸣,为团练兵执于北溪。过奉化,赋绝命诗。入见海道,海道请观绝命诗,授笔于翊。其诗结句:"平生忠愤血,飞溅于群虏!"书毕,掷笔以摘海道而径出。北师将会定海,系翊以待。每日从容束帻,掠鬓修容,谓北人曰:"使汝曹见此汉官威仪也!"八月三日,北师毕集,陈督讯之。翊坐地上曰:"毋多言!成败利钝,天也,汝又何知?"刘帅注矢射之中肩,田帅中颊,金帅中胁,翊不稍动,如贯植木。绝其吭,始仆。从翊者二人亦不跪,掠之,则跪而相翊。北人见之,皆为泣下,曰:"非独王公忠也,乃其从者,亦义士也!"

王江之母为金帅所得,以招江。江削发为僧,见金帅于杭,问讯而已,安置省城。母以天年终。江买一妾，其妻日夜勃溪，邻居无不厌之。江怜妾而黜遣其妻，妻亦攘袂数江，登车而去，闻者莫不薄其为人。一日，江出，邻人以其妾在不疑。既而不返，始知向者以术脱其妻也。江既得逸，遂与张名振引师入长江，登金山，遥祭孝陵，题诗痛哭。

丙申(即顺治十三年，1656年)，江复与沈调伦聚众四明山，声势浸衰，调伦见获被害，江亦病创而卒。自此十有九年，山中无事。

甲寅冬(即康熙十三年，1674年)，复啸聚半载而平，然皆偷驴摸犊之贼，徒为民害，其父杀人报仇，其子行劫，浸失其传矣！

史臣曰：四明山本非进取之地，其始之欲寨焉者，亦如田横与其徒属五百余人入海居岛中之意。不意后遂踵其陈迹，割裂洞天。虽然，王翊之死，于田横何逊！

(根据黄宗羲《四明山志》辑录)

四、(清)黄宗羲《过云木冰记》

岁在壬午，余与晦木、泽望入四明，自雪窦返至过云，雰霭浉浊，蒸满山谷，云乱不飞，瀑危弗落，遐路杳然。夜行撤烛，雾露沾衣，岚寒折骨，相视褫气，呼嗟咽续。忽尔冥霁地表，云敛天末，万物改观，浩然目夺，小草珠圆，长条玉洁，珑松插于幽篁，缨络缠于萝阙，琤琮俯仰，金奏石搏，虽一叶一茎之微，亦莫不冰缠而雾结。余眙腭而叹曰："此非所谓木冰乎！《春秋》书之，《五行》志之，奈何当吾地而有此异也？"言未卒，有居僧笑于旁曰："是奚足异！山中苦寒，才入冬月，风起云落即冻冷飘山，以故霜雪常积也。"盖其地当万山之中，嚣尘沸响，扃镝人间村烟，佛照无殊，阴火之潜，故为愆阳之所不入。去平原一万八千丈，刚风疾轮，侵铄心骨，南箕哆口，飞廉弭节，土囊大隧，所在而是，故为勃郁烦冤之所不散。溪回壑转，蚊螭蝼蛰，山鬼窈窕，腥风之冲动，震瀑之敲嗑，天呵地吼，阴崖沍穴，聚雹堆冰，故为玄冥之所长驾。群峰灌顶，北斗堕胁，藜蓬臭蔚，虽焦原竭泽，巫吁魃舞，常如夜行秋爽，故为曜灵之所割匿。且其怪松、人枫、礐石、罔草、碎碑、埋砖、枯胔、碧骨，皆足以兴吐云雨，而仙宫神治，山岳炳灵，高僧悬记，冶鸟木客，宵崒幽深，其气皆敛而不扬，故恒寒而无燠。余乃喟然曰：嗟乎！同一寒暑，有不听命于造化之地。同一过忒，有无关系于吉凶之占。居其间者，亦岂

无凌峰掘药,高言畸行,无与于人世治乱之数者乎! 余方龃龉世度,将欲过
而问之。

（根据黄宗羲《四明山志》辑录）

五、黄宗会《四明山赋》并注

地不重于山,山亦无假草木禽虫以重;人不袭山为荣,亦得气而伟。四
明称玄化窟宅,一洞天,曰"丹山赤水";三福地,曰大隐,曰梨洲,曰菱湖渔
澄。昔多传言,此方履核,件而疏焉,遂成赋。其辞曰:

伊四明之峻望,实两浙之鸿观。勾余肇名于始,桑钦粗著其端。嵬巍
乎一万八千丈以镇野,郁薄乎二百八十峰以纠盘。逶迤三郡之丰确,流崎
九邑之弥漫(三郡,绍兴、宁波、台州也;九邑,鄞、慈溪、奉化、余姚、上虞、
嵊、新昌、天台、宁海也)。神变秘而不传,玄踪藏而弗示。世岂无犯孙兴公
之垂堂,效谢康乐之好事。以陟夫巀嶭之丹危,汲夫澄浏之翠异乎。盖履
榛挨蝮,擢莽惊彪。固幽人之所不避,眩炎僵冻。涉冥梯空,亦文士之所轻
议。特以谷襄飞练,入层壑而未亲。石抗环形,攀巅峦而半缒。视若尺蠖
而可申,竟非千蟠其莫至。菌蠢百里之阽遥,曾未披名胜之一二也。抑何
怪乎接景而心疲,入郛而神悸。以故勾潡拳磊,迁播流离。晦评昔讨,割匿
无稽。剔奇标迹,允我惟时。

其东则维江泊岸,惊浪是名(东方七十二峰,总名惊浪)。大隐罗于福
地,洞府键夫仙灵。屹邻涛之峻阆,趋齿崿之纤青。溪表慈而传孝,山味道
而挺贞(晋虞喜居此,因以名山。宋杨适之就建隐舍焉。其溪以汉董黯就
水承养,故名慈溪)。笑秦翊惠,黄绮攸家,潮涴汐沛,地以墓夸(黄墓山,四
皓黄公之墓在焉)。闻句践之脂车,传始皇之留越。欸铁壁以纳翔湍,枊金
波而横卧堨。猎触洞而雷轰,鱼击杖而海没。天宝锡永昌之龙,治平来神
运之碣(越王句践脂车秣马于此,故有车厩之名。秦始皇曾登大雷,陆云
《答车茂安书》曰:秦始皇留鄮县二十余日,此山固宜有其遗迹,下有石门铁
壁,湍流贯之,山多禽兽洞,为猎者所污。惊雷骤起,旁连翠岩,有始皇石版
弓箸洞,葛洪以泥封之。洞有大鱼,以杖击之,潜入于海。唐玄宗遣使投金
龙于广茂,既而于行雨时见之。俾使返奏云:潭中得漆版,文曰太宝永昌,
因名观太宝名潭永昌。宋治平中,道士李至能以观基卑卤,敕使涉溪胜地

而立，片瓦不动，故又锡其殿曰神运）。蜜岩崒嵂，石质光溶，道其昆弟，径
垒芎芬。闲蜂逸范，钩摭夫珍药天华；星酿霞蒸，汀聚夫和精瑞髓。以匦仙
蜜于孤峰，岂人世之桃须梅粉，所得而同哉。森漾素沙，滔激数里，胙艒如
泅，岺罘如七。王真曾译其神经，龙宫每护其灵瓯（蜜岩之上相传有石匦以
盛仙蜜，盖亦《本草》所云石蜜之类是也。其下为石质潭，《丹山图咏》云：大
禹时有王真者曾发其潭，得仙经《神籍》而读之）。磢砾云溪，硨砢山鬼；飘
翠碧之霓裳，兼芬芳之结绮。羲和抑驭而不临，玄涧涓洳而插汍（山有石
人，被薜带萝。其岩常出涓沥，值旱不枯）。扪天耸汉，灌顶相连，途壤纯而
块圠，滨滑阔而甘涟。绝流则千寻绘縠，溯苇则十里平烟。见村姬负汲于
晴砂，篱女浣衣于荫渚；锦云一片，掠水而归岫；鸂鶒数头，藻翼而趶鲜。天
郛千顷，可庐可田；耕春墟落，别有人间（灌顶山干霄秀锐，其下平田膏厚，
水泉清广，可舟可陆，土名后衔）。其巘干岑支，天井络绎，五甃县度，鲛房
鳄宅，洞洌浸虚，屃屭莫格。二则嵂嶩而无游筹，三则沉廖而来祈璧（天井
山相连灌顶，有五井并列，其岩凌空，泓深百寻。其三井可至，祷雨多验，二
井险不可寻）。名区丹药，播号特繁。石臼濡葛洪之黄白，苍洴落应真之篑
痕。均崖崦壁，汦流汤源。寻鲸椊岜而泛澹，丈鲤挟需而欺暵（石臼山在小
溪，有圆石，径二丈，是葛仙春药之遗。有石痕，云为应真足迹。洞中有鱼，
径丈余，见则大风雨）。佛景落迅飚之溅，鸤鵊激候月之滔。铮鎬异管，浤
沓联漉，汦飞回沫，咯咯旋飙（佛影岩，临江拒水，其石曰鸤鵊）。东流注海，
它山其泄，邻卤留甘，滋皋拯灭。凡震位之川液，自霆奔电涣，以及蚓结珠
垂者，无不会同于兹阓。其安凑之所迁徐，跃淙之所兀摵。或挂噫而尘，或
搏矶而雪；或纫而缘，或斧而截；或既判而复连，或方亲而中折。天高水缩，
梅梁横垤。涤散芳魂，独存奇节（它山泄西面之水，与潮汐相贯合于董江。
有唐鄞令王元暐筑埭以别之，溉田无算。下有梅梁横亘，至今如石人皆
龙之）。

　　其南则驱羊，涘涘曓历天台（南方七十二峰，总名驱羊，与天台密比）。
荔援斗折，蹡磴寻洞。危巅雷绕，衍隰阶开。振宗风于雪窦，据丘壑之灵
魁。乳挹云霞之脉，泉滴丹礐之胎。经炎而沍玉，涉冻而溶醅（雪窦山有乳
泉涌窦，甘如饴，白如雪）。含珠映海，锦镜涵天。纠双流于披股，规望月之
晶圆。汇落英之万艘，浸倒景于千山。寒莎舞，野鸟延，县涛怒，峭屏迁（含
珠林在寺前，僧昙颖唱十题是奠，其一锦镜池。足庵鉴公所开，张良臣命以
斯名。上流企岸，绕植桃花。每当飞瓣逐流，必聚池乃出）。犇南而下，崩

弛千丈。斩壁无跟，巉岏无量。站屼峤而砂摇，跻嵊漂而风荡。礚雾山颓，腾虹气壮。鼓滈浍以翔霄，驱㳍㶁以骇浪。渤㘚嵘而相礚，砵投唇而成帐。远翁郁以烟消，近溢渤以逆上。日光射而倏忽移形，风声动而漻灦溜㴆。但办其为首为要为跗而同倾，不识其孰分孰就合会而归放（此千丈岩也，暴水飞县，三断而后有着，亦名三层瀑）。岂天柱之妙高，独拔擎于云外。既剔丽而无肤，仅缀舆而如蒂。郊坰散千里之霖，循阑见寸阴之旆。迤堵遥堨，分流别派。极目四垂，无幽弗届；展石敲空，寂音灭籁。百武人回，风雷交会（天柱峰亦名妙高台，独揭山表，下削上丰。转石投空，初若无闻，食顷谷底传声，他山震吼。娄攻媿先生诗曰："试向岗头展圆石，不知何日到人间。"谓此也）。芳草集才而交楣栋，猛兽输诚而护梵书。故㐀菁藤萝之异，洞称伏虎之殊（知和庵主独居妙高峰侧，立愿不上堂出世，其习静处，藤萝自结为㐀，猛兽数头侍旁执役，厥后和公徙居仗锡，虎大为害，寺僧束草象之虎，害复息。娄攻媿有《虎冢》诗）。曲而寻潭，是为龙隐。三潭贯珠，虬盘螭寝。石笔书空，抗节成笋。尔其淳沦龙嵸，匍匐争陨。横五逆而十垂，纵千丝而万绖。岩若拖绅，引若汲绠；散若雾茅，截若断梗。千仞弹星，百寻化蜃。仰睇岩石，则芙蓉倒根。葳蕤反积，击如候泽之鱼；劲似迎霜之隼，莫不环侍神龙之侧，以窥其欲淫欲旱之朕也（相次有三潭，皆名龙隐，其中潭尤为怪伟）。覆盆二晦，义取奥如。红岩类赭，窟穴如庐。阳鸟迥翼，结邻旁趋（大晦、小晦二山遥挹覆盆山，亦蝉联侧出。小晦下有龙宫，逸士陶源探之，如楼阁）。金井悬崖，滪洞披敷。驾隈涤澗，肆缺渻溾。平席数晦，茵设绮疏；湍镌瀑漱，缠绝坡峿。有溪活活，悍急无舒（大晦下有金井洞，飞瀑与隐潭争胜。洞外石平数晦，下为晦溪，其山峻急）。公棠遗植，垒锦藏莺。云仍传艳于川谷，藩封播馥于畦町（孙兴公游四明得海棠一本，植于此山，因名公棠。今四明诸山，每当仲春，丽情满谷，或即其遗种与）。三石二洞，揭于丹小。广夏云谲而峣峗，长序霞绚而杳斜。闻疾驶之怒号，时沸波而汨溾。土囊眈眈，浸淫夭矫。发孔楗而堕翎，冲顽枝而夺稿。壮士乘之而悲秋，幽人莅之而嗟老（丹小山有二洞若广夏，中一小穴甚深，昔有人持火入，行数里，不见其竟，闻水声暴疾，皇惧而返。片石覆于其上，篆"丹霞"二字。一洞喷风，袭人凛如霜晓）。赤圮白岩，爰状其色。曜灵初浴，渤涛烜赫。千峰夜举，景黏沙碛。洁然矾凝，莹然玉刲。平者恶垣，碎者弃骼（黄冠岭北，泥若丹砂者数里。而他山似者，不可一二举，未知何故？又标赤泥岭，白岩之石，莹然次玉，砥砆类也）。飞而鹓鸠，躁而鞠侯。崎岖獝狘，岝岭天浮。箭榛叆靅，无风飚飕。漏移十刻，曾未足跨峗巇之一抔（鹁鸠山连黄冠岭，以状而言也。鞠侯岩又名徐凫岭，尝疑四明无猴种，皮陆之咏得无误，似以为是。与二山俱有危岭，其高拂天，不能骤登）。横山天篆，丹书赤坟。籀鼓未能考其义，斯碑不克发其文（横山岩石，咸赍朱书，虽经剥坏，犹复明显涣发，故有天篆之目）。遗灶烂平，招魂娄钥。仙燕梨洲，拾果孙绰。派福地于洞天，纷玄化而绣错。襟割桃花之坑，列罘罳而慎驳。覆涧而鱼戏落红，循岸而蜂攒缀咢（烂平山在雪窦后。宋耕飞升，人有见其在此山者，裔孙德之往寻焉。至则丹灶石臼而已，娄大防为赋，楚些以招之。梨洲山者，孙兴公、承公游此，见仙人会燕，闻足声而散去，遗梨在地，故名梨洲，杜光庭《福地记》谓之四明福地。夫四明既列第九洞天，不宜更加重复，何似竟称之为梨洲福地乎？其相属谓之桃花坑，石壁数十丈，斑剥红翠，亘溪映水，盖宛若艳质之临流也）。镇亭连山，门石井潭。络塍结堑，洒雹输岚。龙俦网侣，期别文参。鱼惊树仆，蜴起岩淹。水怪山童之属，遑遑闪尸于幽檐（镇亭盘结天台，故有连山之号。石门龙窝，潭井相注，每当春夏之时，龙怪见形，人咸睹异）。岭曰踌躇，迢递崄巇。劲莽乱篁，丘封鏊邃。扬妖虫毒鸟之潜恶韫邪，迳草厉木夔之霾腥瘴哭（踌躇岭幽无径，多冶鸟奇兽，邃无日，多氛祲虫惑，过此者震怖）。剡原九曲，初汇六诏。牵藻披蓝，翠均雪漂。卑牧以纳千沥之降，刚决以辟离门之道。盖浸灌乎数百里之内，而不能分其旱潦也（剡原九曲，一曲六诏，王右军所流寓。凡六发征车，冥鸿不下，有石砚存于岩内，曾为逸少磨砻所及。二曲驻跸，吴越王至此。三曲桃花坑，四曲柏溪，五曲三石，六曲班渚，七曲斑溪，八曲雪窦山之高岙，九曲公棠）。

其西则犇牛，悍猛翼泊始宁（西方七十二峰，总名犇牛）。白水著潺湲之胜，石田区畊畔之形。接明河之县溜，决复涧之崟嶅。骤则奋霆出地，矢石交轰，徐则金丝并奏，鸾鹤齐吟。驾轶则素车白马，澉頮则玉润琼英。夹之以石屋，弼之以云根。崇冈对植，皓齿断断（白水宫即瀑布山，谢遗尘云潺湲洞是也。元道士毛永贞建石田山房于此，石屋、云根之胜夹其左右）。青羊丐茗，紫溪洗药。三台如屏，三朵如削。菰莲穿畛而杂稌，芙蓉照涧而解蒳。疃畹膏丰，沟阡画略。东明轩宏，名贤据托（隐士虞茫入山采茗，见道士驱羊饮暴布水，自称丹邱子，乞茗于茫，故岭名羊额。紫溪之水，刘樊尝就以洗药。三台、屏风俱羊额岭之峰也。三朵峰鼎立烟霭，如初拆之华亭，亭娟秀。旁为姚巷，乃有宋孙氏家塾。至今有田五亩，于粳秫之中。不藕而花,土人呼谓莲田。东明山则孙一元礼致名士,创炉溪文社。方达材、黄东发诸人,皆就此读书者也)。白云入法僧之席,空山葺演道之堂。峦为碧盖,水作环墙(唐代高僧设讲,白云片片入户)。文靖东山,道林坞中。鱼弋讽咏,露鼓烟钟。积空成翠,垒景无容。弱注漾沙而作皋,劲流劈石而如春。群濡网络,大江之初导;五奥绵连,崇山之外埔。石负高而屃赑,穴援縆而地通。两访企从游之迹,清贤发仰止之风(东山在始宁者,谢康乐山居也。在余姚者,谢文靖高卧之东山也。支道林先住坞山,晚年犹还坞中。或问其意,答曰:谢安石昔数来见,辄移旬日,今触情举目,莫不兴想,即茭是山。大江,姚江也。五奥,《山居赋》注:昙济道人蔡氏、郗氏、谢氏、陈氏各有一奥,皆相倚角,并是奇地。东山左近有石洞,绳援可入。两访者,前访后访,标支、谢、许询等相访问之地。清贤岭,亦因支、谢而得名者也)。瞰彼灵原,豁岩倚岫,甘滑不淆,澄泓非凑。灾魃而无勺耗,离毕而无涓漏(晋许询故里,因名许村,有泉曰灵原,旱潦无所损益)。鸟胆刺天,修翮却堕。舳望航瞻,以施帆柁(鸟胆山最高,舟行见之为指南)。寒草仙苗,陵冬奏绿。荄茁于冰帘雪柱之中,甲宅于柏靡松颓之域。罩石封砂,连冈亘巃。斯岩斯草,同荣共目(寒草岩仙草布护,霜荣雪茂)。太平塞嶵,卑夷华霍。纳日门之霞辉,分天貌之寥廓。区异植于四阼,表物产于一角。负方圭而屼空,并圆环而上崿。抽曲栈于萦沦,纺重矼于复墅。迎阳阿而浴温泉,浚玄薮而敲洛澤。蕙江之蒙养涓涓,云际之危崔矍矍。秘篆绎其奇征,隐沦汲其根络(孙绰《太平山铭》曰:嵬峨太平,峻逾华霍。陶弘景《太平日门馆碑》曰:日门馆者,东霞起辉,开岩引烛。孔晔《会稽记》曰:四角生木各种,或檫、或梓、或楮、或樋,不相紊乱。有炼石三,一方二圆。其水潺湲觜沸,为姚江之原。秘录者于吉,得神书百卷于曲阳流水,上号曰"太平青录书",盖吉尝住此山,故标其名云尔)。黮山掩翳,对峙硡砻。攒嶙卓乎层汉,修涨币夫蘘薁。望萧樾之馈蔽,识襟带之沖瀜。三潭湛夫海眼,孤练挂夫山胸。触谿研之建纛,追跃逝之飞鬃(黮山与太平相对峙,顶藏三潭,崩湍递下。前平石为荥祭自然参礼之所)。陶隐山渔,石竿双插。浴云淘月之澄渊,濯地摇天之陡峡。挺劲松于翠髻而播其婵娟,粲神花于绝顶而扬其狭猎。驾象鼻之玉梁,坦空明以撍接(此钓台山也。陶宏景尝垂纶此水溪,拔石笋二竿,锐矗数十丈。巅有古松一干,夭娇虬崛,类雁宕之独秀峰,复有神花烂漫。具体玉女峰,当宋季,其花不开。《会稽赋》所谓花含咸者是也。上流象鼻洞,轩敞可布几席,大似天台之石梁)。道猷隐牛,乾峰宝盖。地显于人,山贡其媚(帛道猷考室太岳山时跨青牛,时人呼其地为隐牛溪。昙乾峰立坟钓台之北,每当禅定,有云若旛幢覆其上,遂赐额宝盖)。鸳瓦翔,鲸音动。灵验征,瓯峰供(清泰间有鸳瓦飞堕此地,复闻钟声出石下,居人以为异怪,乃请昙,欣立寺塔焉)。莲花出淤,盘礴飞舞。如玉如颖,如施垣础。子真汲井而烧丹,季真循溪而结槕(莲花山有梅福井,溪有贺知章故居)。凤鸣渊渊,历落濔汩。双崖对裂而抗拂,日月平分而斗率。翕卵下集,横支愤屋。黏草披缨,缛枝串缚。隙隘声轰,怒填气室。以故无云而山愁,不雾而林湿(凤鸣山,今祀灵惠真人,祈祝之所,浡至者也)。百楼天霏,曦观虹楹。嗤万户千门之拙匠,来神仙方士之居停(百楼山,万叠如楼阁)。

其北则命义走蛇,纷乱交加。八囊经纬,翠直红邪。结扬髻拔鬂之罾网,罗灿古昭今之露霞(走蛇,北方七十二峰之总名也。八囊山,以状若罾网之囊结也)。盘陟高冈,忽开平野。传吴越王,于兹走马(走马冈于山顶倏辟、平地四面各三四十里,俗传吴越钱王曾走马)。二韭三菁,石门相贯。一原合流,同硎齐研。濑鲸立而龃漵,渚蚁附而掣洄。纵狭组隍,划踵累冠(二韭,今讹作大皎、小皎。三菁,上菁、中菁、下菁也。即谢康乐所云二韭、三菁者是也。其溪相贯,有石门潭,澄泓百尺)。抱子之泉,名为圣水。浣营涤卫而消凡,能老延年而不死(抱子山下有石室,出甘泉曰圣水,服之老寿,常人不能觅也。郑宏曾篝灯寻得之)。簟溪原远,匿见不时。壑底穿其遗润,平坡恣其涟洏。仙人已跨白鹿去,兹水飞落黄琉璃(簟溪导原石窗,曾流仙簟,故名)。茭湖之山,渔澄之洞,高崄无纯,视天鸿绸。夏夜霜胶,寒侵斗动。亦第福地,俱根系于丹山赤水之洞天,而与大隐、梨洲相伯仲焉(茭湖渔澄为第六十三福地,高峻险拔,夏恒霜)。怪溪因岩,蜗象游没。高僧璅血,怪沉溪湢(怪溪潭,有山魈,画见高僧以指血书"南无"二字于石壁,其怪遂灭,至今血迹殷如也)。南雷霍高士之驹,九题丽千载之芳。鲁望振空山之响,袭美赓金玉之章。嗣风流于晋宋,阐灵秘于有唐(有唐谢遗尘隐居南雷,以石窗、过云、云南、云北、鹿亭、樊榭、潺湲洞、青棂子、鞠侯为九题,索陆鲁望诗,皮袭美和之。至今传为四明盛事也)。萝壁岩闉,具体金谷。拥万叠而围翠峙,泻一溪而绵寒玉。郗池是开,虞墅斯筑。珍花襁褓以揭旗,莹玉雕镂以敞屋。侧罅泫其收清芬,丰冈施其巉碌。龙门眺远,霞光集辐。岭茂数围之桃,岂汉武受仙之遗族(汉虞国别墅,岩闉大体,全似金谷,郗太宰愔开池筑舍于此,国初宋徽君玄僖当有元之末,同群贤于斯避地,其上为龙门,有大桃,径六七尺,曰桃花岭)。石门启闭,横流为限。苍薜富于金铺，青藤固于铁键。黑瓮千寻，仰承落湔；墨液沉淙，囚迥夺盻。玉龙深藏，白云素弁；皑雪飞泉，拒不逾巘。特峦豁额，浮梁褱练。既霏霏而助飏，复爓爓而当晛。合五采而花零，从八音而声哰。壮甲骑之奔枚，妥媚舒之婉变（石门在乾溪之上十余里，两岩对立，有龙潭紧黑无瓮，尝见白云带龙而升。相传有郑道士禁龙此潭。距止半里，有瀑布甚奇）。石台三级，厥崇六寻。基破砾而支砌，尝畸剥而颓堙。山灵振其萧斧，改坏趾而陛陈。石砚招訾遁之士，回湍祷作霖之神。为支而蔓，为冈而謍。为五马而下坂者，扬虞氏之芳尘（石台山，其台已坏。神人起而修之，手痕足迹尚存。下有石砚，隐于洞中，昔尝亢旱。一老叟据溪石坐，语人曰：何不祷此？言讫而匿。人信之，果得霖雨，因立祠焉。附近为支山、冈山、五马山，晋虞瑶墓在焉）。化安剡湖，溪山酎秀。队举孤撑，砂胰石瘦。问道屹其轩雄，群峰实禀援受。郭墓江泉，茶经独右。兹焉有井，名实俱又。深不三尺，大容两豆。一瀑中分，析为双霤。浮石出池，若列饤饾。三潭憩劳，杀其愿吼。石湫狷束，冲沛画斗。数折穿纡，两壁夹绉。上集翾鸢，下眠乳兽。鼀峰偃蹇，矻矻若负。东南之美，箭山其胄。苍生待泽，仰斯福佑。贺溪琤琤，传今景旧（化安之郛有剡湖，从剡湖而入趋最高山，为问道石，亦名道岩。有泉曰化安泉，亦曰江井，今讹二之。北为宋陈德应墓，南为先公赐茔。深入数里为撺水，亦曰喷珠池。五代时，隐君子李信居之。石湫在化安之西北，亦曰鼀峰。箭山为四明正北麓。虞仲翔注易，孔文举叹曰：东南之美，岂止竹箭。仲翔墓在萝壁兹山附近。岂遗意乎！亦曰黄箭山者，世为予族所居也。下有龙潭，溪曰贺溪，亦以贺季真得名）。

其中则大兰孔石，刘樊升仙。万石虚窍，窍吐云烟。蜕遗伏虎之赍，飞登皂荚之巅。榭独冠师之姓，亭移孔氏之檐。抗万山之危髻，席千项之平畛。陌络注乎云液，粳秫华叶乎苍玄（大兰为刘樊升仙之地，道书曰：仙灵之所，石必有窍。此名孔石，是其意也。二仙飞举，遗履山下，化为伏虎。伯纪初升，始集皂荚树，云翘则自地腾虚。坞名皂荚者，志其事也。二仙斗法，伯纪遂屈服为弟子，故樊榭独著师姓。齐孔祐企其高风，茸亭废址。有鹿中箭来投，祐为养病而去，于是此山又有鹿亭之号矣。山顶皆开平田，甚宜禾稼）。芙蓉五峰，连云振浦。青莲削立，绰约容舆。东有障龙，仄覆玉宇。逼肋压颔而旒垂，倾瓶倒匏而鳞序。近带杀羊，岩石鸠聚。乱笋拔云，倜傥伛偻。蹩躄市人，油油布黍。树列计里，余莫可得指数。绛血泐其崖，烁傲风雨。南有石穴，蓓蕾钟乳。北有韩采，泉纹岩阻。颠坎窨井，万云归贮。戾千古而相攻,昵数峰而私语。西有石窗,险绝距羽。蔽翳幽深以割截,塞向面明以阒诡。错三棍而间四牖,实四明肇字之所祖。凝穹质而若含,荡玄神而潜拄。淹刘阮之祥云,作仙人之奥府(芙蓉峰为四明山心。凡五出:其东者,有障龙岩;稍偏为杀羊岩,神仙杀羊注血石壁,其下石笋参差;南峰有石穴,恒产钟乳;北峰曰韩采岩,顶有眢井,云气于此吸吐;其西者,正所谓石窗也。《丹山图咏》有刘阮迷仙之语,盖天台、四明区界相连故也)。环中峰者,云城万雉。县溪亘桥,危岩十仞。过云是标,篁村霭落。是此定云南云北之交,镇三阶之天陛,分珠幄而同条。等奇观于巫峡,齐振衣于锦涛。历百步而掷鹘,竖一石而升猱。志再来之冥契,通石隙而幽寮(过云岩有云二十里不绝。南为云南,北为云北。石台三级,各泻水六七寻,刻曰"三峡"。上可百许武,有石高兀,刻曰"再来石",复细镂心经一卷,以修己禅师悟前生,于此石下诵心经、标冥契也。石根有窍,一人可穿行而过,甚幽异)。据中峰之绝顶,枢万国于天朝。豁四望而靡极,密重阖而攀杓。九天忽其半比,六合劈其孤高。开明堂而帝拱,走垓服之荒要。内垣外郭,皮卫丝盘。八方不露其纤隙,阶伏墀陈。妇从儿顺,万锐尽甘于屈挠(四明最高之峰,独据中心,万山环拱于外)。其于春也,软婉泪泇,翠流青滴。生意盛而枝梗泛光,土膏溶而川原洋溢。岩何木而不华,迳何草而不碧。万羽发和声于盎盎,千林炫芳条于湜湜。冈蕨挺小儿之拳,石芝灌神人之脉(当莫春时,天气骤和,山麓有火,照满川谷)。于夏也,离披庞厚,林淑阜暄。龙因雾而貌睹,冰藏壑而阴屯。息修湾而忘暑,栖桔荫而无蚊。云多有道之色,风吟招隐之文。虽早芳之已替,乐迟卉之方薰。于秋也,露刻轹以删繁,霜严峻以坚脆。鸥倚闲汀,鹭翘喧濑。银河引尾而下汲仙槎,明月浸空而寒停万籁。摇落而悲感之气不生,清肃而逍遥之情正会。于冬也,旋风劈草,亘铁僵树。雾凇极雕绘之工,木冰备用饰之器。曾幽墨之不嫌,而汤泉其独沸。若夫宿翳初消,乱鷿惊昳。峰峰之气,紫袅而白环;石石之光,青圆而平阔。焕潜燧之燔烟而耀铛,变采章之䗪爝而辏辐。大海燥夫赤波,太阳丽乎金阙(神仙之气紫而袅袅,高隐辟谷之气如白环,珠光青圆,玉光平阔)。夕岚将起,远麓先平。沉鳞乱跃,司鸟分更。露铺草色,百怪觏形。珠妖贯月,宝晕横星。顾至人而观气化,据岩石而坐孤僧(智觉禅师独据宴坐岩,终夜不寝,作诗曰:孤猿叫落中岩月,野客吟残半夜灯。此景此时谁得意,白云深处坐禅僧)。

　　至于草木药石,鸟兽虫鱼,不尽职方,或漏道书。青稞仙种,五岳所无。

色侵琼碧，美似云腴。枫龙杞狗，山伯草乌。以时挟怪，魑魅所扶。白术晦
苲而园副，黄精结汇而连朱。芍药错霞雪于涧谷，贝母舒苍翠于庭隅。青
精好颜色，黄独充蔬茹。山丹百合，书带薯蓣。而冬半夏，木瓜茹芦。兰蕙
自成屈畹，采菊随处陶篱。羊桃牛柿，虎栗鸡苏。重台谢豹，九节昌蒲。茯
苓盈于坏堁，莐芓乱于畸途。杨梅山芋，木蕈竹菰。黄柑压路，朱橘包虚。
松杉覆庇乎数邑，笋竹筐筥乎一区。冶鸟化人，夜行摄魄。鷝鹭抗力而人
争，负斧复仇而地赤。雉雏屋檐，凫浮盆泽。含冤而夜鸣，散毒而辰泣。翩
翩者嗟荇而衔蕡，矫矫者吻钩而距击。激妙韵以嘲风，舒鲜翰以暴日。神
虎青彪，灵羊白鹿。豪麋豺狸，牦猵兔貉。木寓岩栖，暴啼疾逐。或凭尸窥
塚而遍逞妖祥，或伏土吸精而自延景福。飞射工工，轮蝮轴蝾。地虎穿山，
石龟盘磝。蟄虫喷气而瘴生，恶鳞濡涎而菌长。香骨锦雯，石巢木赏。攀
雨而云登，鼓风而海往。水有潜蛟之寄潭，山有飞龙之托象。

　　尔乃世茂民醇，家安户守。布袍革履，传十叶而恒新；木豆竹笾，递一
村而弥寿。父训兄规，礼乐存乎升斗；姑范姒模，家教仍乎井臼。或鸠柴以
息炭，或掠茅以缚帚；或剖竹以篝笼，或采蒯以陵皋；或邱麻沟芋之蕃蠃，或
畔姜圃茶之丰厚。俱矻矻而食勤，无憧憧而游手。至若展碓春云，绞磨均
雪。辐忙鸦懒，泛防涸决。野火过而梯田肥，枫叶红而垣圈密。鹃啼而笋
寨冈联，雨罢而鱼笱溪设。煖雪窖以松脂，烛暗庐以溪篾。水击柝而鹿可
驱，木洒浆而鱼可药。接竹之水当厨，垂萝之幛补箔（山家以水转磨，碓有
曰老鸦碓者，用独木为之校棱，轮辐者，差缓水急加闸，水少开旁渠以注之。
山田乏粪，烧野燎成灰，雨至淋入田中，土性愈肥。枫柏叶红山间。多虎，
民居画壁为圈，虎不敢犯。季春笋盛，煮为鲊脯。阁木溪上，联冈带壑，谓
之笋寨。梅雨骤遇，编竹若筐，饵以秕糟，则集其内。深山极寒，当春夏时，
取松木之有油者，积贮防雪。居民多业竹器，以竹白不任编织者，沉之溪
水，久而取燃，光朗而不焦物，用代油烛，呼曰亮篾。山田防野兽之害，种以
水为柝而驱之，其制甚巧，仿之可作自鸣更鼓。小儿刈树杪嫩叶和水捣汁，
投之溪涧，藏鱼尽泛，竟与巴豆、雷公藤之药鱼等效）。

　　于是磅礴扶舆之气，瑰才珍怪，不能尽收。聚而为仙为释为儒，行俊杰
之畴。著者无烦于悉撷，隐者未括于穷搜（若刘、樊、支、谢等，已随地互见，
不再述）。若栋串逍遥之履，斩罿洞庭之邱。全素之金丹化砚，蒋生之肉眼
难酬。俞叟之盆盂谈笑，王潜之状貌伛偻。画舫易可交之骨，仙区维不粒
之舟（逍遥明山，农家女也，为樊夫人弟子，入静茅舍，其蒲履为竹梢，穿置

梁上。洞庭有鼍妖，束胁入民，樊夫人斩之。蒋生隐四明，偶游荆楚，见乞者章全素，悯与同归。全素懒于佣作，数示秘术，蒋不喻也。楚署交至全素，去蜕取，案上石砚化为黄金。吕氏子与尚书王潜有旧，往谒不礼，门监吕叟者语吕生曰：吾早年隐四明，学却老之法，今怜子流落，试设小术以救子。乃取缶合地，食顷举之，见潜长五寸许，偻而揖叟，命之曰：吕生以亲故投汝，汝恃贵简傲，岂人也哉！可厚资而遣之。潜又偻而揖，复合缶。明日，潜谢吕生，如叟所命。昆山王可交尝棹鱼舟，高歌击楫，见书舫坐道士七人，引可交登舟，命酒不出，乃以栗与之，久啖方尽。迥异人间，令之合眼登岸，已是天台矣。自后不喜闻食气，辄绝粒投四明，或出明州卖药，人有见之者）。

唐宋交关，仰为佛国。唱宗提法，嫡传支析。永明修己之徒，足庵石窗之席。显公大伯隐其修，心镜智融张其术。物元征佛会于天禧，象初召来京于校册。故其名蓝著刹，养寂栖真，而为院为寺，为观为庵，其不至于尽毁。或尽毁而明迹可稽者，云系而烟绎焉（永明名岑智觉者，其法嗣也，始住翠岩，修已住杖锡。四方向道者杂集，劚土为炊，寺遂大兴。足庵名智鉴，石窗名法恭，皆雪窦出世者。显公名重显，韩大伯其道友也。心镜却黄巢之兵，有快刀挥下禅床角，自是将军眼不花之诗。智融号老牛，以画术驱使鬼神。娄大防诗曰：世人惜墨如惜金，老牛惜墨如惜命。佛元应明太祖蒋山佛会，称江南有道浮图，象初奉诏校正三藏，其余名僧甚众，不能悉举）。

其勋名夙暴，则有许询贺循，村字溪号，即之孝祥，留文披藻（许村贺溪，以二公得名也。张郎之以能书闻四明，岩碣多其所题。张孝祥生于雷峰，善填词，有《于湖紫微雅词》一卷）。其洁身慕道，则有京产、道徽，吴筠、徐浩，吴国才之神相，杨宗彝之歌啸（杜京产隐太平山，孔道徽隐南山，吴筠履至四明。徐浩以中书舍人贬明州别驾，遂入四明不出。吴国才相有神术，居近雪窦，资僧以赞人求其学，勿应也。见袁珙奇之，尽授焉。后袁侍元文帝，以实告吴，被征辞官而归。杨宗彝不为时用，骑牛入四明，遇林壑风景之美，独吟咏歌啸，自称银塘主人，咸为仙降云）。其学力追古，则有孙氏震于西偏，高氏拔于东土。张戴倪陈之辈，雄笔墨之干城。王黄孙姚之属，扬艺林之桴鼓（孙之秀，字元实，一元字季良，若炳炎，承嘉嘉，皆以文学杰出一时，士人咸归之。高元之，字端叔，作《变离骚》九篇，集春秋经旨百五十卷，易、诗、论语、后汉历志各一卷，诗三千，杂文五百，号《荼甘甲乙集》，学者称为万竹先生。张臣字武子，长绝句，后宋之士多逊其悲壮。戴表元，居剡原之柏溪，其晚节事元，君子耻之。倪森，字彦林，以文名其后。有原道、立道、安道兄弟，皆能文，元末名士多会于其居之深秀。楼陈经字子经，有笔纪二百卷，《通鉴续编》书曰：赵匡胤帅师至陈桥，自立而还，震霆骤起。子经申臂曰：手可击折，书不可改也。王孚，字宗孚，避乱茭湖，诗稿曰《山林余兴》。黄羲贞，字孟廉，著《本草权度》三卷，年百五岁。孙因元宝宗人也，居白水紫溪之间，尝采越事作越问。姚辑，字孟曦，著《守斋诗》，有晚唐遗音）。其理学儒宗，则有赵子古，则黄子菊东，大不穷于天道，小不剩于雕虫。翼考亭之正旨，阐康节之余风（赵古则名抃谦，筑考古台，著《声音文字通》一千卷，书成题曰：谁云沈约知音甚，未许扬雄识字多。未及脱稿，竟为特诏取入内府。邱琼山得阅秘书，已见此书不全，曰：盗此书者，当身首异处，被征贬海南教援，使蛮烟瘴雨之乡。翕然文明之盛，至今呼之为赵夫子。黄玉合讳珏演，皇极经世，上溯朱子之传，远近识与不识者，皆称为菊东先生云）。其高风謇谔，则有文昭之击蔡京，孙伸之辨伪学。德刚忤弥远之奸，子著排似道之恶。德应斥秦桧之和议，甘僧舍之藜藿。至于先公，溯理学之渊原，揭名勋之壮略；文行垂乎简牍，功业藏乎史阁；孰谓非泉石之辉光，山灵之正觉与（陈显，字文昭，劾蔡京，归隐蜜岩，筑冥庵以自晦。其孙名伸，凡七上章以辨伪学。陈德刚论济王之冤，忤史弥远；其子著，号本堂，劾奏贾似道，归隐丹小山。陈橐，字德应，与秦桧争和议，去国退老剡中，寄食僧舍。先公谥忠端，居箭山之阴，赐茔化安）。

乱曰：

慨昔贤之不作兮，瞻陵谷而多迁。
顾跉跰而曷适兮，忍崛强而自淹。
彼都市之纷拏兮，虽达人处此其难全。
矧予生之謇涩而恧缩兮，焉能驰骛而求甘。
岂不知方今之多故兮，抑将亢济乎世艰。
追前修之旧轨兮，曰无负乎吾先贤。
览春秋其泉逝兮，惧龟鹤之不坚。
系千钧于发缕兮，对辘轳而长叹。
折寸莛而临溟渤兮，羡昆仑之扬帆。
庶忧愁之无伤于人兮，冀似此而永年。
苟铸炼之可信而烧燥之当熟兮，其无促星光于陨天。

吾将踞孤峰而目霄汉兮,餐怪壑之灵泉。

寻魑魅而为友兮,从文豹而周旋。

炊丹灶之寒火兮,悟往圣之遗言。

舍是山其安归兮,故摭拾而成篇。

（根据余姚市档案馆藏民国《竹桥黄氏宗谱》辑录）

六、黄宗会《四明山游录》

壬午十一月丙子,伯兄太冲自燕都归未数日,约诸弟晦木、泽望游四明洞天。迟晦木不至,以故中辍。后十一月戊申,复谋是举,因同省太夫人起居。凭楹对朝晖揽结,千岭横空,散作绮纹。盖仙宫紫府,所储日月云霞,光景迥与世异也。

因起令促装,各置芒屦苍柯、烟瓢雨笠,日暮渐西,筱舆由蓝溪而进,为慈溪分壤。霜风削木,槭槭有声。行五里许,岸净沙明,修垌幽濑,多连荫清照,历览殊异耳。折而南,有山肖鹳味,右有枫,甚奇古,嵌空玲珑,自具峰峦。洞穴大可数十围,蜿蜒攫挐而上。盖枫老则成人型,或为奇鬼怪兽,多神之,相戒不敢犯。旁有泉,从树杪滴沥琤锵,扔石窦中,每骄阳歉嘘。饮是泉者,息躬盘薄而甘之。其下亦积水澄鲜,牵缀山影,槁梧振柯而流哀,交藤垂蔓以拥郁。于是颓羲顿辔,浮云飒然。少东为故相袁文荣墓道。

渡略彴而南行,二十里间,皆深谷倪莽,峻岭簪岌,老桧蓬蓬,跧伏左右,仓卒疑为所搏。有巨石蹇起,相对如和门,复为余姚界。至大岭,弃舆而步。月色笼连,竹柏间人影在地,若岭泛群波,嶻薄层渊。俄而叶振柔纹,星翻寒艳,如游菰浮荇,自成经纬,身坐春水船中,岂复知跋揭之劳。选石少憩,有雉欻起惊响,略人而飞,迤靡下麓。其村名上菁,实灵运《山居赋》所谓三菁是也。是夜,山农为设浊醪枯鱼供具,燃松脂,相对苍然,如世外士。

己酉,阴塞而风。由三菁至中村,沿溪多巨石,若偃若仰,若蹶若赴。丑若蟆痱,纯若玉质;廉侔剑戟,规比旋涡;秀拟鲜云,青等缥黛。有石峡高数仞,如芙蓉初发,曰莲花岩,绀碧滑腻,异他石。凡山水纳天地清淑之气,得托体其中者,其木石自能敛光喷怪,迥绝伦辈。而或者宝一拳一枝,以为好奇喜事,真谷鲋之见也。

有潭名石门，清澄不测，撩石分流，以侵水痕。潭之下属于鄞。少饮中村，居人话蜜岩之胜，固已流潆咽溢，急释杯俎而起。或云："日且曛逼，不宜连日夜叩万山中。"虽心衔其言，皆忿恚先行，不暇止也。

遂道光溪，数里为小畠，始见小舟浮沉碛砾间，从不盈二寻，衡缩五之一。五里许，有小浮图，极望茅花槲叶，境尤岑寂。其水渟蓄，沉沉无声。有土田，皆架石横空，高者至一、二丈。傍路多眢井，夏潦水以桔槔，自上而戽之。

行十里，过大雷山麓，为畠口，凡乱山出涓流，及溪径吐潢潦者，无不集于此。溪益深广，每萦绕曲岸，偶触畸石，必盘洄周遭，或反涌起。相争执良久，乃悠然长迈。

暮色渐起，没鸦背，始达蜜岩。仡立千仞，无纤壤寸茎栖之，自然烟容霓色，霏绕射人。俯睇绝壑，峻嶒洼坳，漂浏逆猎，加以回飙突砀，飞沫沾衣，莫不麇惊鹿骇，掉眩不宁。仰盱巅杪，嵯崿危竦，将翔将舞，势且欲堕。其旁斫石成蹊，劣仅容跖，择然后可投步。时以不持被幞，将返宿中村，仅流览仿佛，不暇详核也。回顾日影，尚摇演柞朴间。有渔舟三五而至，遥语岸上人曰："近山多虎患，夜且出抗人、兽食之。"时颇蓄戒心，仓皇驰去。

数里许，有云欻起蔽月，行幽谷中，重阴涸涸，野麂遮道呻吟，或跳掷左右，正如梦中游，不复知足之远近，地之平陂，仅以意相示而已。昔苏子瞻《石钟山记》有云："士大夫终不肯以小舟夜泊绝壁之下，故莫能知夫月夜泛舟与无月步行绝险，其劳逸霄壤。"而苏子谡谡焉自谓好事。设以余辈今日之游告之，将亦欣然有动乎？兹役也，有豺虎之虞，蹉跌之患，加以饥寒而触昏雾，犯三难而得一探蜜岩焉。

丙夜，返宿中村。庚戌，复由昨所历处至蜜岩。傍溪多架枝代榷，夜未闻雨声，而飘荡者过半，何也？或云："每南风吹之，水辄怒与石捍耳。"昨已暮，未尽蜜岩之胜。昔人传其上有仙蜜，余疑是野蜂据石作垒，所拾多灵药珍草，必无世间桃李凡浊之气，酿久而成，自与凡蜜夐异。况迥绝云霞中，凝烟吐霭，犹夫王烈石髓、张华龙膏之类，得食之者，非累积阴功，夙志遐举，必不能感遇。其下澄溟淡泞，滑若柔黄，微风遭之，如弱纨雾縠，叠作鲜文。中有潭曰石质，下藏仙笈神经，秦王真曾探得之。有小舟自横，余持华顶杖，截涨而济，下视黟黑，时见碨石青碧，轻儵出水，有鱼虎掠之飞去。忽风起磔磔，曳舟尾作胡旋舞，盖其下有龙居，海童鲛人守之，不可犯也。余瞪眒愕眙，仅得悬碕，力排而上。

五里许，至樟村，溪径百仞，缚竹跨水上，以屦桑杂槿皮络之，人行其上，如游蚁缘苇而渡流水，甚可乐也。坐野店，出所携果脯之属分食之。

自樟村行里许，有松盖墟市中，合三人围之不能庇其干，而荫不能藏牛马，翘茎九擢而九蹙之，臃肿支离，若天随子所赋《怪松图》也。夫天随子以怪松不幸出于岩穴之内，然而有图之者，有赞之者，传之怆恍耳目间，此亦不幸中之幸也。今是松陆沉墟市，长为牛粦马纣之辱，过者不见，见者如常。余独悲其憔悴可怜，为之拂拭而流涕也。

行十数里间，大约溪山萦绕，清影逼人，沙鸥命侣于轻涟，芦雁疏翻于涯磷，真足发明耳目、精神霍然也。又渡溪，折而北，为后衖，庐屋稠叠，四望空平，居民多种莎草。多广皋，皋中多寿楛散栎，幽邃岑寂。村春夜急，寒山远烧，隐约明晦。上触青山，下听流水，绝似王摩诘辋川基址，诚为卜居之胜概也。

南驰十里，至黄官岭，摩挲投僧舍。主僧楗门不纳，使奚奴恳至再五，始得入宿风檐下。夜闻鼯号枕侧，恍惚百岭齐应，山中人呼为山黥也。

辛亥，晓行，登鹁鸠山，磴路峭绝，十余盘而上，青赤棘中望前人，或隐或见，回顾来者，惟见浓阴摔裂处，轧轧有声。路转山腰，愈胁息不可上，遂俯首盲进，各相挽曳。其坪存磈礨，寸折片碎，翁污殊甚，为蒿莱、尘煤、萤磷之区。有同行者云："昔有僧寮祖构于兹，每见噉于饿虎，尔后阤然尽废。"自巅而下，足兀兀欲浮，若冲车一发，不可中辍。余及山趾，而伯兄犹在上，遥呼，音挂松鬣间，缭绕风声而止，竟不知为何人呼耳。立小坡，望日岭，葱蒨欲滴，此由奉化入雪窦之道也。

东行里许，有碑巍然，莓昧其字，为《竺廷用碑》。竺名公能，当时读书守正，怀箕濮之情仁及微鸟。邑令周铨尚荐之，适已卒，神降于其里，里人即其居祠之。事详钱溥碑中。又东行数里，地颇野逸，然时时有过客伙往，其杂贩孕利者，前后皆属。无深涧峻谷，宜莳种。至白岩，有蒸云一穗，逢浮于乱山之表，风析析鸣衣裳。或云此雪窦山也。其内危岗险顶，每为雨雪之所盘绹。

又南行数里，为雪窦山多卷柏网罗，鸟道兽蹊中，严霜练叶，红光欲然。近麓有小亭，其溪北流而注于晦中。拔草望烟起处，历岝峣而上，郁律蒙茸，有小溪，明净泚然，历砂石湾磴，宛转绿沉。仰视山峰，尤修迥卓立，躅空躜踔。得平地顷许，爱惜摩扶，不欲即过。行数里，有松掣然莅道左，始可徐步。视乡之突兀连栈、轩邈倾侧、不敢正视者，已罗列若坡陁矣，即所谓望官曲也。进御书亭,镵宋理宗所书"应梦名山"四字,本寺住持僧广闻记之,其阴为李端民文。

折而行,远望有松甚槮椶,清荫距数十亩,潇洒如避世士,衣冠不染俗尘,使人遐思窈然。昔有邑令高某者,颇暴浊,余波横及兹松,翰林戴汝诚麻之而止,戴立石记其事。余忆白香山所至,覆箕土为台,聚拳石为山,环斗水为池;孟东野尉溧阳,日往平陵故城,荫大栎,隐丛篠,坐于积水之傍。前辈人嗜好往往如此。而高欲剪伐数百年神物,真煮鹤烧琴手,吏治不言可知。人之度量相越,无等级以可言也。过锦镜池,久淤为田矣,遗址犹圆如满月,有小部娄穹然负古木。道左为桃花坑,其后为雪窦寺,僧皆顽朴鄙俚。

寻南行,观千丈岩。由御书亭至寺,无异平畴,田地町畦相比属。至是乃山势偃蹇,重巘叠嶂,箐深萧蔽,不见日月。水始争湍而下,为增石所激,反跃空起,大如建纛,徐乃堕碎。骤闻震霆,撼击而前,茫然不知措。壁上有小松,劲瘦骨立,寄之罅间。余徐徐摩跌而进,下瞰惟见烟霭披离,瀑水之岩半,突怒遽消,分数道长浮注潭中。其左奔峭益险隘,瀑水汹其隙,如飞阁行空,危云矗起,为之澳然汗下。而伯兄又苦为引退之华山、张养浩龙洞事,为过于好奇之戒。余亦引而东,观飞雪亭,荒茅芊芊,杉鸡竹兔,相向底突。

又东行里许,为妙高台,昔为和菴主者住锡于此,有藤龛,湮废已久。左有伏虎,洞,甚浅,亦曲作三折。台东西约四十尺有奇,南北倍之,今亦创小菴于上,相距为丹,小山平列如浮思。西为小晦公棠,类宝龟灵廲,容与于其侧。远东六诏,群峰魁垒,若鬵壶曲匏,烟袅缕缕不断。余与仲兄挟碛砾弹空中,食顷方闻翁然声,隆然遍山谷间。盖子台及谷,由谷传籁,遂倍其深也。余观雪窦附近诸山,无不连岗属岭,萼跗相倚,其中虽爽垲平衍可喜,然终于旷蔑如也。独是山地绝援孤,故能尽览诸胜,收之几席之下。柳子厚评山水,有"奥如旷如"之论。余以千丈岩得其奥,兹得其旷,非是则雪窦不得擅奇千古矣。环台皆巨竹,尾竹径,少右复有消凡台,深广视妙高得其半,亦自清迥。然少缩而南,终为妙高所掩,故不能季孟处之也。

会日暮,返宿僧舍。夜长无事,剧谈兹游之胜,晴岚夜月,烟雨风霜,皆兼之,独乏雪耳!今兹寒甚,或者山灵念及此乎?俄而风起霰集,夜窗如昼,俱不成寐。

壬子晓起,见群山尽雪,纍纍縬纴于暗谷,紫素晕于枯枝,粘衣噀袖,仰视蠛蠓撒天，相顾叹绝，谓孙兴公无此壮游耳。急备盂粥，拥鼻侵襟，由奉慈院右而行。涉高岗，四望微茫澒洞，如骑鲸入灝气中。顷之，沍云微驳，朝曛薄远峰，无异蓬莱、瀛洲、方丈三神山，滉漾浸波涛中，去人不远，恍惚神仙元圣，出没隐见。

东行三里许，有小桥一，临桥有庐将侵圮。其左岗阜口蟠结，条支回互，白云蜂起迎人，因停舆晒之，知为龙隐潭也。旁两山介立，中径如渡，一臂穿窿，作剑腊形。其左怪石嵌空，有异草附石蒙茸然，风披之飒飒，犹新衣萃蔡声，俨然山鬼揖余而前也。右则古树笼雪，皓发庞眉之叟，从容而旅语，藏幽匿怪，惟闻澍磕声，初不知其高几万仞，彷徨欲身至其处，犹游子思乡，黯然不能言。

见有地穴湫隘，微课辨人迹者，余竦然身下坠。伯仲继至。有自然石成城勒可步，由绝顶历十余盘而至深谷，多巨石，平可坐数人，东西宽可容车马。始见悬瀑自天际而泄，岩石傲兀不一状，凡五折而后有所归。每至折处，必喷涌横溢百步外，值寒甚，已凝为霰，滴乱石中，宛转跳掷，可谓奇观矣。

向视石山，荟蔚不可辨，至是献奇征色，为虎状龙颜，为象鼻鹿骼，为芙蓉甘且，为楠瘿蕨拳，为矛戟橦幢，荼前诎后之器，为《存思图》所画腑脏，玲珑系属不可言状。神龙留犛于悬陳，怪鹤堕甂于木末。境虽过于荒怪，而避世之士，往往过而乐之。

良久，从人睹玄云霾霁，三四促之，不得于再拜起去。因叹余家四明山，若旦夕可过者，而余年二十五始一见，在伯仲亦为初过。自后苟于灵山水有缘，得期年一至，或三四年一至，或五六年一至，极余之幸而无事，流连山水之乐，亦不能数数然也。况值兹雪满群山，尤不易得乎？设不幸世故驱迫，或十年而不得一至，或倍余年，或过之而不得至者，或至之而不能偕二三人同行者，余能无悲乎？

从此折而东南行，雪愈深，风甚寒，迤弥十余里，行烟苍水黄中。有石壁类千丈岩，而晃煽无亏蔽，为鞠侯岩。有山屹然横亘于前，为徐凫岭。初望之为是十余丈内地，盘涡行之，鞠侯三绕跗踝，而徐凫犹故也。其下悬崖峭壁，飞瀑掉击，数百仞襞积陡立，鼎烹雪喷。余连日得观三瀑布之奇，皆变幻不一，然惟隐潭得尽其态，于千丈岩、鞠侯岩皆不得扪萝葛垂絙而下，言之暗呃。

余初意欲跨徐凫岭至梨州，而伯兄急欲过四明山心，蹑芙蓉峰，网罗大概,然后条分派别,此游观之秘藏也。遂北行,有小村,欲觅白酒饮之,不可得。有老叟云:"终岁惟三时置酒,一为岁始,二为初种,三为刈割也。舍是,虽密姻昵戚至,终不设酒,惟束疏麦饭而已。"又言:"过此里许为踌躇岭,山贼聚徒,至数百人,行旅甚厌苦之。过者闻咳声,往往弃负重而走。积雪尤甚,自爱者不宜入此。"然余辈业已至是,必无重返雪窦之理。盖自徐凫南过雪窦,北过杖锡,远近略相当也。

行数里,山势阒寂,其间飞鸟悬萝,隐幽黯黑,为貓神嗔蟒之窟宅,视之痵人肌骨。少驰而上,益险恶不可乘,各曳杖步行。黑云犯怒,飞雪障空而至,顷刻骭没股陷。风薄灌莽间,惟闻鱼龙悲啸,腥雾浊雾,变眩百出。蹒跚扶服而上,木介遍满溪谷,自折萧断苇,而至拱把数围之木,皆细填密缀,刻画工巧,无不珠涎玉沫,若流若堕。其附于崖屺绝巘之上,则犹鲸骨专车,唇气成楼,皓鹤翔于云际,拳鹭春于沙滨,大至数围,长至数百尺者,荒源野溜,无不尽湮故道,排空矗立,上黏天际。刘义所赋《冰柱》《雪车》诗。恨不足规摹其项背也。飞雪洒衣裾间,触之中断。望同行人,皑若浴铁,须眉鲜洁,髓血欲凝。见句枝厂石,争趋之,无异青琐朱缀。余谓此景惜不呼灞桥驴背上郑五知之,令渠骄语,一时相视大笑。

岭侧多梅,形模菌蠢,甚雅。自徐凫岩至是,几二十里,无一榱。又数里,迷不知所向。见旁有竹箹筏,雪轻草浅,使人趣问之。大声疾呼,讫无知者。咸惴惴有惧色,恐卒遇山贼,无以应之。第以意度所隔杖锡寺而行,遂驱众渡溪而前皆峭峻深阻,林木偃朴,斗折蛇行。将五里许,身跻绝顶,是为芙蓉东峰。遥望剡中山,或有邪日旁薄,始知下界未尝有雪也。

循东峰而行,势愈岌崛,下削上陟,摇摇如行骴肉上,益倾欹扑泻,其尤绝处,不能容巨缶。罡风欻起,欲搏人而上。揽钩藤、扪薜荔而行,得平石坐之,惟觉五内出濯清光中,众骇跃举,若生羽翎,凡贫悴沈滞、无聊不平之气,一如清水悬瑶、残雪萦松而已。虽流离甚苦,亦不得不谓之异遇也。

数里外,惝恍闻鸡犬之声,仆夫挥涕相庆,为不死矣。昔漆园吏谓逃空虚者闻人足音则跫然而喜,徐孝穆亦云迷山之客迟遥乡于岩崖,今始知之也。随声迹之,见宿楚成门,塞茅茸户,有人僵卧深窟中,披帷斯在焉。知非避世士耶?询之,方知已近杖锡。遂阒单穿林樾而过,不暇复谋风景也。

数里,见奇杉老桧,森森成列,若重关复栅,设险以守。余辈蓬鬈松飒,草蹩而进。骤闻钟鼓响作,僧徒云集,置弓弩火器、斤斸镶鉏、耒耜枷芟、礳鹿礳毒,上用碛碈甋砖壶礌运之,遥望春舂井井,若两相御者。诘附近居民,皆愕眙不敢对。良久,僧徒觉无异,乃稍稍散去。始白云:"向侦者失实,疑君辈为山贼耳。"余大小曰:"昔谢康乐由始宁伐竹开径至临海,太守王琇惊为山贼。不意方外士蠢愚,亦复尔也。"因各谢去,曰:"亭午贼众方剽劫近民,故山寺聚徒,思所以御之。不意大雪中有游山人。"始去楗延人。因话今日所经游胜概,僧众蹙然改容曰:"向竹篱中雪轻草浅处,正群贼聚庐托足之地也。是时贼鸠徒北行,故均辈获免耳。"相视不宁者久之。有僧颇好事,为漉酒汤忧颜,间出所抄杖锡寺诸佚事。谈逾时,仲兄酣眠睡去。余与伯兄呵冻灸手,择而录之,夜参半始就枕。

葵丑,欲观四窗,以雪阻不果。寺僧引观小四窗、再来石诸胜,皆礨石粗皴,为冰雪皴入。涉溪而观,辄僵踬不能起。里许,为潺湲洞,刓苔剔薜而入,水鼎瀺流若悬缨,暴不侵语,缓不□□,大约如金磬敲风,玉琴弄月,冷然善也。其旁为过云岩,皓然玉耸,雾勒枯中之柏,冰留数崩之岸,花媚草灵,缤纷袭人。虽天宇绀碧,风日清美,时有白云,输菌缥缈,非夫神栖圣宅,孰能臻此?

私念形浊气秽,得一叩洞天,亦万劫良会。因忆《仙传》云:"五峰之上,皆藉四海奇宝,以镇峰顶。每积阴将散,久暑将雨,即众宝交光,照灼岩岭。春晓秋旦,则九色之气属天,光辉烁乎云表。"今四明兼一洞天三福地,自有庆云异彩,馥郁碧霄,又何必诧赤城之朝霞、峨眉之佛现哉?因别寺僧。(璋按:自"因别寺僧"下疑有缺文[①]。)

西北为韩采岩,岩石嵌盆临溪,溪阔数十丈,曲尘翻浮,极望一色。左为韩采洞,初伛而入,徐可仰视,又进薄。山侧皆寿藤萦绕,丈至数去拱,其高垂自山椒。洞上石甚平,大过一亩。

又北行数里,为西岭,有水潺然至。余入视,亦微有悬瀑可观。由西邻北行数里,为大岚,刘纲上升之地。积雪渐微,路犹泞不可步。望前山正如城上俾倪者,为钱王岗也。平广数里,多植黍稷,枯茎切切作声。南睇芙蓉诸峰,见琼檐宝楯,撄挽相至,而中峰峐然若鲁灵光殿。西则太平支山,或偃或仰,或起火伏,若尻背钩盘。而东则万山巉嶻,苍茫有无中,仿佛幽星之纚连。北视惟玄云蚰蜒,游烟状阔。从人云:"每天际朗齐,能视见海水。"

---

① 笔者以为,因"欲观四窗,以雪阻不果",故黄氏兄弟"因别寺僧",从杖锡下百步街、过黄沙潭到韩采岩,此处应无缺文。

又二十里，为九雷岭，木端犹挂寒素。又数里，则忽然若扫，居人云未尝有雪也。又数里，为石潭，有瀑，径数仞。自此至三菁，十里而遥，皆种杉，蒔白术、芍药，又产黄精、二冬，亦胜地也。溪中多鱼螺，绝胜江湖，而山若逼侧不轩豁。复逾岭，宿三菁。

甲寅，寒甚，午后抵家。伯兄归著《四明山志》，命余录是游之概。故第详于山光水色，雪腴霜瘦，落月枯颜，寒岚折骨，秃墙古薛，跕鸢惊鸺，以自寄其沈醉潦倒尔。分题得诗若干，得文若干，并列于左。

（藤龛先生为先侍郎忠端公叔子，伯兄即遗献公，仲兄立溪公，是时艺林称为三黄。崇祯壬午，先遗献公自燕京归，约诸弟为四明之游。归而遗献公著《四明山志》，立溪公为赋，先生为《游录》。志早已授梓，赋近刻入家谱，《游录》从友人张君唯吉处得之，字多缺讹，略未校正一二，即付之梓，以广厥传云。乾隆癸卯季夏日，玄从孙璋谨识）

（根据《黎照庐丛书》本辑录）

七、全祖望《句余土音·赋四明山土物》

犀牛

道书《丹山咏》：四明山仙兽有犀牛。梁时人范颜捕得，皮为裘，服之，所谓对面人不见者也。

> 闻之木玄虚，深山有犀牛。
> 对面或不见，以为范颜裘。
> 是皮吾无取，徒尔滋谬悠。
> 斯人各有面，斯面各有眸。
> 昏眸竟何意？蒙面竟何由？
> 只应衣眩人，百变任所投。
> 否则彼贪夫，昼攫真良筹。
> 吾将悬神镜，睿鉴穷其幽。
> 古来夸资格，黑貂为最优。
> 近更新月旦，玄狐在上头。
> 犀牛竟何似，或别擅温柔。

温柔即可宝,此外吾何求?

五色雉

见《至正庆元志》,时以为瑞物。

> 郏子数古官,五工以雉名。
> 中央斯为翚,兼备五色精。
> 鹓鶵及鹔鹴,莫敢与抗衡。
> 顾闻伊洛南,有翚争飞鸣。
> 由来天下中,和会风雨成。
> 昨游桓溪西,灵禽眩我睛。
> 山梁真时哉,三嗅随我行。
> 有如忘机鸥,不以乍见惊。
> 山人夸上瑞,谓是文人征。
> 我文何足道,憔悴乏光莹。
> 三钱鸡毛笔,秃尽成高陵。
> 何时邀誉命,重离光庚庚!

青毛金文龟

亦见《至正志》。宋祥符中贡之。深宁以为仁庙太平之兆。

> 神龟负《洛书》,良亦我所疑。
> 但考古筮人,神物实所稽。
> 欧公持论高,未免过贬讥。
> 其在四灵中,瑞应诚有之。
> 祥符圣天子,治与成、康齐。
> 韩、范、文、富、杜,鸣鸟遍彤墀。
> 隆而蔡、余辈,五彩亦陆离。
> 句余种黑精,金文烂青眉。
> 遂登汴京来,光照汴水湄。
> 今我生太平,是龟满荷池。
> 昨夜藜床倒,思取老骨支。
> 卧听嘘灵气,晨看产丛蓍。

黄颔蛇

四明山有黄颔蛇。(《四明山志》)《句余土音·诗话》云,即螣蛇。

> 昔我游山东,海市人咸说。
> 更夸山市奇,坡公所未睹。
> 彼哉少所见,莫向吾乡述。
> 蜃气成楼台,野气成宫阙。
> 洞天山海间,兼有此奇绝。
> 不见黄颔蛇,云烟时明灭。
> 中宵吐光芒,百怪共嘘拂。
> 梅山既东峙,篔水又西出。
> 分镇百里间,变化成灵物。
> 古来耳食人,飞伏分优劣。
> 飞即为龙腾,伏即为蛇蛰。
> 谁知神蛇宫,即是潜龙穴。

石燕

南峰之北岩,生石燕。《余姚县志》入药品。(《四明山志》)

> 六燕集平衡,五雀不可易。
> 谁知瑶光堕,玄鸟化关石。
> 从来燕还往,社日必避匿。
> 是燕不避社,其出亦难测。
> 忽然差池羽,颉顽背南北。
> 明山深潭潭,百灵所封殖。
> 千年老胡髯,谁人为物色?
> 不须衔泥巢,石窗有安宅。
> 饥即啖仙菁,卧即枕卷柏。
> 吁嗟乌衣种,或为百姓得。
> 是燕负贞心,尘氛莫之逼。
> 何当笼之归,空梁生颜色。

五色杜鹃

杜鹃花,四明山出。(明《一统志》)重台者,名石岩。(《闻志》)四明山有五色杜鹃花。(《四明山志》)

三月春深杜鹃啼,有花冉冉随之飞。
太平杜鹃无涕泪,五色祥光照晨曦。
四窗四面无杂种,五色杜鹃花冲融。
老夫凡骨非仙骨,但取花浆和墨浓。
望帝遗魂化杜鹃,再传别作山花妍。
五云长护碧岩里,山王阊阖别有天。

卷柏

俗呼"长生不死草",生四明山。虽甚枯槁,得水即葱翠。谢康乐《山居赋》云:"卷柏万代而不死。"(《四明山志》)

山居夸卷柏,万代长不死。
出之憔悴中,一勺即色喜。
阿侬亦枯杨,一线余生理。
何时吹葭管?为振寒灰起。

风兰

挂兰一名"见风生",不土而植。或以乱发系之,挂于风前,即能开花。(《四明山志》)

孤根何所丽?空中浥沆瀣。
清馨出深谷,迎风充纫佩。
仰虽沐天覆,俯不受地栽。
吾欲问屈子:此种谁所赍?

旱莲

姚山有孙子秀别业,其莲池久淤为田,禾苗之中杂生莲叶,探之未尝有藕。盖数百年不绝也。(《四明山志》)

石耳

元吴瑞《日用本草》云："石耳生天台、四明诸山石崖上,远望如烟。久食益色,至老不改,令人不饥。"(《四明山志》)

> 非云又非雾,乍卷还乍舒。
> 山中何所产? 石耳长芳腴。
> 石窗四面开,聪听不可淤。
> 啖之足疗聋,以聆万籁嘘。

雪桃

冬桃。《句余土音·诗话》云："所谓不旄之桃也。"

玉延

薯蓣,一名"山芋",一名"玉延",又名"修脆"。《野客丛书》云："英宗讳'曙',改名'山药'。"宋苏颂曰："出北都,四明者良。"(《四明山志》)

仙人菜

仙人菜,雷雨之后生白水山崖间。(《四明山志》)

白附子

白附子多出外番,中土惟西凉一带有之。而唐人取吾乡之产为贡物。陈藏器系吾乡人,又生唐时,而《本草》不及焉,异矣。(《句余土音》诗注)

> 御药厨中白附,吾乡远过西凉。
> 荟萃四窗灵气,酿成一片奇香。
> 不比乌头酷烈,堪增玉面清刚。
> 底事陈家仙尉,故乡佳植弗详?
> 桑海频经代易,物华亦复天荒。
> 试看青棂一辈,佳实何时得尝?
> 纵令白云深处,根荄未尽消亡。
> 亦恐洞天仙子,采归秘贮山房。

梨洲梨

晋孙兴公与兄承公同游于此，得梨数枚，人迹杳然，疑为仙真所遗，故名其地曰"梨洲"。兴公《天台赋》曰："涉海则有方丈、蓬莱，登陆则有天台、四明，皆玄圣之所游化，灵仙之所窟宅也。"是盖身逢玄怪，非虚言也。石窗之水，出于梨洲，有坡曰"响石砰"。（《四明山志》）

> 世称御儿梨，足以压大谷。
> 何如剡源产，五乳流膏沃。
> 岂果魏真君，余甘留芳躅。
> 孙郎雅好奇，屏营空山麓。

（根据徐兆昺《四明谈助》辑录）

八、陆友驯《四明山游记》

鄞县之山，旧志所载莫不以四明为首，而其名称或为句余，或为丹山赤水；言其所属，或为鄞，或为姚，异说纷纷，莫衷一是。余县之东，鄙人也尝以不得登四明为憾。盖县境山脉宗于奉西第一尖山，县东诸山为其东出支，四明诸山为其北出支。县东诸山，余生长于此，常出游猎。虽深山穷谷，莫不涉历其境。鄞西则向所未至也。民国二十二年，本县纂修县志，余应蔡师之召，于役采访，爰于四月间作四明之游。

凡自甬而入者，多道出鄞江。鄞江者，隋句章治也，为鄞西首镇，乡人有小宁波之称。而自鄞江以入仗锡，其道有二：由章村而上，路平坦迂远，需时日；由磻溪而入，山岭崎岖，其径较捷。于是，舍远就近，涉它山堰折西，经问水亭、晴江岸、琉璃岩，道旁阡陌，遍植桑贝，间以大麻。又西，曰桓村，土地平旷。又西，曰大庄（距鄞江桥五公里），南望有高峰秀出，曰张盖山，北眺有重峦绵亘，曰银山，相传以产银而名。乃往视之，绕山麓西北，行约半里许，抵银山寺，寺后即银山也。登山约百数尺，即见晶莹沙粒闪烁地面，掘土不及一尺，即得矿石，大者如拳，小者如豆，谛视之，乃方铅矿也。复由大庄西行，往外牌楼至永安桥，桥下流水潺潺，出自磻溪，东绕桓村而入章溪。桥北曰十八曲岭，通灌顶桥。南曰大风岭，通仗锡。登岭有石坊，曰里牌楼,上镌"四明山"三字,不知出何人手笔,莫可考也。西上经玄坛殿彰圣寺,寺西有楼异墓,虽牌亭倾圮,其址犹存。西登岭巅,高约三百五十公尺,两山对峙,南曰含珍岩,北曰石笋山,西下有平原,约百数亩,可耕可植。背山而居数十户,即磻溪村也(距大庄约六公里)。北达柘坑及灌顶,南通茶岭及洞坑。又西,曰版坑岭,岭高约六百公尺。磻溪山与毛湾山南北相望,岭路陡峻。越岭而西,石级如锯齿,步履尤艰。又西,经乌坑稍北,曰高白岩,下雪风井龙潭,径旁杉木成林,杂以黍稷。循涧而北,曰大石坑,道分为二:南可经桃坑、龙头墩、蒋家山而入奉化,由龙头坑而上,经里乌逾葫芦岗可达仗锡。然溪旁道路久为山洪冲刷,行者苦之。于是,绕道周公宅,复由周公宅经大石坑西南登柴株岭,历上横村,山渐峻而径亦渐仄。余鼓勇而上,不稍馁,乃登葫芦岗。岗高出海面千有三公尺,境内第一高峰也。俯视,则白云如絮,横于山椒。极目四望,万山若俯首下拜。然其东岩挺然而深秀者,石屋龙潭也;其南双峰插云者,西山尖与商量岗也;其西山峦苍翠者,仗锡山也;北则炊烟四起,茅镬、黄岩头等村也。西下经铁耙头而至寺岭岗。若由岗南行经里乌,可达奉化北溪,程约五公里。余乃由岗西进,经燕子窠村,又西行约半公里,抵屏风岩。屏风岩者,即"四明山心"隶书岩也,为兀立道旁之方石,高约三公尺,宽约二公尺。骤望之,宛若一石柜,西面镌"四明山心"四隶字。余至此不觉心旷神怡,知四明石窗距此不远矣(距磻溪约十二公里)。西行不百步,而至仗锡,平原百余亩,可植稻麦。四围山色中,拥一寺曰仗锡寺,不甚宏,住衲亦皆星散,盖已非昔比矣。寺后曰庵岭岗,乃仗锡之主峰。南曰寺岭岗,西曰鸡冠山。二山间中,有一涧西流,会于大皎溪之源。沿涧西下约半里,有岩石错列竹丛中,上镌"中峰"二篆字,下镌"再来石"三字,旁缀经语,藓蚀不能卒读。又下,曰洗药溪;经潺湲洞及过云石梁西下,有山居曰百步阶;又西而南,曰大俞村(距屏风岩约四公里),聚族而居者百余家,多为俞姓,中隔一溪,东鄞而西姚。溪上架桥,曰"永春",长约三十公尺。是溪也,乃大皎溪之源也,由北溪南来,经大俞,绕李家坑,会赤水于三叠岩,下为鄞、姚两邑之界水。沈明臣《四明山游记》谓"忽姚境、忽鄞境",检点不暇,何其疏也。

　　逾桥,入姚境,西登大俞山,山谷高深,径细若羊肠。行约二公里,抵眠床岗,高约四百余公尺,南属奉,而北属姚,西南有削壁,高可十丈许,阔约二十余丈。削壁间横列四洞,即所谓"四明石窗"者是也(俗称"四窗岩")。其洞自左而右大小、高低各殊,其状:第一洞距地较低,口大约五尺;第二洞较高,距地约八尺,洞口亦较广,高约八尺,宽约二丈,深约一丈有奇,可坐二十余人,其内两洞相通,人可斜行而入;第三洞较第二洞尤高,宽约六尺,深约八尺;第四洞离地二丈余,为最高,其宽一如第三洞,可望而不可登。各洞东西骈列,相离约丈许,均为火山流纹岩所构成,岩面显露未熔沙砾,昔人号称"第九洞天,四面如窗,中通日月星宿之光",其说夸矣!崖下有深涧,水声淙淙,南出绕羊狗坑,会于大皎溪之源。北望曰华盖山,高出地面千有一十七公尺,危崖壁立,深林密茂。是日,适大雨滂沱,未往也。

　　复由大俞北行,逾柘湾岭,约三里而至李家坑。李氏聚族而居,风俗、语言悉如余姚,虽地处乡僻,颇多承学之士。北过万世桥入姚境,跨糖果岭走柿林村,抵赤水桥。桥下流水源于丹山,而赤色砂土沉淀于其间,相映而成赤色,故曰赤水也。履赤水桥登杀羊岭,岭不过高,势甚危峻,故曰杀羊。其东半里曰明坑,源出峙岩(一名字岩)下与高上横之间,南流会赤水,绕柿林,出三叠岩而入大皎溪,亦鄞姚之界水也。岭巅平岗二三里,一片赤土,绿茶、苍松纵横成行,朱碧相间,俨若画图,即所谓丹山赤水也。然其地已非鄞属矣。其西山岗平衍,村落棋布,曰大路,曰鹤下,曰老屋,曰余家横,曰丁家畈。遥望约十里处,有高峰突出于重峦间,作半球状者,曰大岚山(旧志作大兰山)。由丹山而北,至高上横道旁,有鄞、姚界石。始入县境,其北为分水岭,乃西四明入县境之伏脉处也。上有分水庙,庙后亦有鄞、姚界石。折东下分水岭,经半坑村,过通津桥、鸬鹚口,越玄坛岭,道路始平坦。约八公里而至大皎,杨氏世居于此,商铺数十家,多业米。由鄞江而入者,舟车至此而极,故茶商木客辐辏于此。村南有蟹山,有龟谷,其形毕肖。北有大皎岭,韭南、韭北之所分也。韭南山水,余领略殆尽。于是,登大皎岭,取道韭北,经小皎折东至童家村,折北登黄岙嵩岭,高约四百八十公尺,东曰大雷尖,西曰畚箕斗,其上多竹。北有平原,曰擎天田,村居百余户,中有一池,广约四五亩,池水清澈,游鱼可数,俗呼近天池。又北,经竹丝缆而至孔岙,岭北通慈境,凤称为三十六河。虽名为河,而实无水。相传其下有声,四明之伏流处。余匍匐俯听,久之,终不可得。折东,经上窑坑红岭而至鸟岩,环山而居者千余户,多翁、毛二姓,半隶慈而半隶鄞,居民以编竹篮著名。又东,经石岭折南,经坟陇口上陈,乃由凤岙市买棹而归。

　　是行也,同往者有:采访地质矿产者盛君莘甫,采访动物者钟君国仪,采访植物者吴君蕴道,采访金石者马君兆之。

(根据民国《鄞县通志》辑录)

九、当代诗人俞强的四明山诗词赋

　　俞强,男,浙江省宁波市奉化区人,1966 年出生于浙江省慈溪市龙山镇。中国作家协会会员,中华辞赋社会员,浙江省作协第八届全委委员、诗创委成员。现在浙江慈溪日报社工作。1985 年开始文学创作。作品散见于《人民文学》《诗刊》《中国作家》《十月》《青年文学》《上海文学》《中华散文》《中华辞赋》等文学期刊。2006 年,长诗《一个人的南方》获首届十月诗歌奖。诗集《旧痕集》获浙江省 2009—2011 年度优秀文学作品奖。诗作被选入《新中国五十周年诗选》《90 年代实力诗人诗选》等几十种选本。已出版诗集《大地之舷》《食指和拇指》《钟形岁月》《旧痕集》,散文诗集《画马》,散文集《滴水沧海》《俞强诗文集》等十余种。

　　以下录俞强以四明山为主题所作的赋 1 篇、诗词 22 首。

四明山赋

　　处浙江省之东部,邻海镇潮;踞杭州湾之南岸,凌云含烟。聚神秀之气,集二百多座奇峰;耸峥嵘之象,萦八百余里之层岚。势恢弘,境跨六市区;地灵秀,名曰四明山。三北鸣鹤金仙寺,门绕碧涟漪;姚南梁弄狮子山,壑绽红杜鹃。几番鏖战急,浙东革命圣地;万顷绿色稠,国家森林公园。春霁碧霭,萦回幽谷;秋霜红枫,掩映重峦。寒则虬枝挂雪霙雾凇,慈珠咫尺;晨则苍穹起云海蜃楼,霓裳万千。丘陵绵亘,高低参差,层岭匝迭,纵横盘旋。含神秀于内美,和会稽山媲迹;展壮丽于长空,与天台山毗连。或作惊浪之逸姿,或为奔牛之憨态,或为驱羊之气势,或为走蛇之连蜷。东西南北,群山迢递;溪涧瀑潭,三江潆洄。林荫苍翠,空气清新,胜海外之蓬岛;夏季清凉,环境幽逸,疑月里之广寒。七千多年历史,河姆渡古村落之遗址,镶嵌其麓;一百余处窑址,上林湖秘色瓷之渊薮,点缀其间。天工巧夺,布于方圆,演绎亿万劫之造化;霞光变幻,起自赤城,浩荡三千里之斑斓。偏哉! 僻哉! 离尘出世,如陶渊明之奇文;壮哉! 瑰哉! 梦笔生花,数李太白之逸篇。

　　山脉主峰金钟山,为嵊州之胜,雄拔千仞云;山名渊源大俞峰,在余姚之境,上覆四窗岩。宁波古称明州,因之嘉名;越人常语灵迹,以此美谈。洞穴通透，纳日月星光之璀璨；景色秀绝，涵东南形胜之精专。古时山临海上，远望四穴如牖，寒暑光曷天宇；此处岩入云际，曾有二客遇仙，刘阮事传尘寰。归来已是隔世，叹红尘有梦影之幻；回探竟成永诀，嗟丽人无抱柱之坚。世外桃源，蒋氏下野于此小憩；人间烟火，俞姓建村至今绵延。一溪清波分野，鸡鸣犬吠；两岸翠竹掩径，麂过禽欢。绝壁陡立，寸草不悬；石屋寂寂，茶田盘盘。兴衰成败，小弄依旧苍苔斑斑；悲欢离合，古道曾经斜阳姗姗。

罗汉谷风景独绝，韩采岭霞霭迟淹。峰萦幽境，瀑布直下银河；石绕佳景，飞流横跃九渊。壑不见底，万钧雷霆咆哮；涛似跃巅，亿匹雪练萦蟠。醉酒吕洞宾，弈棋半局，十八罗汉守护包裹；采药韩湘子，长箫一曲，三千世界变幻奇观。披荆斩棘，荒地成阆苑；砌石开基，岚舍胜辋川。镌诗赋于奇石，溯文脉于清涟。

丹山赤水，神仙窟宅；灵踪圣迹，第九洞天。帝王敕封，遐名广传。山多珍异，库匿泰玄。果曰青棂，坚实甜甜；岩如鞠猴，纵横磐磐。水清水浊，濯缨与足兮，隐逸星涌；花开花落，历春复秋兮，往事尘埋。秦时王鄮驱山塞海，以躯殉职；汉末梅福栖谷济民，采药救难。慈溪悠悠，董黯、鲍全，懿范留世；白水潺潺，刘纲、樊氏，神术离凡。石化卧虎，人升巨杉；携侣双去，至今未还。孔佑居樊榭，视万斛钱如瓦砾；白鹿投荆扉，养一箭伤成仙缘。施肩吾留宿几千仞，天鸡声声；孙应时记游八十韵，岙道弯弯。履空蹈虚，逸思远骛，陆龟蒙、皮日休二友，诗留九咏，妙合风物；勤职爱民，暇日偶登，谢师厚、黄文晋诸辈，句存万仞，永伴云巅。贺知章作注，尘外雅吟；陆放翁记述，海上奇观。《图咏集序》，曾坚辑录；《四明山铭》，危素纂编。

巍巍达蓬，当年秦皇驻跸；渺渺沧海，此处徐福启帆。原名香山，山多幽兰；峰峦簇拥，溪流蜿蜒。凤浦湖秀，峻岭古道；佛迹洞幽，摩崖列镌。紫气荡漾，踞一方胜地；青云缥缈，迎九霄凤鸾。东临凭目，可观海市，黄宗羲有赋记焉。山在慈溪市龙山镇境内，乃四明山之余脉也。近衔长虹卧波，远纳汪洋翻澜。风光卓绝，处海隅而益妙；意蕴丰富，临天堑而独妍。蜃楼幻象，方士遥觅三仙岛；沧海桑田，锦帆一去二千年。

四明之美，万古之涵。雪窦山，剡溪九曲；石人潭，蓝溪十源。杖锡古寺，吴越王赐额，宋仁宗加封；四明山心，沈明臣赞咏，黄宗羲探研。群山众水,区域各有所属;繁词累牍,风物难以尽言。慨时光之远去,欣溪山之长嫣。逸少爱鹅,渐厌尘喧;玄晖读书,静隐洞天。雪夜访戴,不如返赏一溪月色;金谷作客,何似漫游万壑林泉。感吾心之光明,俯仰天地,证岩树之灿烂;慨宇宙之苍茫,逍遥灵境,悟庄蝶之翩跹。山高水远,惜知交之有限;天青海碧,怅锦瑟之无端。相期云汉,爱烟霞之放旷;永结良俦,悦山水之缠绵。噫吁嚱! 吾以中华新韵赋五律赞之:

东南形胜地,境内绕群山。
云气冲牛宿,风光冠宇寰。
不为金殿客,愿作四明仙。
偏僻生灵秀,逍遥在自然。

阮郎归·梨洲家住四明中

梨洲家住四明中。门临七十峰。
云萦岚绕瀑淙淙。壮怀半世空。

少年志,老时衰。穷经白发翁。
青山踏遍寄幽踪。极巅听竹松。

蝶恋花·忆去年此时与建文、华林二兄游四明山

万壑千峰岚霭绕。溪畔幽村,春暮风光俏。
午后乘车过岭呑。晚樱簌簌林阴道。

岩涧涓涓空气好。野谷无人,绝顶飞啼鸟。
一览群山遥更渺。若仙跨海过三岛。

己亥八月初二下午听俞建文先生介绍四明文化渊源,七绝,新韵

觅幽搜异入云踪,探脉穷源意未慵。
桑梓情深文自醉,胜如秋雨响遮篷。

戚氏·奉化溪口斑竹古村

拂岚烟。茶溪源远绕群山。曲折迂回,激湍金井泻潺湲。

溪湾。远尘喧。双溪①交汇胜桃源。

群山四面围绕,古桥②雄跨巨樟妍。

春景秋霁,岩花灿烂,气清霞蔚天宽。

忆斑筠翠色,俞氏千载,明派源渊③。

安定郡马④家园,珠辂马疾,紫气绕乡关。

蓬瀛景、晦溪九曲,峡谷三泉。

看龟山。傍水夹岸悠然。碧霭渺渺无边。

四明绝巘⑤,古洞龙湫,溪水遥注村前。

澹荡盈科涧,枕岩蓊郁,驻岭盘旋。

古有刘纲伉俪⑥,得灵经秘笈忽升仙。

黄巢驻跸⑦晚曛间。枕戈野宿,营畔看星转。

蒋氏踪、桥上乡情恋⑧。外婆家、从此无还。

老宅空、燕语堂前。傲风霜、映日晓松⑨坚。

进杯中酒,豪情未减,酩酊忘年。

游四明山心,七律,平水韵

方岩斑驳满苍苔,汉隶镌痕映眼来。

古柏萦环亭悄悄,繁樱点缀雨恢恢。

---

① 双溪,即交汇于斑竹村的晦溪(今称明溪)和茶溪。

② 古桥,即斑竹村内横跨于茶溪之上的金井桥,初建于清乾隆年间。

③ 据俞浙"金字谱"记载,"五峰俞氏"始迁祖稠公四子玕公于唐昭宗时为明州大院判,后居明之大晦,为明派始祖。

④ 据《斑竹俞氏宗谱》"景福公墓志"载:"五峰俞氏"十三世祖景福公(1053—1133)"赘安定郡王式之次女",为"安定郡马",墓葬斑竹村茶坑口。

⑤ 四明绝巘,即四明山芙蓉峰,金井洞龙湫与金井桥下的茶溪水之源头。

⑥ 相传汉代上虞令刘纲、樊翘云夫妇弃官上四明山修道,后在大兰山飞升。《枕纲俞氏宗谱》载:刘纲樊翘云夫妇飞升之地在枕纲岩。

⑦ 据黄宗羲《四明山志》载:"相传黄巢引乱兵过一峰下,天色将冥,谓之小晦。又过一峰下,天已深黑,谓之大晦。遂安营岭上,谓之住岭(驻岭)。"

⑧ 1949年春,蒋介石拜别葛竹外婆家返回溪口途中,曾在斑竹村的金井桥石栏杆上小坐留影。

⑨ 晓松,即俞晓松,中国国际贸易促进委员会原会长,"五峰俞氏"三十九世孙,祖籍奉化溪口斑竹村。2019年11月应邀参加奉化建区三周年活动期间,回斑竹祭扫祖坟。虽已逾80高龄,爬山越岭,把酒言欢,豪情仍不减当年。

山连八百峰峦远,溪接千年景色开。
遗老当时攀蹑处,我曹驻足赏崔嵬。

仗锡赏摩崖石刻,即景,五绝,平水韵,记之

层绿拥山隈,飞流响似雷。
千重筠叶舞,林里霁阳来。

仗锡山顶,七绝,平水韵

凭栏决眦眺长空。胸有巍峨对浩风,
独立山巅危不动,蓬瀛渺接乱云中。

四明山心赏樱花,七绝

绝顶云萦似雨霏,绛霞深处入芳菲。
风来满径花纷落,万叶千枝雪乱飞。

满江红·四明寻踪,寄建文兄

飞舄乘风,群峰耸、层岚凝碧。
纵目望、过云深处,境分南北。
寻迹三台龙漱畔,漫临涧瀑栖仙宅。
笑世间、千斛贮金银,终成砾。

应梦境,华胥国。携手侣,蓬莱客。
攀杉跨凤去,霭迷烟失。
叹亘古红尘俱泡沫,何妨和咏忘形迹。
忆当时、航海放翁来,嗟何及。

忆旧游·四明源渊,寄建文兄

记遗尘高逸,会友吴中,初荐家山。
四脯临岩壁,遇昊天晴霁,仙境悠然。
过云廿里难尽,南北远村连。
叹皮陆神游,唱和九咏,误导群贤。

绵绵。望岚霭,二百八十峰,鼎峙萦环。

亘古踪难觅,笑按图索骥,终究如烟。

梨洲不惮荆棘,极诣探源渊。

有九卷奇书,石窗真相天下传。

四明山九题诗

应建文兄之邀,作四明九题唱和诗,五律,平水韵

石 窗

岩牖绝巅横,源渊溯四明。

阮刘双影渺,皮陆九题精。

谁晓游仙梦,曾藏隐逸情。

回看蒋氏迹,漫漶径苔生。

过 云

百步霭岚环,苍茫廿里间。

林幽溪涧远,岭寂寺钟闲。

独向深篁去,将随薄月还。

遥闻鸡犬响,疑在武陵山。

云 南

白云何处觅?村落隐危巅。

桥寂吟狂客,桃秾醉谪仙。

晋风传嗣胤,书圣是源渊。

还过唐诗路,栖霞景色连。

云 北

岞崿清绝地,四面列群峰。

岩上观溪涧,松前听寺钟。

名山应梦景,御笔述仙踪。

八极驰鸾辇,烟霞自荡胸。

鹿　亭

昔从村里过，白屋傍清涟。
桥畔群鹅闹，庭中小鹿眠。
呦呦踪已渺，戚戚意长牵。
遗爱今难忘，欢鸣似眼前。

樊　榭

曾是红尘客，相携觅蕊宫。
斗桃施绝技，遇虎显神通。
白水思遥迹，灵祠忆遗风。
非因仙术妙，昔有泽民功。

漯湲洞

山中居伉俪，朝夕不离分。
跨凤游丹壑，寻芝事白君。
流泉帘畔响，飞霭槛前纷。
洞窟今应在，凡心岂可闻？

青根子

异树灵山出，嘉名世上传。
味甘无物比，实美有形坚。
吸纳乾坤气，延成阆苑年。
相逢人不识，一任乱云湮。

鞠　侯

昔有仙人迹，骑兔上九陔。
危岩临涧瀑，杂树绕崔嵬。
摹状如猿鞠，思名误士猜。
惟因清景好，不肯赴云台。

满庭芳·四明之云，赠建文兄

攀竹扣萝，跋巅越壑，来寻刘阮幽踪。

石窗何在？岩涧响淙淙。

闻道山心镌勒，几回误、溪月松风。

迷津远，过云岩外，四牖翠岚重。

蒙蒙。行廿里，斜阳拥翠，云绕千峰。

愿手捉入罂，郁勃盈笼。

留到醉时俊赏，启封纸、飘舞腾空。

非知己，不堪持赠，怡悦有陶公。

哨遍·日照四明

日照四明，重壑峻崖，二百余峰累。

迷晓岚，万丈激泉飞。钓鳌东来滞留此。

半盘棋。回眸烂柯无觅，遥望惟见长流水。

嗟异木珍葩，危岩绝壁，神经仙箓潭底。

有璧台璀璨紫霞飞。涧畔叹五丁鬼斧奇。

鸾侣飞升，古猿攀援，洞藏仙气。

时。刘阮幽栖。闭花羞月天仙子。

山中过一日，人间倏忽千岁。

笑富贵尘埃，虚荣晻霭，浮生但重真情意。

嗟窟宅成空，佳人影渺，暗香零落盈地。

独留踪迹掩映翠微。但满谷幽篁任风吹。

大俞溪、清漪难止。秦皇长眺何处？

枉遣君房去，纵然采得蓬瀛瑞草，何似相斟共醉。

浮槎海瀣到山隈。且来寻、康乐诗味。

一丛花·萧萧落木下群山

萧萧落木下群山。山外海天宽。

征帆一去无消息，浪潮渺、掩映云烟。

三岛梦遥，四窗痕旧，仙子已忘还。

壑中雪净绽幽兰。白石濯飞泉。

骑鲸跨凤尘嚣远，烂柯事、忽隔千年。

游踪迥异，幽情相似，几度月清圆。

十、当代诗人俞强的大俞山诗词赋

以下录俞强以大俞山为主题所作的赋 2 篇、诗词 32 首。

大俞山赋

　　巍巍四明,东南名邑;盘盘大俞,吴越奇峰。山连宁绍大地之苍茫,水接甬江东海之奔涌。面朝杖锡之嶙峋,背顶华盖之峥嵘。左拥韩采天庭遗落之包裹,右揽石窗造化之天工。山在余姚之南,远含众多山脉;岩在大俞之巅,胜似蕊珠仙宫。横跨浙东,溯七千余年之绵远;毗连天台,展二百八十峰之纵横。中有最高之峰者,上有岩穴,状若四窗而通日月之精光,故名四明。唐开元二十六年,始置州治,以山名州,遂有明州之称。司马紫微曰第九洞天,紫气冥冥;名为丹山赤水天,窟宅重重。东汉刘、阮遇仙,溪浒迷路,逸事留传;民国蒋氏驻足,政坛发迹,青云飞升。历代名人吟咏之浩繁,唐诗之路涵藏于空蒙。红色根据地,郁郁松柏碧;革命先烈血,灼灼杜鹃红。当年勇搏留壮举,此地大捷勒奇功。宁波山水地名乃至历史文化,尽与斯山一脉相承。

　　清溪澹荡,穿村而过;翠竹簇拥,掩径成丛。古树参天而香飘缈,红岩临水而姿从容。怪石呈千态百怪之嵯峨,幽潭润一年四季之纤秾。泛舟漂流,推动旅游之兴旺;植树造林,构筑生态之丰雍。逐成人间桃源,胜似世外瑶蓬。竖旗扬帜,传承革命圣地;易风移俗,开创农村新风。境蒙祖泽而挹秀,景色妩媚;山因人文而姓俞,气势恢弘。脉溯新昌五峰四派,根连嵊县乌坑诸公。筚路蓝缕,烧炭营生,昆仲创业艰辛;开石拓基,沿岸筑居,子孙发家兴隆。继六百余岁之春秋,瓜瓞绵延;衍二百多户之人家,枝叶葱茏。大俞风景名胜区,以此村落景点为中心,灵岩独绝;联结四明各大景区,曲径相通。自然与人文景观,完美糅合;现代生活与野外探险,和谐相融。与时俱进,建设辉煌;应地制宜,开创繁荣。

　　戊戌年丙辰月丙子日,春雨蒙蒙;溪山幽景,岚霭浓浓。蹊径迢递,五人同行,步驱寒意;林泉秀美,一路欣悦,心沐熏风。应宗亲之盛邀,受村坊之接待。相携胜地,勘探无穷。入四明山腹地,登罗汉谷之岚舍;谒大俞村宗祠,究大俞俞氏之来龙。纵赏胜境之独特,稽考历史之错综。殷殷令胤,皎皎丹衷。为里筹建新境,嘱余作文雕虫。抒发凌云之志,镌铭绝胜之雄。四明山水,苍天独厚;大俞人文,前路无穷,真乃壮哉!吾有五律赞曰:

> 苍翠映奇峰,岩窗霭气浓。
>
> 四明文脉溯,千仞梦痕逢。
>
> 胜境藏仙窟,蒋家遗影踪。
>
> 山为俞氏姓,创业忆开宗。

罗汉谷赋

览四明之胜景,沐三春之芬芳。越大俞溪,地益幽绝;过四窗岩,景愈清凉。翠岚弥漫,榧树潭掩藏幽胜;飞流潆洄,大皎溪汇合汪洋。入深谷以勘探,攀巉岩而徜徉。惊怪石之嵯峨,奇溪壑之绵长;赏杜鹃之艳丽,悦俊鸟之悠扬。细雨初霁,溅溅之涧瀑湍急;重霭渐退,隐隐之峰峦青苍。

始其有韩采岭之古道,因造化而无双。相传八仙过海,笑傲沧桑。吕洞宾坐巨岩而弈,十八罗汉守护包裹;韩湘子觅灵芝而采,万千气象纳入药囊。岩形特异,秀出群峦;气势卓绝,遥临崇冈。堪比桃源,隔红尘之滚滚;胜似慈珠,聚紫气之茫茫。原始生态,世人未谙;自然天籁,此地实祥。由梦启发,鲁班起构思;因地制宜,邓氏建山庄。筑民宿于氤氲,名为四明岚舍;造天梯于嶙峋,境如三岛仙乡。璧台玉砌,松拥牌坊;龙吟凤栖,兰满厅堂。羁途憩息,远可遨东南之形胜;暇时休闲,近可游宁绍之风光。碧潭浓阴,宜盛暑之风月;寒雪琼枝,虽隆冬而琳琅。所谓造物独厚,境非寻常。无惭达瀛之誉,曷愧至人之邦。

戊戌春月吉日,吾曹如愿以偿。忘情齐物,抚景咏归;托兴任心,与道翱翔。应友人建文之嘱,赋佳地览胜之章。寄山水于和谐,庶人文之益彰。

水龙吟·四窗岩,赠俞兄建文

> 十洲三岛苍茫,洞天第九踪何处?
>
> 四明窟宅,丹山赤水,层峦翠聚。

廿里过云,幽泉飞瀑,参差烟树。
胜蕊珠奇境,崎崖壁立,有岩脯、天光注。
吟遍天涯尘路,美方外、鸾俦凤侣。
采霞煮石,骑凫驭鹤,悠然意许。
跨海归来,青山未老,寒枝芳吐。
故人逢,漫对千峰霁雪,把盏闲叙。

与友人游四窗岩,新韵,五绝

十里青峰云雾外,
半山阵雨降来奇。
空蒙一瞬斜阳灿,
万仞竹林百鸟啼。

谒俞氏宗祠忠义堂,五律,新韵

山色映空蒙,村坊细雨中。
溪长春瀑溅,花艳树阴浓。
庭上萦青草,碑前忆远踪。
笑谈俞氏脉,敬祖慕遗风。

大俞,依黄璋原韵,五律,平水韵

苍翠红岩畔,群山映碧流。
漂游舟激荡,栖宿鸟鸣啾。
烈士青春献,幽村美景稠。
当年昆仲迹,后裔满林邱。

记戊戌初春与友人共访大俞,五律,平水韵

雨润花初发,林间绚未贫。
岩窗爬石蟹,溪谷积松薪。
跋涉云山寂,登攀境界新。
卜居天籁里,飞瀑做芳邻。

水龙吟·大俞溪,寄建文兄

千峰掩映空蒙,四窗岩畔彤霞起。

幽村两岸，浓阴三径，清波十里。

风过留痕，雁飞传响，林盈仙气。

自伯安孤咏，斜阳潋滟，谁更懂、清幽意？

霞客曾来此地，采朱兰、浮生长记。

辋川只影，临皋妙景，行藏应似。

临瀑煎茶，攀岩吟月，云踪兔履。

趁闲时，共约烟岚翠色，待霜天霁。

读建文兄《浙东革命根据地红色堡垒村——大俞村》一文而作，五律，新韵

四明源溯处，苍翠大俞山。

日照红岩寂，花萦碧涧妍。

重寻仙子迹，敬述健儿篇。

岁岁清溪畔，涟漪映杜鹃。

红岩头即景，五绝

垦坡成胜迹，砌石护悬岩。

烈士牺牲地，泥红映杜鹃。

咏大俞一览亭，七律，平水韵

胜日登临眺众山，无垠紫气绕胸间。

千重潋映红岩陡，三百峰连碧霭闲。

喜看老区新貌丽，长怀烈士绝巅攀。

四明文脉源渊在，入牖归来鬓未斑。

与建文、华林二兄入罗汉谷观瀑，五律，平水韵

群山新雨歇，满眼翠阴清。

白练空中落，雷音壑外惊。

岩萦林色美，峰沐景光明。

但见飞流下，奔腾意纵横。

四明岚舍夏雨即景，五律，新韵

淅沥消炎暑，喧哗绕牖前。

飞流惊巨石，涨潦起狂澜。

溪树含烟翠，巴蕉映水妍。

空山来远客，听雨且聊天。

题罗汉谷四明岚舍，新韵，七律

四明胜景养深闺，但见烟岚万仞霏。

博弈洞宾留宝在，弄箫湘子采芝归。

奇岩怪树萦飞瀑，虚牖高薨锁翠微。

恰似琳琅包裹展，无渐罗汉守崔嵬。

念奴娇·罗汉谷览胜

登临远眺，见群峰，苍翠萦环深谷。

电疾雷鸣奔涌急，万仞悬岩湍瀑。

履踏天梯，逸思飞鬐，疑在银河曲。

洞宾安在？唤来重敲棋局。

沧海三变桑田，宇寰多少，尘瘗昆山玉。

奇石峥嵘因水活，灵秀何如同浴。

对景吟诗，吹箫挥墨，醉宿清凉国。

溪声如雨，一帘清梦幽馥。

越溪春·罗汉谷中风景异

罗汉谷中风景异，飞瀑绕岩迤。

绿阴妩媚飘春雨，过曲桥、凝赏芳华。

悬石嵯峨，清溪荡漾，临水枝斜。

嫣红姹紫繁花。棋弈事堪嗟。

洞宾过海此地小憩，韩湘子在天涯。

留得宝藏层霭外，望处是仙家。

题咏罗汉谷，七绝，新韵

造化天工景色奇，群岩特异伴幽溪。

仙人一去烟岚翠，别有桃源客自迷。

咏罗汉谷瀑布，七律，平水韵

直上烟岚石壁开，当年曾有洞仙来。
激岩声震千山动，借势形成万态瑰。
残局半盘随远鹤，长箫一曲向高台。
飞流过处松筠翠，五岳归时月满苔。

洞天春·四明岚舍

溪山碧霭萦绕，半卷帘栊景好。
十里松筠涧声闹，媲蓬瀛三岛。
涟漪月影渺渺，却道清风醉了。
一曲瑶琴，寄情流水，文君微笑。

戊戌盛夏，赠四明岚舍邓永强，五律，平水韵

四明藏胜境，邓氏出家驹。
宏业栖深谷，丹衷报老区。
拓开荆棘地，雕作玉山珠。
妙构融生态，初心永不渝。

四明罗汉谷，七律，平水韵

深山忽见阆风巅，荆棘歼除栈磴连。
飞瀑临空萦万壑，悬岩分霭挂千川。
才疑仙子倾包裹，恰似琼珠落昊天。
无限桃源藏胜景，匠心别具寄蹁跹。

西江月·罗汉谷即兴

长叹世尘迷梦，当知富贵浮云。
何如放下悦闲心？亘古本来有命。
路遇真诚爱惜，境随感悟更新。
临波恰有月来亲，笑对风幡不定。

小暑日，罗汉谷瀑布即景，五律，平水韵

雨后声逾壮，银河泻九重。

惊雷摧石急,流响击岩空。

狂叶随风舞,飞珠与浪冲。

徘徊幽径上,奇景恰吾逢。

小暑雨后幽谷赏石,五律,新韵

淅沥消炎热,喧哗溢径前。

飞流惊巨石,涨潦起狂澜。

溪树含烟翠,岩花映水妍。

空山来远客,潇洒九重天。

罗汉谷观瀑,五律,平水韵

群山新雨歇,满眼翠阴清。

雪练空中落,雷音壑外惊。

岩萦林色美,峰沐景光明。

但见飞流下,奔腾意纵横。

小暑,四明岚舍晨起即景,新韵,五律。

昨宵枕雨眠,飞瀑溅相间。

帘卷朝暾灿,风清翠色鲜。

远山含薄霭,近水映青天。

鸟语浓阴里,无心是暇闲。

题咏罗汉谷,七绝,新韵

造化天工景色奇,群岩特异伴幽溪。

仙人一去烟岚翠,别有桃源客自迷。

罗汉谷即兴题五色石,五绝,新韵

上古起渊源,嶙峋五色环。

娲皇抟土后,慈悯补苍天。

鹧鸪天·题四明岚舍美味

深谷巉岩急瀑悬,山珍溪宝物华妍。

石斑鱼嫩红烧美,野放鸡肥清煮鲜。
醉家酿,品仙筵,石蛙黄鳝熟盈盘。
蛳螺漫啖花生剥,霉梗油浇汁细剜。

咏罗汉谷瀑布,七律,平水韵

直上烟岚石壁开,当年曾有洞仙来。
激岩声震千山动,借势形成万态瑰。
残局半盘随远鹤,长箫一曲向高台。
飞流过处松筠翠,五岳归时月满苔。

题罗汉谷银河,七律,平水韵。

四明深谷接瀛洲,入径先闻瀑水流。
屋倚浓阴凉意沁,窗含翠色馥香稠。
仙人采药悬岩在,罗汉安禅碧藓幽。
携侣何妨探胜景,鹊桥共步眺云悠。

夜宿四明岚舍,七律,平水韵

夜色朦胧灯影寂,油桐花落上阶来。
卷帘疑是风吹雨,醉枕任凭瀑响雷。
为远喧嚣留僻地,但欣清静憩高台。
人间亘古皆知此,幸有逍遥梦境开。

罗汉谷晚餐,七绝,平水韵

飞流响处净无埃,岩腩南临夜色开。
持酒闲聊尘世远,山风飒飒入帘来。

武陵春 · 罗汉谷春景

满谷杜鹃红灿烂,山寂鸟鸣幽。
落蕊飘零任水流。涧畔有琼楼。
雪练飞悬云际落,烟磴绿苔稠。
但美孤云影自由。直向万峰浮。

十一、龚烈沸和俞强唱和诗

其一

曾名华山乡，尚有韩采岩。

相传韩湘子，此留包裹山。

今辟罗汉谷，犹浓人间烟。

俞兄招一游，老夫傍仙眠。

其二

大俞山上岩，谁建四天窗？

宏文累典籍，羊牛古道霜。

俞强和龚烈沸

俞氏最高山，建村八百年。

文溯浙东脉，牛气四窗岩。

俞强再和龚烈沸

大俞最高峰，构建如蕊宫。

铭文千年渺，养鼠窟宅中。

后　记

　　作为生于大俞山、长于大俞山，并最终走出大俞山的大俞人，我一直有一个愿望：能为生我养我的家乡做点什么，贡献点什么，留下点什么。而今，以大俞山千年历史为记述对象的拙作《四明·大俞山志》行将付梓，夙愿得偿，可算是稍获慰藉。

　　《四明·大俞山志》中的很多资料的积累，已经有了二十多年。只是到了临近退休的时候，方才有时间、有精力进行专门的收集和整理。而当我真的拿起笔，意欲汇辑成帙时，又不免心生忐忑：面对神圣的大俞山，囿于学识，万一舛讹难稽或挂一漏万呢？而且，拙作在写作过程中资料搜集之艰难、整理工作之巨，若非亲历其间很难想象。如为了《四明山赋》一文，俞立奇先生为我在美国犹太家谱网中搜索下载了几个晚上，高中同学卢飞娟辗转联系余姚市档案馆，学生钟渭江、汪叶静陪同前往，在余姚市档案馆查找、拍摄了整整半天。此后的文字录入、校核，又花了我整整半个月的时间。若没有那种深深的乡情的支撑，我恐怕早就放弃了……

　　好在，每当我有需要时，总会有一帮贵人援手相助。是他们，给了我支持和鼓励，给了我信心和力量。为此，我由衷地感谢生命中的那些遇见！

　　史学专家、宁波大学的张伟教授从初稿到最后定稿，字斟句酌，提出了极为宝贵的撰写和修改意见；地方志专家、宁波天一阁博物院的龚烈沸研究员，毫无保留地提供了大量的诗文原稿资料；著名诗人、慈溪日报社的俞强，创作并提供了有关四明山、大俞山的大量诗词赋作品；文字专家、宁波大学的周志锋教授，每当我遇到疑难杂"字"，总是有求必应、有应必答；地方文化专家、余姚市社会科学院原副院长杨鹏飞,为我提供了大量的余姚革命史资料;宁波市社科院的谢国光处长,多次为我上网搜集购买各种文献资料;宁波市图书馆的万湘容,总是为我提供资料查阅的方便;著名书法家、慈溪的马华林先生,再次挥毫为我题写书名;宁波出版社的马玉娟社长和廖维勇先生,为我提供了很多古籍资料;浙江大学出版社的吴伟伟女士、责编陈翮女士等为我的书稿出版倾注了大量心血。另外,宁波工程学院原院长高浩其先生、宁波市社会科学院院长徐方先生、宁波大学科技学院院长陈君静先生和副院长朱世华先生、宁波市文联原党组书记王晓勇先生等,都给予我诸多的勉励和帮助。

尤其值得一提的是,本书的村史部分,引用了家乡耄耋老人俞存龙的诸多研究成果。

在此,谨向他们致以深深的感谢!

此外,书稿中尚有不少引用的资料未及一一注明出处,在此致歉并致谢!

俞建文

2021 年 2 月于宁波大学科技学院